Hannes Kohlmaier

Die MACHT der GEHEIMBÜNDE

Hannes Kohlmaier

Die MACHT der GEHEIMBÜNDE

Freimaurer, Rosenkreuzer, Kabbalisten

Wer sie sind, welche Ziele sie verfolgen und welchen Einfluss sie haben

riva

Bibliografische Information der Deutschen Nationalbibliothek
Die Deutsche Nationalbibliothek verzeichnet diese Publikation in der Deutschen Nationalbibliografie. Detaillierte bibliografische Daten sind im Internet über http://dnb.d-nb.de abrufbar.

Für Fragen und Anregungen
info@rivaverlag.de

Wichtiger Hinweis
Ausschließlich zum Zweck der besseren Lesbarkeit wurde auf eine genderspezifische Schreibweise sowie eine Mehrfachbezeichnung verzichtet. Alle personenbezogenen Bezeichnungen sind somit geschlechtsneutral zu verstehen.

Bildnachweis
Alle Bilder stammen aus dem privaten Archiv des Autors, außer: S. 1 links: © Badisches Landesmuseum / S. 3 oben links: © Hein Nouwens/Shutterstock.com / S. 3 oben rechts: © Dencey/Wikimedia Commons / S. 3 unten: © Peter Hermes Furian/Shutterstock.com / S. 4: © Stadtarchiv Erlangen / S. 5 unten rechts: © Elymas/Shutterstock.com / S. 6 oben: © Lämpel/Wikimedia Commons

Originalausgabe
1. Auflage 2022

Türkenstraße 89
80799 München
Tel.: 089 651285-0
Fax: 089 652096

Redaktion: Susan Harring
Umschlaggestaltung: Marc-Torben Fischer
Umschlagabbildung: Anne Mathiasz/Shutterstock.com, aPhoenix photographer/Shutterstock.com, BearFotos/Shutterstock.com, boscorelli/Shutterstock.com, Elymas/Shutterstock.com, Kris Leov/Shutterstock.com, paseven/Shutterstock.com
Satz: Röser MEDIA GmbH & Co. KG, Karlsruhe
Druck: CPI
Printed in the EU

ISBN Print 978-3-7423-2013-1
ISBN E-Book (PDF) 978-3-7453-1762-6
ISBN E-Book (EPUB, Mobi) 978-3-7453-1763-3

Wir produzieren nachhaltig
www.m-vg.de

Weitere Informationen zum Verlag finden Sie unter
www.rivaverlag.de
Beachten Sie auch unsere weiteren Verlage unter www.m-vg.de

Inhalt

Für Amélie

Wenn Sie dieses Zeichen sehen, wartet ein Videoclip auf Sie! Halten Sie die Kamera ihres Smartphones über den Code und Sie werden zum Video weitergeleitet.

Vorhang auf im Theater des Absurden!

m-vg.de/link/dmdg01

Ein pechschwarzer Keller in der Karlsruher Innenstadt, anno lucis 6018 nach freimaurerischer Zeitrechnung, nach unserer befinden wir uns im Jahr 2018. Aber so sieht es hier weiß Gott nicht aus.

Sarah (21) und Julian (24) sitzen an einem Tisch und blicken in die leeren Höhlen eines Schädels. Nervös, wie sie ist, würde Sarah jetzt vielleicht gerne mit ihrer Halskette oder dem Perlmuttarmreif spielen – oder was Frauen sonst so machen, wenn sie sich unsicher fühlen. Uhr, Schmuck und Handy wurden ihr weggenommen. Nur vorübergehend, das gehöre dazu, hieß es. Sarah nimmt Julians Hand. Auch er musste alle Metallgegenstände abgeben: Uhr, Gürtelschnalle, Manschettenknöpfe. Julian erwidert Sarahs Händedruck. Sie hatten sich dafür entschieden, und jetzt würden sie es aushalten.

Stille. Nur das Atmen der beiden und das Knistern der Kerze sind zu hören. Das Flackern der Flamme lässt den Schädel und die anderen Gegenstände auf dem Tisch lebendig wirken. Es sind seltsame Gegenstände. Ein bemalter Terracotta-Hahn mit mächtig geschwollenem rotem Kamm – ein Sinnbild der Wachsamkeit. Ein graues Porzellanschälchen mit Salz steht für den menschlichen Körper, drei verschiedenfarbige Rosen – rosa, rot, dunkelrot – in einem Wasserglas für die Verbundenheit innerhalb der Loge. Eine uralte Bibel, stellvertretend nicht für ein göttliches

Gesetz, sondern für die eigene Ethik. Und ein Stundenglas mit Sand, der langsam aus einem Kolben in den anderen rieselt. Lebenszeit verrinnt.

Sarah ist blond, schlank, attraktiv; Julian ein smarter Banker. Die Szene wirkt wie der Beginn einer Netflix-Serie mit gecasteten Schauspielern. Doch hier ist alles echt, keine Kamera (außer meiner), zwei leicht aufgeregte junge Menschen in einem Keller, der auch einen guten Escape-Room abgeben würde. Das Paar bleibt sitzen, es vertraut der Gruppe. Die beiden sollen über etwas nachdenken, das größer ist als sie selbst und von dem sie hoffen, noch lange davon verschont zu bleiben: den Tod.

Kein erfreuliches Thema, die beiden könnten jederzeit die Tür öffnen, die Kellertreppe nach oben gehen und sich mit einer kurzen Ansage an die oben Wartenden aus der Beklemmung befreien: »Ihr versteht das sicher, vielen Dank. Viel Spaß noch und tschüss.« Doch die beiden sind gefesselt von der sonderbaren Kulisse. Sie warten, bis die Tür der Gruft aufschwingt und sie nach oben geführt werden. Dort steht das Paar vor der nächsten geschlossenen Tür. Diesmal eine schwere Eichendoppeltür, das Portal zum Freimaurertempel.

Ihre Augen haben sich gerade erst wieder an das Licht gewöhnt, da bekommen sie je ein schwarzes Tuch vor die Augen gebunden. Auch das lassen sie über sich ergehen, tauchen diesmal ein in völlige Finsternis. Das Tuch habe den Sinn, beruhigt sie eine sanfte Stimme, dass sie jetzt mit dem Herzen sehen sollen, was für ihre Augen ohnehin unsichtbar wäre. Frei nach Antoine de Saint-Exupéry (1900–1944), dem Autor des *Kleinen Prinzen*: »Hier ist mein Geheimnis (...) Das Wesentliche ist für die Augen unsichtbar.« Denn nur das Herz allein vermag klar zu erkennen. Saint-Exupéry mag Freimaurer gewesen sein, seine Logenmitgliedschaft gilt als umstritten. Ein französisches Lexikon *(Dictionnaire illustré de la Franc-Maçonnerie)* nennt ihn einen Bruder. Seinen *Kleinen Prinzen* halten viele für ein freimaurerisches Enthüllungsbuch, in dem deutliche Symbole (sieben Planeten) und der stufenweise Weg des Lehrlings zur Meisterschaft beschrieben sein sollen.

»Klopft an die Pforte«, erklingt eine männliche Stimme. Julian klopft für beide. Tock-tock-tock. Er weiß nicht, warum er gerade dreimal geschlagen hat. Aber intuitiv hat er alles richtig gemacht. Sie hören, wie sich etwas knarzend öffnet. Vielleicht eine Klappe in der Tür? Die hatten sie zuvor nie wahrgenommen, obwohl sie seit über einem Jahr die Gästeabende in diesen Räumen besuchen und ihnen natürlich auch diese Tür aufgefallen war. Es muss darin eine kleine Luke sein, weil ihnen wie durch einen Kamin ein Luftzug entgegenströmt. Sie hören durch die Öffnung eine Stimme mit französischem Akzent: »Wer 'at geklopft?« Ihr Begleiter vor der Tempeltür, der ihnen die Augen verbunden hatte, gibt ihnen die Antworten für die weiteren Fragen vor. Artig sprechen Sarah und Julian nach. Dann hören sie, wie beide Türflügel weit aufschwingen. Ihr Begleiter führt sie hinein. Sie spüren die ein, zwei Grad, die dieser Raum wärmer ist als das Foyer. Wie viele Augenpaare sind wohl in diesem Moment auf sie gerichtet? Die beiden stolpern blind den Weg eines Labyrinths entlang, wie in einem dieser verrückten Laufgeschäfte auf dem Jahrmarkt. Mal erzittert der Boden, mal spüren sie Wind, mal die Nähe von Feuer. Keinen einzigen dieser Momente werden sie jemals vergessen. Wenn sie am Ende des Labyrinths angekommen sind, ist ihre Reise zu Ende. Dann sind sie endlich zu Lehrlingen geworden. So werden die neu aufgenommenen Mitglieder einer Freimaurerloge genannt.

Seit Jahrhunderten durchlaufen Männer (und in den letzten Jahrzehnten vermehrt auch Frauen) solche Prozeduren. Goethe fühlte vermutlich einst dieselbe Unsicherheit wie Sarah und Julian heute. Doch bei Goethes Aufnahme passierte etwas Überraschendes. Etwas, das die anderen trotz ihrer Überlegenheit, da sie jeden Schritt der Einweihung kennen, noch nie erlebt hatten: Als sie Goethe am Abend vor Johanni 1780 die Augen verbinden wollten, muss dieser sich ziemlich angestellt haben. Er verweigerte die Augenbinde, soll bei seiner Ehre versprochen haben, seine Augen fest verschlossen zu halten, auch nicht zu zwinkern, wenn ihm nur die Binde erspart bliebe. Heute würde ein »Suchender«, der in eine Loge aufgenommen werden möchte und so ein Drama aufführt, vermutlich mit höflichen Worten hinausgeführt werden.

Im Gegensatz zu Sarah und Julian, die nichts sehen konnten, durfte ich die feierliche Aufnahme beobachten. Aber nicht nur bei den Freimaurern. Ich war Gast bei Ritualen von etwa einem Dutzend Bünden, die sonst der Öffentlichkeit verborgen bleiben. Eine nie dagewesene Offenheit gegenüber einem Reporter. Meine Recherche erstreckte sich über zwei Jahre und mündete in einer Zeitungsserie, einer Videodoku und jetzt, ausführlich, in diesem Buch.

Wodurch unterscheidet sich dieses Buch von anderen? Es ist nicht, wie die meisten, nur aus der Literatur anderer Autoren aufgebaut. Ich kann davon berichten, wie die Rituale auf mich wirkten. Gefühl und Verstand sind die beiden Schlüssel, ohne die sich diese Türen zum eigentlichen rituellen Erlebnis nicht öffnen lassen.

Was hätten die Bünde auch zu verbergen gehabt? Die Zeremonien der meisten esoterischen Vereine sind seit Jahrzehnten durchleuchtet und wissenschaftlich erforscht. Wer erwartet, dass dabei irgendetwas Verbotenes passiert, wird enttäuscht sein. Weder hecken sie in ihren Logen einen Plan für die Weltherrschaft aus, noch hocken sie auf der verschollenen Bundeslade oder dem sagenhaften Templerschatz. Und doch ist es ein Schatz, den sie bewachen. Ein kostbares Erlebnis, das etwas mit ihnen gemacht, das etwas verändert hat in ihrem Leben. Diesem Phänomen versuchte ich auf den Grund zu gehen – mit aller Objektivität und berufsbedingten Skepsis. Einzige Bedingung: Ich durfte über meine Eindrücke berichten, aber den Zauber, den ich fand, nicht zerstören.

Zauber ist passend, davon versteh ich was. Ich bin seit meiner Kindheit Zauberkünstler und weiß, dass jede Illusion zerstört wird, wenn man dem Publikum vor der Vorstellung verrät, wie etwa eine Frau aus der Kiste mit den vielen Schwertern verschwindet und plötzlich unbeschadet mitten im Publikum wieder auftaucht. Der Zuschauer muss sich auf das Spiel einlassen, um verzaubert zu werden. Dieses Mal wollte nun ich mich verzaubern lassen, um davon berichten zu können. Dabei wollte ich mich weder zum Sprachrohr der Bünde machen noch irgendwelche Schwurbler-Ideen verbreiten. Ich suchte mir möglichst neutrale Experten, sprach mit Wissenschaftlern, Theologen, Ehemaligen, die das, was ich erlebte, einordnen konnten.

In meiner Wahrnehmung gefährliche oder radikale Gruppen schloss ich von vornherein aus. Psychosekten oder radikale Bünde, die Mitglieder zu Opfern machen oder sie wie auch immer für ihre Zwecke missbrauchen, gibt es natürlich. Scientology und der mit einer kleinen Gruppe auch in Deutschland aktive Ku-Klux-Klan werden in den Kapiteln nur der Vollständigkeit halber erwähnt. Der Ku-Klux-Klan etwa, weil die

Guglmänner aus einem der letzten Kapitel leicht mit Klans-Men verwechselt werden. Das heißt nicht, dass bei der einen oder anderen hier beschriebenen Gruppe nicht auch ein kleiner Warnhinweis wie auf den Zigarettenpäckchen angebracht wäre: »Vorsicht, wenn Sie's hier übertreiben, zu viel kann schnell zur Kauzigkeit führen.« Die Dosis macht das Gift. Das gilt für die Esoterik wie für die Religion.

Beispiel Rosenkreuzer. Der Begriff ist nicht geschützt, es gibt Dutzende Gruppen mit grundverschiedenen Ausrichtungen. Alle nennen sich Rosenkreuzer, berufen sich auf dieselben Quellen. Doch die eine Gruppe ist der Welt zugewandt und befähigt, dem Leben etwas Positives abzugewinnen, während eine andere das Diesseits als Qual betrachtet und seinen Mitgliedern Strapazen und Verzicht abverlangt. Raten Sie mal, wer hier besser weggekommen ist. Doch auch bei den mir sympathischeren Bünden werde ich lieb gewonnene Entstehungsmythen mithilfe von Historikern korrigieren und Lehrinhalte kritisch hinterfragen. In vielen Logen waren lange Vorgespräche, mehrmalige Treffen, Hunderte von E-Mails und stundenlange Telefonate nötig, um die Gesprächspartner zu überzeugen. Ihre Chance: eine glaubwürdige, authentische Darstellung und damit ein Aufräumen von Vorurteilen. Mein Versprechen: ein fairer, respektvoller Umgang. Ich ging bei meinen Recherchen behutsam vor. Das war nicht selbstverständlich.

Wenn ich mich schon um Aufrichtigkeit bemühe, sollen Sie hier auch meinen Hintergrund kennenlernen. Ich bin Boulevardreporter und ging bei meiner Arbeit nicht immer mit solcher Zurückhaltung vor. Ein Beispiel: Als 2005 die Schauspielerin Uschi Glas heimlich in der Kapelle von Schloss Lustheim in Oberschleißheim heiratete (sie hatte die Exklusivrechte einer Illustrierten versprochen), fragte ich nicht um Erlaubnis. Damals schlich ich mich in die Hochzeitsgesellschaft. Mein alter Frack, den ich als Zauberkünstler bei festlichen Anlässen trug, war meine Eintrittskarte in diesen intimen Kreis. Ich befestigte etwas Grün aus dem Park an meinem Revers, hakte mich bei Uschis alter Tante ein und ging würdevoll an den Sicherheitsleuten vorbei. Die Tante rätselte vermutlich noch lange, wer sie da so nett in die Kirche begleitet hatte. Und Frau Glas wunderte sich, als die Fotos am nächsten Tag in der Zeitung, für die ich arbeite, abgedruckt waren. Wer hatte bloß der Presse die Details verraten, dass etwa das Hündchen des Bräutigams plötzlich einen solchen Hustenanfall erlitt, dass jeder in der Kapelle Sorge hatte, dass der Pfarrer gleich ein neues Paar sauberer Schuhe braucht? Als ich Uschi Glas vor ein paar Jahren wiedertraf und von ihrer Tante, meiner trojanischen Oma, erzählte, lachten wir beide.

Dieser Logenrecherche näherte ich mich mit offenem Visier. Ich hatte die Erfahrung gemacht, dass sich in allen Bünden zwei Strömungen bewegen: die der konservativen Mitglieder, die selbst öffentliche Gästeabende ihrer Logen meiden, um unerkannt zu bleiben. Und die der Progressiven, die an Nachwuchsarbeit interessiert sind, sei's der Verjüngung ihrer Gruppe wegen oder nur um mit neuen Mitgliedsbeiträgen die Kosten fürs denkmalgeschützte Logenhaus zu decken. Ich kam als Gast, durfte hinter die Kulissen blicken, erkannte Symbole wieder, an denen ich, und Sie sicher auch, zuvor in alltäglichen Situationen achtlos vorübergegangen war, weil mir die Bedeutung nicht bewusst war. Es gelang mir, in jeder der ausgesuchten Gruppen das Vertrauen mindestens einer Person zu gewinnen. So entstand nicht nur eine wirklichkeitsnahe Beschreibung der in Deutschland arbeitenden Freimaurer, Rosenkreuzer, Kabbalisten, Schlaraffen und vieler anderer Gesellschaften, ihrer Ziele, ihrer Geheimnisse, ihrer Strukturen. Sondern auch die Chance auf Vergleiche und die Entdeckung von Querverbindungen und spannenden Verwandtschaften unter den sonst unabhängig voneinander arbeitenden Logen.

Zu Beginn meiner Arbeit landete ich gleich einen Glückstreffer: Die Chefin der Freimaurerloge, in die Sarah und Julian aufgenommen wurden, ließ sich sofort auf meine Anfrage ein mit den Worten: »Warum sollen wir die Leute nicht am Honig lecken lassen?« Sie war ein überzeugendes Moment bei den anderen: Wenn selbst die Freimaurer aufgeschlossen sind, wie wollt ihr da fehlen? Der feierliche Abschluss meiner Recherche war ein einzigartiges Treffen aller Bünde und eines meiner wichtigsten Experten. Der evangelische Weltanschauungsbeauftragte Matthias Pöhlmann nannte den Abend in seinem offiziellen Bericht »ein historisches Ereignis«: Die verschiedenen Bünde waren aus ganz Deutschland nach Bayern gekommen. Eingeladen hatte sie die für ihre Offenheit bekannte Münchner »Bavaria Lodge« (Mitglied der American Canadian Grand Lodge). Sie waren alle neugierig auf das Ergebnis der Dreharbeiten. Aber auch aufeinander. Sie tauschten sich aus, einige saßen bis spät in die Nacht in ihren prachtvollen Ordenstrachten da. Was für ein unvergesslicher Anblick, was für ein unwiederbringlicher Abend!

Esoterische Systeme sind eine absurde Welt. Jedoch bildeten sie gerade deshalb immer einen fruchtbaren Nährboden für Wissenschaft, Kultur und unsere moderne Gesellschaft. Eingeweihte wie Pythagoras, Isaac Newton, Benjamin Franklin, Franz Kafka wussten, dass die Beschäftigung mit dem Absurden das Unterbewusstsein aktiviert und in diesem Zustand geniale Ideen, Lösungen und Erfindungen an die Oberfläche treten.

»Den lieb ich, der Unmögliches begehrt«, schrieb Goethe in *Faust* und hatte vermutlich Paracelsus, den legendären Arzt und Alchemisten, als Vorlage für seine Figur im Sinn. Alchemisten und Magier stießen beim verzweifelten Versuch, Gold herzustellen, manchmal auf noch Wertvolleres. Wie Johann Friedrich Böttger, der versehentlich das europäische Porzellan »erfand«. Oder Hennig Brand, der bei seinen Experimenten mit Urin den magisch leuchtenden Phosphor entdeckte. Nur wer die gerade geltenden Gesetze von Natur, Staat und Kirche mutig hinterfragt (der Vatikan hätte vermutlich davon abgeraten, im Labor mit Urin zu spielen), entdeckt Neues. Und wäre eine Idee nicht absurd, dann gäbe es sie doch schon längst! Der Chemiker August Kekulé (1829–1896) entschlüsselte in genau so einem absurden Moment das Benzol. Der flüssige Kohlenwasserstoff wurde später ein Bestandteil unseres Benzins. So soll's gewesen sein: Erschöpft sank der Wissenschaftler auf seinen Schreibtisch, das Kaminfeuer prasselte einschläfernd im Hintergrund. Während eines Tagtraums, schilderte er später, erschien ihm das alte ägyptische Symbol des Ouroboros – das Zeichen einer Schlange, die sich selbst in den Schwanz beißt und mit ihrem Körper einen Ring bildet. Der Benzol-RING war entdeckt!

Der Ouroboros ist eine bei Alchemisten, Okkultisten, Freimaurern und selbst in der modernen Psychologie (C. G. Jung) beliebte hübsche Allegorie, die u. a. die ewigen Kreisläufe begreifbar macht: den Kreislauf des Wassers zum Beispiel, das verdunstet, aufsteigt, abkühlt und als Regen wieder zurück auf die Erde fällt. Er ist auch auf der Grabplatte des Aufklärers Johann Gottfried Herder (1744–1803), eines Freimaurers und Illuminaten, abgebildet. Symbole helfen uns, Komplexes zu verstehen. Unsere Verkehrszeichen zeigen uns auf den ersten Blick eine Gefahr an. Die

Emojis im Smartphone übersetzen Worte in Gefühle, damit wir Kurznachrichten nicht missverstehen. Über eine Logenmitgliedschaft Kekulés liegen mir keine Hinweise vor. Aber zumindest sein Interesse an Esoterik scheint sehr wahrscheinlich. Sein Sohn wurde später Chef einer großen Berliner Freimaurerloge.

In unserer heutigen Zeit wirken Geheimbünde und ihre Symbolwelten für Außenstehende wie aus der Zeit gefallen. Übrigens hassen Freimaurer den Begriff Geheimbund. Sie argumentieren, sie seien öffentlich, weil ihre Vorsitzenden im Vereinsregister stehen. Sie halten Gästeabende ab, an denen sie offen über ihre Ursprünge und Ziele reden. Doch wenn's um ihre Rituale geht, schweigen sie. Daher werden sie von außen als Geheimbund wahrgenommen. Obwohl das Geheimnis, das sie hüten, ein harmloses ist.

Die Selbstwahrnehmung der Freimaurer ist oft eine sehr romantische. Sie betonen (zu Recht) ihre der Aufklärung folgenden Ideale und übersehen dabei ihre sichtbaren esoterischen Ursprünge, die sie als historische Kuriositäten abtun. »Politische und humanitäre Ziele waren lange Zeit weit wichtiger als religiös-philosophische Spekulationen«, schreibt Jörg Wichmann *(Die Renaissance der Esoterik)*. »Selbst diejenigen Phasen, in denen die Logen zu Clubs der besseren Gesellschaft verkamen, haben die Rituale und Symbole heil überstanden, wenn auch heute viele Freimaurer damit keine esoterischen Deutungen verbinden. Das alles spricht für die Zählebigkeit und Kraft von Ritual und Tradition.« Nur wer die Freimaurerei mit anderen Bünden vergleicht, erkennt deutlich Relikte der antiken Mysterienkulte.

Magie war in der Konkurrenz der vielen Systeme im 18. und 19. Jahrhundert ein wichtiger Faktor für die Macht der Logen. Diese Mischung aus aufgeklärter Wissenschaft und Magie zog Menschen an, die es sich leisten konnten, statt sich abends von anstrengender Arbeit zu erholen, in die Logen zu gehen und sich dort einem Spektakel hinzugeben. Tatsächlich war der Logenbesuch ein Luxus etwa reicher Kaufleute und Adliger. In manchen Logen war es ein einfaches ökonomisches Prinzip: Wer die aufregendsten Séancen inszenierte, hatte die meisten und spendabelsten Mitglieder.

Ein Merkmal aller hier beschriebenen Bünde ist das Geheimnis. Schweigen ist in unserer Gesellschaft nichts Unübliches. Ohne Geheimnis würde unser Zusammenleben nicht funktionieren. Ärzte kennen die Schweigepflicht, Pfarrer das Beichtgeheimnis, fast jeder im Job ein Betriebsgeheimnis. Fahnder haben Geheimnisse »aus ermittlungstaktischen Gründen«. Damit ein geständiger Mörder hinterher bei der Verhandlung nicht behaupten kann, er habe die Details seiner Tat gar nicht begangen, sie bloß in der Zeitung gelesen. Auch Journalisten haben Geheimnisse; nämlich den durch Artikel 5 des Grundgesetzes ableitbaren Schutz von Informanten.

Dieses Buch soll ein realistisches Bild der Geheimbünde vermitteln, die bedeutendsten vorstellen und ihre historischen und zum Teil bis heute bestehenden Einflüsse auf die Gesellschaft sichtbar machen. Vieles von dem, was in sozialen Netzwerken über die Logen behauptet wird, ist blanker Unsinn. Manches andere hat einen wahren Kern. Wo könnten Gefahren liegen? Und warum enthüllt der eine oder andere philosophische oder gar magische Aspekt, der uns zunächst ziemlich durchgeknallt erscheinen mag, bei genauem Hinsehen vielleicht eine überraschende Vernunft? Ich brenne darauf, Ihnen jetzt die ganze Geschichte von vorne zu erzählen …

TEIL I

Die Freimaurer

1

Auch Tempelritter müssen mal

m-vg.de/link/dmdg02

Meine erste Begegnung mit den Freimaurern war in Nürnberg. Meine Wohnung lag zentrumsnah im Stadtteil Johannis. Hier fließt die Pegnitz seit Jahrhunderten unbekümmert von den Ereignissen der Stadt an der Hallerwiese vorbei. Im Sommer liegen Jugendliche im Schatten der Bäume. Selbst der Renaissancemaler Albrecht Dürer hat's hier recht entspannt, er ruht auf dem malerischen Johannisfriedhof unter seinem Epitaph in der Nachbarschaft anderer Berühmtheiten wie dem Bildhauer Veit Stoß. Auf dem Fußweg zwischen Wohnung und Redaktion kam ich fast täglich an einem kubischen, fensterlos wirkenden Bau vorbei. Den Eingang flankieren seltsame in Stein gemeißelte Motive, unter anderem ein Ouroboros: ein Schlangenring, der ein gleichseitiges Dreieck umfasst, in der Mitte ein Bündel aus drei Pfeilen.

Hier also treffen sich die geheimnisvollen Freimaurer. Der Ort zumindest ist gar nicht so geheim. Sogar eines der Schilder, die Touristen auf Sehenswürdigkeiten in der Stadt hinweisen, beschreibt den Weg zum »Logenhaus«. Jedes Mal wenn ich dort vorbeispazierte, musste ich an Marvelli denken. Marvelli jr. (1932–2008) war lange vor den Ehrlich Brothers und Siegfried und Roy einer der größten deutschen Zauberkünstler. Und er war mein Freund und Mentor. Andere lernten ihn als übellaunigen Rüpel kennen. Aber ich half ihm, brachte ihm Rasierzeug in die Klinik, leistete ihm Gesellschaft, hörte mir seine Geschichten an. Dafür mochte er mich und eine Handvoll junger Zauberer, obwohl er Amateure verabscheute (und ehrlicherweise auch die meisten seiner Berufskollegen).

Nur damit Sie ihn einschätzen können: Er erzählte mir zum Beispiel von einer Gruppe Hobbymagier, die nach einer seiner Galashows auf ihn zukamen und ihn um einen Eintrag in ihr Clubbuch baten. Er genoss die bevorstehende Demütigung. Freundlich lächelnd schrieb er einige Zeilen, klappte das Buch geräuschvoll zu und sagte mit der düsteren Miene eines Hexenmeisters: »Sie müssen mir versprechen, das Buch erst zu Hause zu öffnen.« Vermutlich trugen die Zauberfreunde das Buch mit feuchten Händen heim, in der Erwartung, die Lottozahlen der nächsten Ausspielung oder etwas anderes Sensationelles darin zu finden. Stattdessen lasen sie: »Die Zauberkunst und das älteste Gewerbe der Welt haben eines gemeinsam. Sie werden von Amateuren ruiniert!«

Eine andere Geschichte erzählte Marvelli mir gleich mehrmals. Sie muss ihm besonders wichtig gewesen sein. Vermutlich enthielt sie die Aufforderung an mich, in einem bestimmten Moment an diese Geschichte zu denken. Marvelli war Mitglied des sogenannten Schlaraffenbundes, eine Satire auf die Freimaurerei, von dem ich in einem eigenen Kapitel erzählen werde. Und offenbar neigen Zauberkünstler zur Mitgliedschaft in solchen Bünden. Jedenfalls erinnerte sich Marvelli an die Beerdigung eines befreundeten Zauberkünstlers, der, wie er, auch Schlaraffe war – und gleichzeitig ein Freimaurer.

Zwischen den drei Gruppen – Zauberern, Schlaraffen, Freimaurern – scheinen Gemeinsamkeiten zu bestehen. Zauberer und Schlaraffen lieben die Unterhaltungskunst, Zauberer und Freimaurer das Geheimnis. Und Schlaraffen die Freimaurer, sonst würden sie sie nicht nachäffen. Alle drei haben ein öffentliches Bestattungsritual. Die Pointe der oft wiederholten Geschichte Marvellis ging so: »Erst kamen die Freimaurer ans Grab, und alle haben geheult. Und dann kamen die Schlaraffen, und alle haben sich totgelacht.« Die Schlaraffen sollen nämlich mit schrecklich ernster Miene auf hölzernen Steckenpferden über den Friedhof (!) geritten sein. So sollte es doch sein: zuerst den Toten betrauern, um hinterher wieder ins Leben zurückzufinden.

Es war schon dunkel, als ich auf dem Heimweg das Logenhaus passierte. Diesmal war irgendetwas anders. Die schweren Türen standen offen. Dahinter eine von innen beleuchtete automatische Milchglas-Schiebetür mit einem weißen Zettel mit der Aufschrift: »Geschlossene Gesellschaft«. Für mich eine klare Botschaft: Reingehen! Ich hatte mit einem Rauswurf gerechnet. Stattdessen erlebte ich eine überraschende Gastfreundschaft. Der sogenannte Kastellan, der für die Bewirtung der Brüder zuständig war, lud mich erst mal auf ein fränkisches Bier ein. Ich stellte mich vor und erzählte ihm von meiner Geschichte mit Marvelli. Das amüsierte ihn, er liebte Zauberer.

Da kam ein älterer Herr in einer weißen Robe mit einem riesigen roten Kreuz aus einem Nebenraum und ging grußlos zur Toilette. Wir beide schauten ihm nach. Reinhard, der Kastellan, sah mein Erstaunen. »Das ist ein Templer, jaja, die gibt's immer noch. Aber ich stell dir jetzt mal ein paar andere Herrschaften vor.« An diesem Abend, an dem ich mich selbst eingeladen hatte, war ich erstmals Gast des Clubs mit dem Ouroboros, der Loge »Zu den Drei Pfeilen«, einer der ältesten Logen Nürnbergs, gegründet 1789, im Jahr der Französischen Revolution. Das Thema ließ mich nicht mehr los. Ich nahm die Einladung für einen der folgenden Gästeabende an. Was veranlasst diese Männer – es handelt sich hier um eine rein männliche Loge –, sich einmal in der Woche zu treffen? Ich wollte es herausfinden und ging dafür, wenn ich es einrichten konnte, einmal im Monat in den kubischen Bau. Dabei erfuhr ich von einem netten älteren Herrn, Heinrich, immer mehr über die Freimaurerei und die vielen Unterschiede der einzelnen freimaurerischen Systeme. Und von seiner mit einer unglaublichen Herzenswärme begabten Frau Gertrud, die ihn meist von den Zusammenkünften abholte, viel über das Leben. Von den beiden bekam ich auch den Rat, mir für alles, was ich in der Loge erlebte, einen kritischen Blick zu bewahren.

Die eine Gruppe, die des Templers, arbeitet christlich. Aufgenommen werden fast ausschließlich getaufte Christen. Deutlich sympathischer wurde mir im Laufe der Monate die kleine Gruppe meiner Gastgeber, eine sogenannte humanitäre Loge, die Menschen jeden Glaubens aufnimmt, auch religiöse Skeptiker. Vier Erlebnisse beeindruckten mich bei meinen Besuchen im Logenhaus besonders. Das eine war ein Vortragsabend eines

Logenbruders, der offenbar an den Folgen eines Schlaganfalls zu leiden hatte. Es ging um Mozart. Nach ein paar Minuten bröckelte bei Bruno die Konzentration, er hatte ein Blackout, starrte auf das Manuskript vor sich auf dem Tisch. Minutenlanges Schweigen, das offenbar nur mir peinlich zu sein schien. Der Mann tat mir so leid. Warum bricht nicht irgendeiner der anderen den Vortrag ab? Einer der Brüder ging zu Bruno, legte ihm liebevoll die Hand auf die Schulter, nahm das Manuskript und trug den ihm fremden Text bis zum Ende vor. Bruno hörte zu, nickte immer wieder zufrieden. Am Ende gab's für beide ehrlichen Applaus. Ich habe selten eine so schöne Situation erlebt, in der dermaßen respektvoll mit dem schwächsten Glied in einer Gruppe umgegangen wurde.

Das zweite Erlebnis war eigentlich ein Streit, den ich mit einem der Freimaurer hatte. Inspiriert durch meine neuen Bekannten, beauftragte ich am Weltfrauentag eine Kollegin, eine Reportage aus ihrer ganz persönlichen Sicht über drei Bereiche zu schreiben, zu denen Frauen sonst keinen Zutritt haben. Ein Besuch in einem Bordell, ein Treffen mit der Eishockeymannschaft der Ice Tigers in der Männersauna und ein Treffen mit dem Logenchef in seinem Tempel. Als ich wieder zum Gästeabend kam, würdigte mich einer der älteren Freimaurer zunächst keines Blickes. Irgendwann kam er dann doch zu mir an den Tresen des Kastellans und polterte los: Ich hätte doch die Unverschämtheit besessen, die Freimaurerei mit Prostitution gleichzusetzen. Wie war das? Manchmal sind Konflikte nicht meine Stärke, und wenn es ganz absurd wird, ist mir ein Witz näher als mein Taktgefühl. Zuerst versuchte ich noch zu erklären, dass ein Vergleich überhaupt nicht meine Absicht gewesen sei. Dann aber fing der Gedanke an, mir Spaß zu machen. »Eigentlich gar keine schlechte Idee! Auch im Bordell geht es diskret zu, es sind ausschließlich Männer zu Gast, und zumindest die Hälfte der Personen trägt so eine Art Arbeitskleidung.« Dieser Vergleich von erotischer Wäsche mit Zylinder, weißen Handschuhen und dem Schurz, den Freimaurer bei ihren rituellen Handlungen tragen, war für ihn ein weiterer Skandal. Schnaubend wandte der Freimaurer sich ab, ging zu einigen anderen und flüsterte ihnen etwas zu. Es wird Sie überraschen, wie die Geschichte weiterging: Es tat ihm leid, mich vor den anderen attackiert zu haben. Einige Wochen später waren wir Freunde, und ich lernte vieles von ihm. Zum Beispiel erzählte er, ein gebürtiger Belgier, mir von seinen Freimaurerbrüdern und Landsleuten während der Nazizeit, die als Gefangene heimlich in der Baracke eine KZ-Loge gegründet und sich mit Priestern, mit denen sie als »Politische« zusammengepfercht waren, verbündet hatten. Wenn die Freimaurer ihr Ritual abhielten, standen die Pfarrer Schmiere; wenn die Geistlichen ihre Messe feierten, passten die Freimaurer auf, dass die SS-Leute nichts mitbekamen. Was für eine Geschichte menschlicher Verbrüderung im Angesicht des Terrors! Eine wahre Geschichte. Ein Überlebender der KZ-Loge hat seine Erlebnisse in einem Buch beschrieben (Franz Bridoux, *Liberté Chérie*).

Die dritte Beobachtung war ein Vortrag über Asylpolitik. Plötzlich ergriff einer aus der Gruppe das Wort und fing an, über Ausländer herzuziehen. In einem Stil, wie ich ihn bei den sonst so harmonischen und vernünftigen Treffen nie erwartet hätte. Schließlich hatte man mir auch erzählt, dass Religion und Politik in der Loge tabu seien. Die anderen blieben ruhig. Also meldete ich mich und fragte vorsichtig in die Runde, wie eine solche Einstellung mit den mir geschilderten Zielen der Freimaurerei zusammengehe? Menschenliebe, Toleranz, Brüderlichkeit, die Werte aus der Zeit der Aufklärung, in der die Logen entstanden, die schließlich in Pressefreiheit und unsere modernen Demokratien mündeten. Schließlich sei die Freimaurerei, wie man mir immer wieder erklärt hatte, doch auch eine ethische Schule, in der die einzelnen Mitglieder an sich selbst arbeiten wollen. Ich war ein echter Klugscheißer. Wie ein Erstklässler, der seiner Lehrerin einen Rechenfehler an der Tafel nachweisen will. Stille. Und plötzlich ein breites Grinsen der beiden, die sich kurz zuvor noch gestritten hatten. Sie hatten mich reingelegt, ihr Disput war nur ein Scheingefecht, ihre Waffen Platzpatronen! »Wie? War das alles nur ein Schauspiel?« Einer der beiden nickte fröhlich und sagte: »Freimaurerisches Schauspiel, ja, der Ausdruck gefällt mir.«

Im Anschluss erläuterte mir einer der beiden vermeintlichen Kontrahenten die antike Technik der Mäeutik, die sogenannte Hebammenkunst, die auf den griechischen Philosophen Sokrates (469–339 v. Chr.) zurückgeht. Die Idee ist, dass die richtige Antwort bei jedem Menschen schon vorhanden sei, nur quasi entbunden werden muss. Im Gegensatz zum klassischen Unterricht lernt der Schüler, in Dialogen und Fragen selbst herauszufinden, was richtig und was falsch ist.

Die gesamte Zeit, in der ich Gast bei den Freimaurern war, erlebte ich eine besonders wertschätzende und manchmal sogar geradezu artistische Gesprächskultur. Selbst bei Themen, bei denen man verschiedener Meinung sein kann, lässt man den anderen in der Regel aussprechen, stellt ihn nicht bloß, verteidigt eigene Argumente, ohne dabei herablassend oder bevormundend zu sein. Ausnahmen bestätigen die Regel. In solchen Momenten, die den anderen auch peinlich zu sein schienen, hieß es dann hinterher, es habe »gemenschelt«. Das war es wohl, was Heinrich und Gertrud, die keine Freimaurerin war, gemeint hatten. Dennoch habe ich bis heute das Gefühl, dass wir viel von der Gesprächskultur der Freimaurer lernen können.

Und die vierte Überraschung: In der kleinen Gruppe waren zufällig drei Zauberkünstler, die – unabhängig voneinander – den Weg in die Freimaurerei gefunden hatten. Ich fand hier also die Geschichte von Meister Marvelli bestätigt! Freimaurer lieben den schönen Schein.

2

In dieser Loge ist eine Frau der Boss

Eine Frage, die bestimmt noch nie in einem Kreuzworträtsel gestellt wurde: »Berühmtes Mitglied eines Geheimbundes mit sechs Buchstaben?« Hier einige mögliche Lösungen:

- Aldrin (»Buzz«, erster Freimaurer auf dem Mond)
- Danton (franz. Revolutionär)
- Disney (»Walt«)
- Dunant (Gründer des Roten Kreuzes)
- Eiffel (Erbauer des berühmten Turms und der Freiheitsstatue in NYC)
- Goethe (»Johann Wolfgang von«)
- Knigge, (Manierenpapst)
- Monroe (US-Präsident)
- Mozart (»Wolfgang Amadeus«)
- Murphy (»Eddie«, Komiker)
- Nelson (Admiral)
- Newton (»Isaac«, Naturforscher)
- Lipton (Teehändler)
- Philip (Prinz, verstorbener Gatte der Queen)
- Truman (US-Präsident)
- Warner (Brothers)

Merken Sie was? Erstens: Das waren nur die mit sechs Buchstaben (die Zahl war willkürlich von mir gewählt), es gibt also unglaublich viele prominente Namen, die sich mit Freimaurerei, Kabbala oder Alchemie in Verbindung bringen lassen. Manchmal auch mit allem auf einmal, so wie Goethe. Und: Es ist keine einzige Frau dabei. Die einzige wirklich prominente Freimaurerin, die mir einfällt, ist Josephine Baker, Tänzerin, Widerstandskämpferin, Pilotin – ihr Name hat aber nur fünf Buchstaben, sie scheidet also zumindest für diese Aufzählung aus.

Ist Freimaurerei nur etwas für Männer? Jein. Gerade im französischen Freimaurersystem des »Grand Orient«, das traditionell wegen seiner atheistischen Auslegung von dem anderen großen System, dem der Engländer, für irregulär gehalten wird (das englische System setzt – augenblicklich noch – offiziell den Glauben an die Existenz eines höheren Wesens voraus), gibt es eine Besonderheit: Es sind gemischte Logen, in die Frauen und Männer gleichermaßen aufgenommen werden. Die Freimaurer nennen sich untereinander »Bruder«. Die Frau eines Bruders ist eine »Schwester«. Doch wie nennt man dann in gemischten Logen eine aufgenommene Freimaurerin? Auch Bruder? Oder Bruder Schwester? Schwester Bruder? Die Frage um soziales Geschlecht und Gendern hat längst auch die Freimaurer erreicht, vor allem jene, die dem englischen System angehören, das sich zum größten Teil aus rein männlichen Logen und ein paar rein weiblichen zusammensetzt.

Denken wir einen Schritt weiter. Was passiert, wenn ein aufgenommener Bruder sich zur Frau umwandeln lässt, darf der in einer Männerloge bleiben? Oder noch komplizierter: Darf ein Mann in eine Männerloge aufgenommen werden, wenn er früher einmal eine Frau war? In allen Fällen: ja, selbstverständlich. Seit 2006 gilt das Europäische Antidiskriminierungsgesetz, das Benachteiligung u. a. wegen sexueller Identität verbietet. Die englische Großloge hielt in der Frage transsexueller Mitglieder fest: Weder darf ein Bruder, der nach dem Gesetz neuerdings eine Frau ist, aus der Loge ausgeschlossen werden, noch darf es für einen Mann, der früher eine Frau war, ein Hindernis sein, in eine Loge aufgenommen zu werden. Genau so etwas passierte 2007 im französischen System des »Grand Orient« (Orient = Osten = dort, woher das Licht kommt): Ein Bruder ließ sich zur Frau umwandeln und überzeugte die anderen Brüder, dass dies in keiner Weise ein Ausschlussgrund sein dürfe. Deswegen gibt es seit 2010 auch die gemischten Logen. Im selben Jahr ernannte der bis dahin rein männliche Club die Architektin Olivia Chaumont zu seiner ersten Freimaurerin. Drei Jahre zuvor war sie noch ein Mann gewesen, ein Bruder Freimaurer. Heute sind durch Olivias Pionierarbeit von den weltweit 54000 Freimaurern des »Grand Orient« immerhin mehr als 2000 weiblich, was die Logen auch für Jüngere interessant macht, wie Sarah und Julian vom Beginn unserer Geschichte. Als ich zu ihrer Aufnahme in der gemischten Loge »Zur Wahrheit« nach Karlsruhe eingeladen werde, ist gerade eine Frau sogenannte Meisterin vom Stuhl (MvSt), also die amtierende und gewählte Vorsitzende der Loge. Alexandra, eine erfolgreiche Stuttgarter Anwältin, ist zusammen mit ihrem Mann in der Freimaurerei. »Wir sind eine junge Loge. Unser Durchschnittsalter liegt bei 45 Jahren, unser jüngstes Mitglied ist 21, unser ältestes 72. Wir sind international, männlich und weiblich.«

Heute ist ein besonderer Tag, weil ein so junges Pärchen aufgenommen wird. Ungewöhnlich. Während die beiden Kandidaten im Kellerraum warten, kleiden sich oben die Brüder und Schwestern feierlich an. Sie tragen Schurze über den Kostümen und Anzügen. Alexandra trägt außerdem als Vorsitzende eine kunstvoll mit Goldfäden bestickte Stola mit Ornamenten und dem Namen ihrer Loge. »Der Schurz stammt aus der Tradition der mittelalterlichen Bauhütten«, erzählt sie. »Er ist ein Symbol dafür, dass der Freimaurer seine Arbeit dem Wohl der Menschen widmet.« Der Schurz soll in der Vorstellung der Freimaurer den Körper vor den imaginären scharfen Splittern schützen, die bei der bildhauerischen Arbeit an sich selbst durch manchmal zu große Wucht der Schläge vom Werkstück fliegen. Der Freimaurer stellt sich dabei einen rohen, aus einem Steinbruch gehauenen Brocken vor, der er selbst ist und der im Laufe der drei Grade, die er durchschreitet, mit immer feineren Werkzeugen bearbeitet wird. Der fränkische Schriftsteller und bekennende Freimaurer Gerd Scherm beschreibt diesen Prozess in seinem Gedicht »Lehrling«:

Wie ihn finden
im Steinbruch des Seins,
diesen einzigen,

diesen wirklichen,
diesen Stein,
der ich selber bin?

Wie ihn bearbeiten
in der Werkstatt des Lebens,
diesen Grundstein,
diesen Schlussstein,
dieses Leben,
das meines ist?

Durch die innere Welt reisen,
um in der äußeren zu bestehen.
Die Kraft der Werkzeuge nutzen,
um selbst zur Kraft zu finden.

Um einer Arbeit willen,
von der ich weiß,
dass sie niemals endet.

Dieser Stein, »der ich selber bin«, soll durch die sogenannte »Arbeit am rauen Stein« zu einem gleichmäßigen Quader werden, der schließlich irgendwann in den Tempelbau der Humanität passt. Zuvor muss ich aber durch die Selbsterkenntnis diesen Stein erst einmal finden.

Die Freimaurerei ist also eine ethische Schule. Und die äußere Welt, in der der Freimaurer bestehen soll, ist die Gesellschaft, die in den Ritualen mit dem Tempel Salomons aus dem Alten Testament verglichen wird. Dieser Tempel, um 950 vor Christus in Jerusalem gebaut, soll das Allerheiligste beherbergt haben: die hölzerne und vergoldete Bundeslade mit den beiden Steintafeln der Zehn Gebote, die Moses von Gott diktiert bekommen haben soll.

Die Lade habe gigantische magische Kräfte besessen, heißt es: Nur eingeweihte Priester durften sie berühren. Jeder sogenannte Profane (lat. *profanus*, derjenige, der in der Antike nur die vorgelagerten Bereiche des Heiligtums betreten durfte) wäre sofort zu Staub zerbröselt. Ich kann mir vorstellen, wie ängstlich die arme Putzkraft im Tempel den Boden gefeudelt haben mag.

Wie Hollywood sich die explosive Macht der Sprenglade vorstellt, kann man in Spielbergs und George Lucas' *Indiana Jones – Jäger des verlorenen Schatzes* (1981 / vier Oscars) sehen. Die Fantasygeschichte zeigt, was angeblich aus der Bundeslade nach der Eroberung Jerusalems (ca. 587 v. Chr.) durch Nebukadnezar II. und der Plünderung des Tempelschatzes passiert sein könnte. Laut Bibel hatte der Prophet Jeremia die Bundeslade zunächst in einer Höhle in Sicherheit gebracht. »Er trug das Zelt, die Lade und den Rauchopferaltar hinein; dann verschloss er die Eingangstür. Einige von seinen Begleitern gingen hin, um sich den Weg zu markieren; aber sie konnten ihn nicht finden. Als Jeremia davon erfuhr, schalt er sie und sagte: Die Stelle wird unbekannt bleiben, bis Gott das Volk zusammenführt und Erbarmen gewährt« (2. Makkabäer). Heute erinnert der Thoraschrein in den nach Jerusalem ausgerichteten Synagogen an das Allerheiligste.

Zurück in den Tempel der Freimaurer. Wenn die Brüder und Schwestern den Raum betreten, tragen sie Handschuhe. »Die weißen Handschuhe sind ein Zeichen dafür, dass das Werk unserer Hände rein sein soll«, erklärt Alexandra, die Meisterin. Ein weiterer Grund für die Handschuhe war wohl auch, Spuren harter Arbeit an den Händen zu verdecken. Die Hände eines Bauarbeiters sollten genauso aussehen wie die eines Arztes, Musikers oder Gelehrten. Denn im Tempel sind alle gleich. Vor dem Eingang zur Loge steht ein behandschuhter Bruder, martialisch, mit einem riesigen Schwert bewaffnet. Nur wer die Losung kennt und diese dem Wächter ins Ohr raunt, bekommt kurz vor Beginn des Rituals Zugang zum Tempel. Dann ist der Raum für die Freimaurer geheiligt. Außerhalb des Rituals ist er bloß ein Raum wie jeder andere. Was würde passieren, wenn man als Nichteingeweihter einfach einen gebrauchten Schurz und Zylinder (der ist in vielen Logen nicht einmal vorgeschrieben) auf eBay kaufen würde und in den Tempel möchte, ohne das Passwort zu kennen? Sicher wird einem nicht der Kopf abgeschlagen. Der Wächter verständigt erst mal den Meister vom Stuhl, gemeinsam wird man mit dem ungebetenen Gast reden und ihn bitten zu gehen. Sollte er sich uneinsichtig zeigen, gibt's vermutlich am übernächsten Tag eine skurrile Polizeimeldung in der örtlichen Zeitung.

Aber das Schwert ist mehr als nur eine Drohung für Eindringlinge. Es hat eine verborgene Bedeutung, wie so vieles andere im Tempel auch. Es ist ein Lichtsymbol. In der Antike wurden Licht bringende und Blitze schleudernde Gottheiten oft mit Schwertern dargestellt. Das Schwert am Eingang stellt den Kampf des Lichtes gegen die Dunkelheit, gegen den Aberglauben, die menschliche Unmündigkeit dar. In der Klinge des Schwertes vereint der Schmied, dessen Kunst für die Menschen des Altertums etwas Magisches hatte, die Elemente Feuer und Erde (Eisenerz) sowie Luft und Wasser (Abkühlung). Außerdem ist das Schwert ein Zeichen für die Einhaltung der Gesetze der Loge. Auf mittelalterlichen Darstellungen wird der biblische Erfinder der Schmiedekunst, Tubal-Kain, beim Schmieden eines Schwertes an der Seite von Giohargius, dem Erfinder des Wiegens mit Gewichten (= Gerechtigkeit), dargestellt.

An diese zwei Figuren werden Sie sich vielleicht erinnern, wenn Sie das nächste Mal eine Darstellung der Justitia sehen. Die römische Gerechtigkeitsgöttin steht völlig unzureichend bekleidet auf dem zugigen Dach des Münchner Justizpalastes. Die Brust entblößt, dafür aber in ihren Händen eine Waage und ein Schwert. Sie würde sich so garantiert eine Lungenentzündung holen, aber Hauptsache, sie ist bewaffnet! Nicht zuletzt daran erkennt man, dass die Philosophie bis ins vergangene Jahrhundert von männlichen Vorstellungen geprägt war. Der Freimaurerei-Reformer Friedrich Ludwig Schröder (1744–1816) schaffte das Schwert in dem von ihm geschaffenen Ritual (das heute selten zelebrierte »Schröder-Ritual«) ab, da es selbst von Brüdern als Kriegswaffe missverstanden wurde und ihm daran gelegen war, neue Mitglieder möglichst höflich und liebevoll aufzunehmen. In den meisten Nicht-Schröder-Logen wird das Schwert aber bis heute benutzt und hat nicht gerade zum Bild des friedliebenden Freimaurers beigetragen, der im Volksglauben häufig als Umstürzler und Verschwörer wahrgenommen wird.

Alexandra bereitet sich vor, rückt an ihrem erhöhten Tisch im Osten des Tempels für die bevorstehende Aufnahme ihren Hammer zurecht. »Wir praktizieren ein Ritual, weil Rituale Menschen oft Wahrheiten schneller und eindrucksvoller mitteilen können«, erklärt sie mir. Auch der

Totenkopf im Keller dient nicht dem Gruseln, er soll eine Idee vermitteln: Bedenke, dass deine Zeit endlich ist. Ein Memento mori. Also eine Philosophie, die nicht wie eine Religion aufs Jenseits ausgerichtet ist, sondern auf das Hier und Jetzt. Ein ähnliches Symbol im gedanklichen Werkzeugkasten der Freimaurer ist der sogenannte 24-zöllige Maßstab – ein Zollstock, der in 24 Felder unterteilt ist, die Anzahl der Stunden des Tages. Der Appell des Werkzeugs an den Maurer: »Das ist die Zeit, die dir täglich zur Verfügung steht, gehe sorgsam damit um.« Sarah und Julian werden die Bedeutung dieser und weiterer Werkzeuge heute kennenlernen. Und den speziellen Händedruck, das Passwort und das Zeichen, das sie als Freimaurer des ersten von drei Graden (Lehrling – Geselle – Meister) kennzeichnet. Sie lernen auch die Art, wie Freimaurer sich im Tempel bewegen: immer im Sonnenlauf (Uhrzeigersinn), vom Westen (dort befindet sich meistens der Eingang) zum Norden, über den Osten (dort sitzt der MvSt) zum Süden und zurück zum Westen. Und an den Ecken: im exakten rechten Winkel zur nächsten Geraden. So ist es Sitte, eine Hommage an die antike Kunst der Geometrie. Und eine Mahnung, stets »auf dem rechten Weg« zu wandeln.

Auf Außenstehende mag dies befremdlich wirken. In England, wo die Freimaurerei ein Massenphänomen ist und selbst Mitglieder des Königshauses Freimaurer sind, hat sich die geniale Komikertruppe Monty Python oft in ihren Fernsehsketchen über die Eigenarten der Freimaurer lustig gemacht. Das Publikum in Deutschland und Österreich, hier ist die Freimaurerei traditionell wenig sichtbar, versteht die Anspielungen, etwa in dem Sketch »Ministerium für alberne Gänge« nicht. Dort machen sich gut gekleidete Männer mit viel Würde lächerlich. Trotz Veralberung stehen in London die Bewerber für die Logen auf langen Wartelisten. Auch in den USA ist die Freimaurerei sichtbar, die Logenbrüder marschieren dort in vollem Ornat sogar bei öffentlichen Paraden mit.

Auch die US-amerikanische Unterhaltungsindustrie liebt die Freimaurerparodie! Bei *Familie Feuerstein* besuchen Fred und Barney regelmäßig ein Treffen der Wasserbüffel-Loge No. 26. In einer Zeichentrick-Episode von *SpongeBob* erfahren die Zuschauer, dass der Tintenfisch Thaddäus, der unter Wasser in einer Moai-Statue wohnt, Mitglied einer geheimen Loge ist, in die nur Kopffüßler aufgenommen werden. Und der immer Bier trinkende Homer Simpson tritt in einer Folge dem Orden der »Stonecutter« bei, in dem schon mehrere Figuren der Serie Mitglied sind, u. a. sein Chef im Atomkraftwerk und sogar Krusty, der Clown. Oliver Hardy spielte offen auf seine Logenmitgliedschaft im Dick-und-Doof-Film *Die Wüstensöhne* (1933) an, wo er und Stan Laurel als Brüder der Loge »Sons of the Desert« einen Fez auf dem Kopf tragen. Die orientalische rote Kappe mit der Quaste ist das Erkennungszeichen der Spaßtruppe der Freimaurerei, der sogenannten Shriners, die auch in Deutschland immer aktiver werden. Die Shriners sind Freimaurermeister, die sich aus der Deckung trauen und mit ihren Aktivitäten in der Öffentlichkeit Spenden für Kinderkrankenhäuser sammeln. Knapp zwei Dutzend Shriners-Krankenhäuser gibt es in den USA, Kanada und Mexiko, in denen Kinder und Jugendliche mit orthopädischen Problemen kostenfrei behandelt werden, unabhängig von ihrer Hautfarbe, Religion oder Weltanschauung. Ursprünglich waren sie als Polikliniken gegründet worden. Seit die Kinderlähmung in den 70er-Jahren beherrschbar wurde, änderte sich der Schwerpunkt der Behandlung in Richtung Bewegungsapparat, Geburtsfehler, Lippen-Kiefer-Gaumenspalten und Verbrennungen. Entstanden sind die Shriners 1871, weil einem amerikanischen Arzt und seinem Freimaurerbruder, einem Schauspieler, in der traditionellen Freimaurerei eine ordentliche Portion Albernheit fehlte.

Nicht die Spur von Klamauk allerdings bei der feierlichen Aufnahme in Karlsruhe. Eine gepflegte Dame Ende fünfzig zieht sich die Handschuhe noch mal aus, weil ihr Schurz nicht richtig sitzt. »Mein Mann ist auch hier in der Loge«, erzählt sie mir. »Wir sind einmal im Monat für einen ganzen Samstag im Logenhaus. Wenn wir dieses Hobby nicht miteinander teilen würden, wären wir einen Teil unserer Freizeit getrennt. Und könnten über das, was wir erlebt haben, nicht einmal reden.« Mann und Frau gemeinsam in einer Loge. Wie Prinz Tamino und seine Pamina in Mozarts *Zauberflöte* – nichts anders passiert nämlich in der Oper: die Aufnahme eines Paares in eine Freimaurerloge. So progressiv waren Mozart (1756–1791) und sein Logenbruder, Librettist und Theaterdirektor Emanuel Schikaneder (1751–1812), dass sie in der Handlung die Frau gleichberechtigt in die Loge haben aufnehmen lassen. 1791 waren sie schon weiter als die meisten heutigen Logen in Deutschland … Oft bemühtes Argument: Die

Anwesenheit von Frauen würde die Männer verändern und zu Stelzböcken machen. Viele Brüder belächeln solche Bedenken als völlig reaktionär, andere messen der vorübergehend rein männlichen Gesellschaft einen besonderen Wert bei. Frauen ticken da vermutlich nichts anders, wenn sie unter sich bleiben möchten.

An dem Abend in der gemischten Loge in Karlsruhe erwarten die Männer und Frauen gemeinsam den entscheidenden Moment, in dem den beiden Lehrlingen die Augenbinden (Symbol für die Geburt oder die Befreiung von der Unmündigkeit nach Kant) abgenommen werden und sie das Licht der Erkenntnis erhalten, den Tempel wahrnehmen und ihre künftigen Brüder und Schwestern lächeln sehen. Üblich ist es auch, den neu aufgenommenen Lehrling unter Androhung einer »furchtbaren Strafe« zur Geheimhaltung von Passwort, Handzeichen und Begrüßungsgriff zu mahnen. Sollte er plappern, würde sein Körper in Stücke gerissen (so ähnlich wie beim Berühren der Bundeslade). Sofort entschuldigt sich die Meisterin für solch wilde Drohungen, indem sie darauf hinweist, dass dies lediglich aus historischen Gründen Teil des festgeschriebenen Rituals sei. Alexandra: »Es passiert nichts, was gegen die guten Sitten verstoßen würde.« Julian wird mir später erzählen, dass er durch die Musik Mozarts zur Freimaurerei gekommen ist. Er musste erst mal googeln, um eine Loge für sich und seine Freundin zu finden. Denn: Freimaurer missionieren nicht. Wer zu ihnen will, muss an die Tür klopfen und um Einlass bitten. Alexandra: »Dann kann er oder sie unsere öffentlichen Veranstaltungen besuchen und hat die Gelegenheit, uns kennenzulernen. Und umgekehrt.«

Erklärt sich dann ein Kandidat (»Neophyt«), wird in der Loge in einer geheimen Wahl abgestimmt, ob die Gruppe ihn aufnehmen will. Die sogenannte Ballotage kommt ins Spiel: Jedes Mitglied erhält zwei Kugeln, eine weiße und eine schwarze, von denen jeder eine in ein Kästchen werfen muss. Landen darin zum Beispiels zwei schwarze Kugeln, gilt dies als Ablehnung, und die beiden, die die schwarzen Kugeln geworfen haben, müssen sich erklären. Erst wenn ihre Gründe stichhaltig sind, gilt der Kandidat als abgelehnt. Finden sich im Kästchen dagegen ausschließlich weiße Kugeln, spricht man von einem »hell leuchtenden« Ergebnis. Nach der feierlichen Aufnahme darf der neue Bruder oder die neue Schwester dann bis zur Beförderung in den Gesellengrad nur die Rituale des Lehrlingsgrades besuchen. Das Motto des ersten Grades: Schau in dich. Nach der Inschrift des antiken Tempels von Delphi: »Erkenne dich selbst« *(gnothi seauton)*.

Am Beginn des freimaurerischen Lebens, dem Lehrlingsgrad (= die philosophische Kindheit), steht die Selbsterkenntnis. Vor allem geht es für den Lehrling darum, zu erkennen, wo seine charakterlichen Schwächen liegen, ob er etwa leicht aufbrausend, ungerecht oder überheblich ist. Oft schadet es dem einen oder anderen, dem vielleicht sein beruflicher Erfolg zu Kopf gestiegen ist, nicht, ein Projekt wie die Freimaurerei noch einmal als Anfänger zu beginnen und Demut und Zurückhaltung zu üben. Etwa wenn der Herr Manager als frischer Lehrling gebeten wird, das schmutzige Geschirr seiner Brüder von der Tafel abzuräumen. Die Schlüsse aus den Lehren zieht jeder für sich selbst. Es gibt keine Dogmen, nur Interpretationen zu den Symbolen und den Werkzeugen, mit denen die Lehrlinge an sich arbeiten. Nach etwa einem Jahr wird dem Lehrling vorgeschlagen, sich auf die Jugend- und Erwachsenenzeit der Freimaurerei vorzubereiten. Es wird von ihm erwartet, dass er einen Vortrag zu irgendeinem freimaurerischen Thema ausarbeitet, um zu beweisen, dass er die Inhalte des ersten Grades verstanden hat. Dann erst wird er zum Gesellen befördert. »Schau um dich« ist die nächste Aufforderung. Jetzt soll der neue Geselle andere Logen besuchen und sich dort über die verschiedenen Erscheinungsformen und Gebräuche der Freimaurerei informieren und sich davon inspirieren lassen. Frühestens nach einem weiteren Jahr kann er dann in den Stand der Meister erhoben werden und ein Schauspiel erleben mit der Aufforderung »Schau über dich«. Der Geselle spielt damit gedanklich seinen eigenen Tod durch, blickt über sich – über den Rand des Grabes hinaus.

Der Weg des Freimaurers führt also über Symbole zur Meisterschaft. Wie sieht es denn dann mit sehbehinderten Menschen aus? Können sie überhaupt Freimaurer werden? Alexander Walter (40) ist die Hälfte seines Lebens blind. Der Freimaurer, Physiotherapeut und Osteopath aus der Nähe von Koblenz erklärt: »Die Symbole werden nicht nur betrachtet oder gesehen. Vielmehr gehen wir mit ihnen in einen Prozess der Anschauung, in eine Schau vor dem inneren Auge. Dazu müssen sie keineswegs über das äußere Auge wahrgenommen werden.« So würden im Ritual alle Sinneskanäle bedient: über die Stimme, über die Emotionen, über den Geruch (etwa der Kerzen). Die gesamte Ästhetik bewirke, dass »auch bei vorliegender

Blindheit, wie bei mir, kein Mangel an Bildern vor dem inneren Auge entsteht«. Das Wesen des Symbols sei es ja gerade, etwas außerhalb der bloßen Form darzustellen. »Es veranschaulicht also. Da es dies aber nicht direkt machen kann, muss man es auch streng genommen nicht sehen.«

Freimaurerische Systeme symbolisierten vieles, den Zustand vor der Geburt bis zum Tod und darüber hinaus. »Vertrauen, Liebe, Pflichtbewusstsein, Gewissenhaftigkeit, Zuverlässigkeit, Ehre, Treue, Mut«, zählt Alexander Walter auf. »Und darauf lässt sich auch unmittelbar blicken. Nur mit Übung und nur mit dem inneren Auge«, sagt er. »Und genau das übt das Ritual, genau deshalb braucht es das Ritual immer wieder, braucht es die Wiederholung und Gewohnheit. Erklärtes Ziel des Freimaurers ist es schließlich, auch außerhalb des Tempels, in der Gesellschaft, die maurerischen Werte zu leben.« Und das geht offenbar, auch ohne die Symbole jemals gesehen zu haben. Alexander Walter nennt sie die »einübungsethischen Krückstöcke des Freimaurers«. Walter: »Ob nun Goethe, als er sich weigerte, sich im Ritual eine Augenbinde anlegen zu lassen, nur Angst hatte oder befürchtete, dies würde die Empfindung der Schönheit des Rituals mindern, vermag ich nicht zu sagen. Allerdings bin ich mir sicher, dass es sich nicht lohnt, die Blindheit zu fürchten. Ebenso sicher bin ich mir, dass das maurerische Ritual nichts von seiner Schönheit einbüßt, wenn man es blind erfährt. Denn letztlich muss man Symbole erleben. Offenen oder geschlossenen Auges, das spielt keine Rolle.«

Die geheimnisvollen Symbole im maurerischen Ritual. Konrad Dietzfelbinger, Autor eines Standardwerks über antike Mysterienschulen, ist davon überzeugt, dass in diesem Ritual Relikte eines jahrtausendealten Mysterienbundes enthalten sind, von denen selbst viele Freimaurer nichts ahnen: Bemerkenswert, dass es dabei nicht in erster Linie um das Weitergeben eines geheimen Wissens durch den Meister an den Schüler gehe; bedeutender sei vielmehr die Entwicklung, die der Schüler selbst vollzieht, indem er Unbewusstes ins Bewusstsein umschichtet. Dies gelinge ihm umso besser, je mehr er sich von »Sinneswahrnehmung und Logik« löse.

3

Alles ganz Isis! Die antiken Mysterienkulte

Was ist beim Metzger der Unterschied zwischen Biofleisch und Demeter? Der Biobauer behandelt seine Kühe artgerecht. Der Demeter-Bauer mit Globuli. Das ist kein Witz. Demeter geht auf die sogenannte biologisch-dynamische Landwirtschaft des Rosenkreuzers Rudolf Steiner zurück. Die sieht tatsächlich Naturheilkunde auch im Stall vor. Das heißt nicht, dass nach Steiner hergestelltes Fleisch schlechter sein muss als anderes. Im Gegenteil. Der Bauer, der auf Medikamente so gut wie möglich verzichtet und der Kuh stattdessen Zuckerkügelchen in die Nasenlöcher schiebt (Gnadl, *Homöopathie für Rinderhalter*), hat zum einen vermutlich seine Kuh gern und am Ende ein Steak mit weniger chemischen Rückständen.

Steiner soll die Geheimnisse seiner anthroposophischen Landwirtschaft hellseherisch, durch Eingebung höherer Wesen, erhalten haben. Demeter-Bauern, die ganz streng nach der Lehre vorgehen, vergraben sogar mit Dung gefüllte Kuhhörner in der Erde und verstreuen bei Mäuseplagen die Asche von verbranntem Mäusefell auf ihren Feldern. Ob's hilft, ist fraglich, es wird wohl auch nicht schaden. Doch woher kommt der Name Demeter? Demeter ist der Name der griechischen Fruchtbarkeitsgöttin (bei den Römern Ceres). Sie war alleinerziehende Muttergottheit, hatte zusammen mit Zeus, Chef der Götter des Olymps, eine Tochter: Persephone (bei den Römern Proserpina). Seit Beginn der Menschheitsgeschichte staunen Menschen über die Natur. Pflanzen, die im Herbst welken, im Winter vergehen und im Frühjahr wieder neu erblühen, das Prinzip des ewigen Entstehens und Vergehens (wie beim Ouroboros). Naheliegend, dass die Weisen und Priester der Antike eine Gottheit erfanden, um dem Volk dieses Wunder zu erklären.

Die Demeter-Geschichte gewinnt an Fahrt durch Hades. Der Gott der Unterwelt war nämlich scharf auf Persephone. Und da er, zwar selbst ein Gott, der jungen Frau nicht viel zu bieten hatte, entführte er sie kurzerhand. Daraufhin verfiel Demeter in eine schwere Depression. Sie suchte ihre Tochter überall. In ihrer Trauer hielt sie das Wachstum der Pflanzen an: Die Bäume trugen kein Obst mehr, die Tiere hatten keine Lust mehr, sich fortzupflanzen, und die Menschen – auf diese Art ihrer Nahrung beraubt – verhungerten. Demeters Brüder ertrugen den Schwermut ihrer Schwester irgendwann nicht mehr und zwangen Hades, die Nichte zumindest einige Monate im Jahr zu ihrer Mutter reisen zu lassen. Glücklich über das Wiedersehen mit ihrer Tochter, ließ Demeter die Pflanzen wieder sprießen und – zack – hatten die Schweinchen und Hühner und sonstiges Getier wieder Gefühle und die Menschen Nahrung. Ab dem Moment waren die beiden Damen im Frühjahr und Sommer gemeinsam für die Fruchtbarkeit der Erde zuständig, im Winter hingegen musste Persephone wieder zu ihrem Gatten Hades zurück, um die Pflichten einer geraubten Ehefrau zu erfüllen.

Der griechische Gelehrte Herodot (ca. 490–430 v. Chr.), der die Demeter-Geschichte kannte, reiste viel durch Ägypten, um die Pyramiden und den dortigen Götterglauben zu erforschen. Auch die Mysterienschule der Isis war Teil der Theologie des alten Ägypten (um 4200 v. Chr.). Pyramidentexte überlieferten die Geschichte der Göttin Isis, ihres Sohnes Horus und ihres Mannes und Bruders Osiris. Herodot hielt Isis und Demeter für identische Gottheiten. Und in Osiris erkannte er den Gott Dionysos. Immerhin teilten Osiris und Dionysos das gleiche Schicksal: Sie wurden beide später zerstückelt. Dionysos durch Götter-Riesen, die Titanen, und Osiris durch seinen Bruder Seth. Tod und Wiederauferstehung kamen später schwer in Mode, man denke nur an die Kreuzigung Jesu im Neuen

Testament. Es gibt aber noch viel mehr auffällige Ähnlichkeiten zwischen Bibelüberlieferung und Isiskult. In antiken Darstellungen wird Isis mit dem göttlichen Kind Horus auf dem Schoß gezeigt. Das erinnert nicht nur zufällig an die Muttergottes mit dem Jesuskind. Ehrliche Theologen geben zu, dass die katholische Kirche in den antiken Mysterien gewildert haben muss.

Die Isis-Legende erzählt die Geschichte eines Mordes, und die geht so: Neidzerfressen meuchelte Seth mit einer List seinen Bruder Osiris, indem er zuerst eine Holzkiste baute und versprach, sie demjenigen zu schenken, der genau hineinpasse. Zuvor hatte er heimlich Osiris' Maße genommen und den Sarg entsprechend angefertigt. Was schenkt man auch einem Gott, der schon alles hat? Osiris war begeistert von dem originellen Geschenk. Sofort legte er sich in die Kiste, und die Form passte genau – deshalb haben ägyptische Prunksarkophage auch die äußere Form eines Menschen. Sobald Osiris im Sarg lag, sprangen Seths Komplizen herbei, klappten den Deckel der Kiste zu, beschwerten sie mit Blei und warfen den Sarg in den Nil, wo er zum Meer schwamm. Isis machte sich auf die Suche nach ihrem Mann. Als sie dessen Leiche nahe dem heutigen Beirut (Libanon) entdeckte, fiel sie in tiefe Trauer. Eine Terrakotta-Figur im Pariser Louvre zeigt Isis, wie sie ihre Handflächen als Zeichen ihrer Trauer vor die Augen hält, ohne diese zu berühren. Diese Geste kennen auch Freimaurer gut. Über Isis' Fund geriet Seth so in Wut, dass er den toten Osiris in 14 Teile zerriss und diese über das ganze Land verteilte. Ausdrücklich ist von 14 Teilen die Rede. Laut den Mysterienschulen gibt es sieben Kräfte, die im Menschen wirken (u. a. Wille und Fühlen). Osiris war König von Unter- und Oberägypten. Zweimal sieben ergibt 14, daher vermutlich die Zahl. Es könnte sich aber auch um die 14 Tage des abnehmenden Mondes handeln. Danach bedeckt der dunkle Schatten des Mondes die Erde wie der Deckel den Sarg des Osiris. Aber wie hat Isis die Kiste mit Osiris eigentlich finden können? Angeblich war ein Akazienzweig an dem Sarg in die Höhe gewachsen, daran erkannte Isis den Ort, den sie suchte. Auch in der Freimaurerei spielt ein Akazienzweig eine wichtige Rolle, er ist das Erkennungszeichen für den Auffindeort eines Baumeisters aus dem Alten Testament, der ebenfalls Opfer eines Mordkomplotts wird und später, wie Osiris, zunächst in seine Einzelteile zerfällt.

Die Geschichte von Isis wird aber noch spektakulärer: Die trauernde Witwe sammelte die Einzelteile ihres Mannes auf – bis auf eines: Osiris' Glied war nicht auffindbar. Drei Fische hatten es gefressen. Drei: eine in der Esoterik immer wiederkehrende Zahl, von den Mysterienbünden bis zur göttlichen Dreifaltigkeit. Nun setzte Isis ihren Mann wieder zusammen, den fehlenden Penis schnitzte sie aus Holz. Und mithilfe ihres göttlichen Freundeskreises belebte sie Osiris samt des selbst gemachten Ersatzteils und brachte posthum seinen Sohn Horus zur Welt. Ob sie bereits vor der Ermordung ihres Mannes von ihm schwanger war oder erst nachdem sie ihn als Puzzle wieder zusammengesetzt hatte? Es existieren zwei verschiedene Versionen der Geschichte.

Version Nummer zwei, die mit dem Holzpenis, halten Ägyptologen wie Thomas Schneider *(Die Geburt des Horuskindes)* für eine Vorlage für das später in der katholischen Kirche eingeführte Dogma der unbefleckten Empfängnis der »Jungfrau Maria«. Schneider zitiert einen Papyrustext: »Ich [Anm. d. Autors: Isis] habe den Erzeuger abgegeben, obwohl ich eine Frau bin.« Schneider schließt daraus unter anderem, dass der aus dem alten Ägypten stammende Mythos von Isis und ihrem Horuskind die vom Christentum übernommene Vorlage für Jesu' Geburtslegende war. Dieser Horus kämpft später in der Legende, um seinen Vater Osiris zu rächen, als »Sohn der Witwe« (Freimaurer verwenden heute diesen Begriff als Synonym für die Brüder) gegen seinen Onkel Seth und verliert im Kampf ein Auge. Dafür reißt Horus Seth die Hoden ab. Dieses Detail war für die Bibel als Vorlage wohl eher ungeeignet. Horus' ausgerissenes Auge erlangte (im Gegensatz zu Seths Hoden) große Berühmtheit: als das Horusauge, das Ägyptentouristen gerne als Hieroglyphe auf T-Shirts kaufen. Vom Horusauge stammt vermutlich auch das Auge im Tempel der Freimaurer ab, das Auge auf türkischen Glücksbringern, das allsehende Auge in den christlichen Kirchen und auf der Dollarnote. Der griechische Autor Plutarch (45–125 n. Chr.), der Reisen nach Alexandria unternahm, beschreibt die philosophische Geschichte hinter der Isis-Geschichte. Und die Rosenkreuzer interpretieren die Figuren heute nach Plutarch folgendermaßen:

- Osiris stelle das wandelbare Selbst, den Geist des Menschen dar. Auf seiner Reise im Sarg legt Osiris im Dunkeln den Weg vom Nil in die

Ewigkeit des Meeres zurück. Das wahre Selbst ist eingeschlossen wie in einer Kiste. Gleichzeitig wird Osiris auch als Keim in der dunklen Erde (Sarg) verstanden, der sich im Licht wieder aufrichtet.
- Sein böser Bruder Seth ist der innere Widerstand des Menschen, der die Entwicklung zum geistigen Wesen boykottiert. Er will ihn in die Welt der Sinne, des Materiellen, des Vergänglichen zerren. Ein Verführer, dem es vor allem auf den Augenblick ankommt. Seth ist Sohn von Kronos, dem Gott der Zeit.
- Isis repräsentiert die unwandelbare menschliche Seele, die den Geist sucht, der ihr durch Seths üble Gesinnung genommen wurde.
- Und Horus schließlich ist der Mensch, der sich als Wiedergeburt der Gottheit erkennen soll.

Der antike Schriftsteller Apuleius (ca. 125–170 n. Chr.) machte die Isis-Geschichte in seinem Roman *Metamorphosen* zum Bestseller und entfachte einen regelrechten Isiskult im gesamten Römischen Reich. Seine satirisch (!) gemeinte Geschichte, in der sich der Held Lucius durch seine magischen Spielereien versehentlich in einen Esel statt in einen Vogel verwandelt, beeinflusste Rosenkreuzer, Okkultisten und Magier über Jahrhunderte. Obwohl sein Text fiktional ist, nahmen die Mysterienfans jedes Wort für bare Münze. Seither fasten europäische Esoteriker (auch Christen) wie Lucius in Apuleius' Satire, halten sich an ein Schweigegelübde (Lucius muss während seines zehntägigen Fastens schweigen), verehren die vier Elemente (durch die Lucius wandert), tragen zum Teil leinene Gewänder (ein solches erhält Lucius am Ende der Satire bei seiner Erlösung durch Isis) und unterteilen ihren Initiationsweg – Überraschung: alles bei Lucius abgeguckt – in drei Stufen, von denen der dritte oft auf die Mysterien der Isis anspielt.

4

So viel Isis steckt im Freimaurertempel

In der ansonsten geschmackvoll gestalteten Lobby des Nürnberger Logenhauses stand in der Zeit meiner Besuche eine Figur von herausragender Scheußlichkeit: Ein sitzender Sphinx, eine in ägyptischem Stil gehaltene Löwenplastik mit menschlichem Kopf. Plastik trifft es am besten, das Ganze in Gold gefasst, wie die Reitfiguren in Fußgängerzonen, die nach Einwurf einer Euromünze zu wippen beginnen. Die Freimaurerlogen, die sich in Deutschland vor etwa 300 Jahren gründeten und deren Ursprung angeblich auf die mittelalterlichen Bauhütten zurückgeht, waren im 18. Jahrhundert wie besessen von Sphinxen, Obelisken und den ägyptischen Mythen.

Die Modeerscheinung wurde ausgelöst durch den Bestseller eines französischen Philosophen und Naturwissenschaftlers. Als Jean Terrasson (1670–1750) 1731 seinen Roman *Sethos* herausbrachte und ihn als Veröffentlichung eines antiken griechischen Manuskripts ausgab, hielten die Maurer dies für eine historische Anleitung der ägyptischen Mysterien. Die im Roman erwähnte furchtbare Strafandrohung für Bewerber, die das Geheimnis der Mysterien verraten, übernahmen die Freimaurer vermutlich für ihre natürlich nicht ernst gemeinte Drohung in ihrem Ritual: Ähnlich wie Osiris soll es demjenigen ergehen, der die Geheimnisse ausplaudert.

Sein Körper wird zerrissen (aber immerhin darf er seinen Penis behalten). Dieser Teil könnte auch die Ursache für den Mythos sein, Freimaurer müssten sich selbst töten, wenn die Loge es von ihnen verlange.

Noch immer stecken Freimaurertempel und -rituale voller Anspielungen auf die Isislegende, die kaum ein Freimaurer kennen dürften:

- **Das Geheimnis**
  Freimaurer sprechen nicht über ihre Rituale. Woher kommt diese Diskretion, die seit Jahrhunderten Misstrauen weckt? Freimaurer behaupten, dass auch Schweigen eine Tugend sei, die viele erst trainieren müssten. Tatsächlich wird derjenige, der nur seine Neugierde befriedigen will, in den Logen nicht glücklich. Doch vermutlich hat auch ein Missverständnis zu dieser Verschwiegenheit beigetragen. Horus, Osiris' Sohn, wird in ägyptischen Darstellungen oft als Kind dargestellt, das an einem Finger lutscht. Die Griechen deuteten das kindliche Fingerlutschen im sechsten Jahrhundert als einen auf die verschlossenen Lippen gelegten Finger; als eine Aufforderung also, den Mund zu halten.
- **Sterne und Mond**
  In vielen Tempeln, bei den Freimaurern in Fürth oder den Rosenkreuzern in Berlin, sind die Decken der Räume mit einem nächtlichen Sternenhimmel bemalt. Die Nacht spielte in der Vorstellung der Ägypter eine besondere Rolle, sie war die Zeit des Unterbewussten. Das Firmament soll wie das Symbol des Mondes, wie es meist auf den Ritualteppichen in den Logen zu sehen ist, den Zustand des Träumens darstellen und an die Fantasie appellieren. Wurde hier eine Beschreibung aus ägyptischen Totenbüchern in die Tempel übertragen? Das Amduat, die »Schrift der verborgenen Kammer«, war eine Art Reiseatlas für die verstorbenen Pharaonen. Archäologen fanden Fragmente davon in vielen Grabkammern, u. a. bei Tutanchamun, Ramses I. und Ramses II.

  Dargestellt ist jedes Mal die zwölf Stunden dauernde nächtliche Fahrt des Sonnengottes Re in einer Barke durch die Unterwelt. Die Reise, deren Stationen von Hunderten Gottheiten begleitet wird, erstreckt sich laut Amduat über 39 000 Kilometer. Das entspricht etwa dem tatsächlichen Umfang der Erde. Woher die alten Ägypter dies wussten, bleibt vermutlich eines der vielen Rätsel dieser geheimnisvollen Kultur.

Die Reise durch die Schattenwelt endet für den Mysterienschüler mit der elften Stunde, dem Anbrechen des Tages, der Geburt (Wiedergeburt) des wahren Selbst. Konrad Dietzfelbinger zitiert Spruch 170 aus dem Amduat: »Ich habe Dir Dein Fleisch gegeben, ich habe Dir Deine Knochen zusammengefügt und habe Dir Deine Glieder vereinigt. Schüttle die Erde ab, die an Deinem Fleisch ist. Du bist Horus in seinem Ei. Erhebe Dich, dass Du die Götter siehst.« (Eine ähnliche Stelle gibt es im freimaurerischen Ritual.) Das Ei begegnet uns auch bei den Rosenkreuzern. Es steht für den Samen, der im Mysterienschüler keimen soll.

- **Die Musik**
  Im freimaurerischen Ritual hat die Musik, vor allem Mozarts *Zauberflöte*, eine zentrale Bedeutung. Auch während der antiken Mysterienkulte wurde musiziert, so lassen sich angeblich zornige Götter durch sanfte Melodien besänftigen.
- **Die Pyramiden**
  Auch Pyramiden sind in den Freimaurertempeln versteckt. Der Berliner Ägyptologe Christian E. Loeben nimmt an, dass die Form der Pyramiden den hinter Wolken hervortretenden Sonnenstrahlen nachempfunden ist. In der Freimaurerei steht der Umriss der Pyramide, das Dreieck, für Geburt, Leben und Tod, für die drei Grade und für den Großen Baumeister aller Welten – ein Adapter für jede religiöse Prägung, egal ob die eines Christen, Juden, Muslims oder – wo gar kein Glaube vorhanden – Atheisten.
- **Die Säulen**
  Zum Mobiliar einer Loge gehören zwei für das Ritual wichtige Säulen, die oft auf ihren Kapitellen die Darstellung eines riesigen Granatapfels tragen. In ägyptischen Gräbern werden Säulen oft durch den ebenfalls pflanzlichen Papyrus dargestellt, der in der Ideenwelt der Ägypter ein Sinnbild für die Natur und die Fruchtbarkeit war. Der Granatapfel ist ebenfalls ein Fruchtbarkeitssymbol, aus jedem der vielen Kerne kann eine neue Pflanze entstehen.
- **Die Schlange**
  Der Ouroboros vor dem Eingang der Drei-Pfeile-Loge hat natürlich auch seinen Ursprung im alten Ägypten. Die Schlange half dem

Sonnengott nach seiner zwölf Stunden dauernden nächtlichen Bootsfahrt bei der Wiedergeburt.
Plato verehrte den Ouroboros als das vermeintlich erste Tier der Welt. Und später im Mittelalter trugen die Ritter des Kaisers Sigismund den zum Drachen umgestalteten Ouroboros als Ordenszeichen auf der Schulter. Dieser verschlungene Drache führte zum Namen einer der berühmtesten Gruselfiguren der Neuzeit: Dracula! Vlad II., der Vater der Romanfigur und Fürst der Walachei, wurde 1431 beim Reichstag in Nürnberg in diesen Drachenorden aufgenommen und gab sich deshalb den Beinamen »Dracul«. Bei den Freimaurern steht der Ouroboros für die Unendlichkeit, aber auch für die Einheit der Brüder.

- **Die Obelisken**
  Obelisken, deren Spitzen oft mit blankem Gold verziert waren, zeigten an ihrem höchsten Punkt morgens die Wiedergeburt des Sonnengottes in Form der ersten Strahlen des neuen Tages. Der Hahn bei der Aufnahme der Freimaurer erfüllt u. a. denselben Zweck: Er kündigt wachsam den anbrechenden Tag an, die Ankunft des Lichts und das Erwachen aus der Unmündigkeit.
- **Der Sphinx**
  Der Sphinx (bei den Römern männlich, bei den Griechen weiblich) bewacht die Eingänge des Tempels und der Pharaonengräber. In den Logen steht das Mischwesen aus Tier und Pharao für die drei Grundprinzipien Schönheit, Weisheit und Stärke (des Raubtiers). Diese drei sind auch die Grundprinzipien der Freimaurerei.
- **Die Affen**
  Die Paviane etwa vor dem Freimaurerschloss im schleswig-holsteinischen Eutin haben ebenfalls einen Bezug zu den ägyptischen Mysterien: Der Pavian ist zusammen mit dem Vogel Ibis das Schutztier des Mondgottes Thot, der auch für die Gerechtigkeit und das richtige Handeln steht.
- **Der Tod**
  Im dritten Grad der Freimaurerei werden Tod und Wiedergeburt szenisch dargestellt. Das rituelle Sterben mündet in der Geburt des Meisters. Vieles erinnert an die Geschichte von Isis, die ihren Mann Osiris wiederbelebte. Die Handlung wurde vermutlich als eine Art

Theaterstück auch in den ägyptischen Mysterienschulen nachgespielt. Dies beeindruckte später die Griechen und Römer enorm, die bis dahin den Gedanken der Wiedergeburt nicht kannten. Bei ihnen parkten die Seelen der Toten lediglich in einem wenig attraktiven Schattenreich.

- **Das Auge**
  Das allsehende Auge, das im Osten hinter dem Meister vom Stuhl oft als Hinterglasbild beleuchtet wird, ist vermutlich aus dem Auge des Horus hervorgegangen. Auch das Erkennungszeichen der Freimaurer, der geöffnete Zirkel über dem Winkel, wird in manchen Deutungen als Horusauge interpretiert.
  Die Christen haben dieses ägyptische Symbol übernommen und als »Auge Gottes« in vielen Giebeln ihrer Kirchen anbringen lassen. Reflexartig wird es von Außenstehenden manchmal mit den Illuminaten in Verbindung gebracht. Als ein beängstigendes Icon, das die angebliche Überwachung von Bürgern durch Geheimbünde ausdrücken soll.

Die Illuminaten – kaum eine Gruppe wurde im Volksglauben jemals so dramatisch überschätzt. Nicht erst seit Dan Brown sie in seinem Millionenbestseller *Angels and Demons* (im Deutschen *Illuminati*) zu den Zerstörern der Kirche erklärt hat und dreist behauptete, sie würden bis heute existieren. Historisch gesehen Quatsch, als Fantasystoff aber sehr erfolgreich. Und es mag tatsächlich noch Schwärmer geben, die sich so nennen, da die Bezeichnung »Illuminat« nicht geschützt ist. Sie spielen aber keine Rolle, schon gar nicht als eine Macht, die hinter den Kulissen irgendwelche Strippen zieht.

Die Illuminaten existierten nur in der sehr kurzen Zeitspanne von 1776 bis gegen Ende des 18. Jahrhunderts, sie waren ein Haufen von überzeugten Aufklärern und fast ausschließlich auf Bayern begrenzt. Ihr Ziel war es, Menschen zu mündigen Bürgern zu erziehen, um sich von der Bevormundung durch die Kirche und die absolutistischen Monarchen zu befreien. Klar, dass sie sofort eine Menge Gegner hatten. Gegründet wurden die Illuminaten von dem Ingolstädter Professor und Freimaurer Johann Adam Weishaupt als aufklärerisches Gegengewicht zu den Jesuiten und »Obskuranten«, wie die Illuminaten die Rosenkreuzer beschimpften. Das Paradoxe: Sowohl Illuminaten als auch die Rosenkreuzer hatten viele Freimaurer unter ihren Mitgliedern. Schriftsteller Adolph Freiherr Knigge, der heute noch als Vorbild für den Umgang mit Menschen gilt (»Der Knigge«), war Freimaurer und zeitweise Nummer zwei der Illuminaten. Es ging in Deutschlands Logen kreuz und quer und drunter und drüber. Licht und Dunkel, alles zusammen.

Die amerikanische Dollarnote mit dem Auge über der Pyramide wird von Verschwörungstheoretikern immer wieder den Illuminaten in die Schuhe geschoben. Zwar steht auf dem Schein die Jahreszahl 1776, das Jahr der Gründung der Illuminaten, es ist aber auch das Jahr der Gründung der USA, und nur darum geht's auf dem Dollarschein. Die unfertige Pyramide symbolisiert lediglich den im Aufbau befindlichen Staat. Das Auge, von den frühen Christen vermutlich aus dem antiken Ägypten übernommen (»Horusauge«), ist das Auge der göttlichen Vorsehung. Und das Motto »Novus ordo seclorum« bedeutet keineswegs die Schaffung einer »neuen Weltordnung«, die man den längst ausgestorbenen Illuminaten in die Schuhe schieben möchte, sondern ist ein Zitat des römischen Dichters Vergil (70–19 v. Chr.) und ruft lediglich ein neues Zeitalter aus, in dem die Menschheit in Vernunft und Frieden miteinander leben soll.

In sozialen Netzwerken liest man auf Verschwörungsseiten häufig, dass etliche Gründerväter der USA Freimaurer waren und dies ein unerschütterlicher Beweis für den Zusammenhang zwischen der Dollarnote und den Illuminati sei. Es ist wahr, dass viele von ihnen und auch spätere US-Präsidenten Freimaurer waren, aber eben keine Illuminaten. Freimaurerlogen waren eine Modeerscheinung wie die Münchner Schickeria: In war, wer drin war. Und es ist längst nicht so, dass die amerikanischen Freimaurer ein so verbündeter Haufen waren, wie man ihnen nachsagt. Im Bürgerkrieg von 1861 bis 1865 kämpften sie gegeneinander. Auf beiden Seiten waren viele der Offiziere Freimaurer, sowohl bei den Sklavenhaltern der Südstaaten wie auch in der Armee des Sklavereigegners Abraham Lincoln. Lincoln selbst stand der Freimaurerei zumindest sehr nahe; er beantragte eine Mitgliedschaft, wollte aber dann wohl als Präsident unparteiisch bleiben und zog seinen Antrag zurück.

Der britische Historiker John Dickie verweist auf die besondere Bedeutung von Freimaurern für die Nordstaatenarmee: In den USA mit ihren vielen evangelikalen Splittergruppen waren Soldaten schwer durch einen Prediger für einen heiligen Kampf zu motivieren, wie es etwa in Europa bei großen und oft aussichtslosen Schlachten geschah. Die »gute Sache«, für die es zu kämpfen lohne, war zumindest für die Nordstaaten-Freimaurer diese gemeinsame Utopie, egal, welcher Religion sie angehörten: Freiheit, Gleichheit (auch der Sklaven) und Brüderlichkeit.

Vom 18. bis ins 20. Jahrhundert kämpften weltweit Freimaurer für die Idee der Republik.

- Jean Paul Marat (1743–1793) gegen die französische Monarchie.
- Simón Bolívar (1783–1830) für die Befreiung Südamerikas von den Spaniern.
- Giuseppe Garibaldi (1807–1882) und Giuseppe Mazzini (1805–1872) für die Freiheit Italiens von der spanischen, österreichischen und der Papst-Krone.
- José Martí (1853–1895), Nationalheld Kubas, für die Unabhängigkeit.
- Julius Leber (1891–1945), SPD-Politiker und Widerstandskämpfer gegen den Nationalsozialismus.

5

Freimaurerei unterm Hakenkreuz

Es kann nicht am Wetter gelegen haben. In meinen Aufzeichnungen habe ich festgehalten, dass der Oktober die Skyline der deutschen Großstadt in ein sanftes Licht tauchte. Wer an einem solchen Tag schlechte Laune hat, bei dem müssen die Probleme tief verankert sein. Mein Experiment: Ich wollte so vielen Menschen wie möglich, denen ich an diesem Tag begegnete, dieselbe Frage stellen: »Wer sind die Freimaurer?« Das Ergebnis war überraschend.

Etwa ein Drittel der Befragten hatte noch nie etwas von Freimaurern gehört. Einer dachte, es könnten Maurer sein, die 1989 mit ihrem Hämmerchen die DDR-Mauer zu Fall brachten. Ein weiteres Drittel hatte zumindest schon einmal von ihnen gehört. Einige kannten Mozart und Goethe als Brüder, die Freimaurer müssten also gebildete Leute sein. Das letzte Drittel waren Verschwörungsgläubige. Einer von ihnen war ein extremes Exemplar, für mich ein echter Glückstreffer, den man mir vielleicht nicht abnehmen würde, wenn ich sein Geschwurbel nicht aufgezeichnet hätte.

Der junge Mann überraschte mich mit einer völlig wirren Antwort. Ich gebe sie wortwörtlich wieder, daher holpert der Text ein wenig: »Und es ist die Zahl

m-vg.de/link/dmdg03

666. Es gibt in Brüssel gibt es, wissen ja, EU, in Brüssel gibt es einen unglaublich großen Rechner. Und wissen Sie, der hat 'nen Spitznamen. Der heißt das Tier (…) Des ist noch nicht das eigentliche System. Aber es wird vorbereitet. (…) Es gibt 'n Teufel. Es gibt 'nen Satan (…) er kontrolliert Menschen. Und diese Freimaurer sind einfach Geldmenschen. Die wollen nur Macht (…).« Der Mann war Altenpfleger, damals 42 Jahre alt, ein wunderbares Beispiel für eine religiöse Wahnvorstellung. Wie können Menschen im 21. Jahrhundert an den Satan glauben oder an geheime Kräfte, die Menschen kontrollieren? Und ich habe diesen Menschen willkürlich in einer Fußgängerzone angetroffen.

Eine ältere Emnid-Umfrage für das evangelische Magazin *Chrismon* ergab Beängstigendes:

- 57 % der Befragten glaubten an hellseherische Fähigkeiten
- 42 % an geheime magische Kräfte, die auf den Menschen wirken
- 33 % an die Wirksamkeit von Flüchen
- 19 % an Ufos

Die Studie stammt von 2001 und nicht etwa aus dem 18. Jahrhundert, wo die letzten Hexen verbrannt wurden. Sie haben sicher schon von den Theorien der US-amerikanischen QAnon-Bewegung gehört, die auch in Deutschland vor allem durch die sozialen Medien wie Facebook und YouTube Anhänger findet. Zu deren Hauptmythen gehört der einer weltweiten satanistischen Sekte alter Männer, die in unterirdischen Höhlen eine Farm von Kindern betreibe, um aus ihrem Blut ein Verjüngungsserum herzustellen.

Von diesem Schauermärchen der »Qs« zu den Vorwürfen extremer Impfgegner, Bill Gates plane, die Bevölkerung heimlich zu chippen, um an die Daten der Menschen zu kommen, ist es nicht mehr weit. Wie entstehen solche Ängste? Gerade in chaotischen Zeiten vereinfacht der Verschwörungsglaube die Erklärung der Welt und ihrer Phänomene. Zufälle erhalten plötzlich eine Bedeutung. Und die Rollen von Gut und Böse sind beruhigend klar verteilt. Der 2021 verstorbene Berliner Historiker Wolfgang Wippermann sah im Glauben an den Teufel die geistesgeschichtliche Wurzel aller Verschwörungsideologien. Eine weitere Erklärung ist ein Mix aus Antisemitismus und Neid auf erfolgreichere Mitbürger.

Die beste Strategie für eine gut funktionierende (und sich im Netz schnell verbreitende) Verschwörungserzählung ist die wissenschaftliche Verkleidung. Die Autoren solcher Geschichten überfordern ihre Leser mit Tabellen, Zitaten, Fotos, Diagrammen oder scheinbar historischen Dokumenten. Dazu gehören auch die angeblichen Protokolle der Weisen von Zion, die in vielen dieser Geschichten auftauchen. Eine plumpe Fälschung! 1903 berichtet eine frühe Fassung in einer rechtsradikalen St. Petersburger Zeitung von einer geheimen Sitzung des Weltbundes der Freimaurer und der Weisen von Zion, in der angeblich die Weltherrschaft und ein jüdischer Weltstaat durch das »Gift der Liberalität« sowie das allgemeine Wahlrecht vorbereitet werden sollen. Schon 1905 erkannte die russische Regierung in den vermeintlichen Protokollen eine plumpe Fälschung. Die Hälfte des Textes war nachweislich aus einem deutschen Schauerroman und einer französischen Satire geklaut und den russischen Verhältnissen angepasst. Der Autor ist bis heute unbekannt. Eine Theorie: Pjotr Ratschkowski (1853–1910), Leiter des russischen Geheimdienstes, ließ das Pamphlet veröffentlichen, um im Auftrag reaktionärer Kräfte dem reformfreudigen Finanzminister Sergej Juljewitsch Witte (1849–1915) zu schaden. Dieser hatte die Goldpreisbindung der Währung erfunden und den Bau der Transsibirischen Eisenbahn vorangetrieben. Seine Idee einer modernisierten zaristischen Herrschaft gefiel einigen Ministern nicht, der Innenminister etwa bezichtigte Witte bei Zar Nikolaus II., Teil einer jüdischen Verschwörung zu sein, woraufhin Witte im August 1903 als Finanzminister zurücktreten musste.

1920 machte der baltendeutsche Emigrant Alfred Rosenberg (1893–1946), ab 1923 Chefredakteur und 1937 Herausgeber des *Völkischen Beobachters* (Parteiorgan der NSDAP), die »Protokolle« in Deutschland populär. Und General Erich Ludendorff (1865–1937) missbrauchte sie als Beleg dafür, dass vaterlandslose Gesellen den Deutschen im Ersten Weltkrieg die Niederlage beschert hätten – die berühmte »Dolchstoßlegende«. Ludendorff nannte die Freimaurer »künstliche Juden«, die durch das angebliche Abreißen des Gesellenschurzes während des Rituals eine symbolische Beschneidung vornähmen.

Selbst dem strammen Nazi Rosenberg war das zu blöd, er bescheinigte dem ehemaligen General der Obersten Heeresleitung eine gewaltige

»Psychose«. Auch Adolf Hitler (1889–1945) stellte 1924 in *Mein Kampf* eine Verbindung von Juden und Freimaurern her: »Er [Anm. d. Autors: Der Jude] kämpft mit aller ihm eigenen Zähigkeit für die religiöse Toleranz – und hat in der ihm vollständig verfallenen Freimaurerei ein vorzügliches Instrument zur Verfechtung wie aber auch zur Durchschiebung seiner Ziele.« Später soll Hitler zum Danziger Senatspräsidenten Hermann Rauschning gesagt haben: »Sie [Anm. d. Autors: die Freimaurer] bilden eine Art Priesteradel (…) Entweder wir oder die Freimaurer oder die Kirche.« Dabei tummelten sich – bis heute – auch unter den Nazis etliche Esoteriker. Der österreichische Okkultist und Freimaurer Guido von List (1848–1919) beeinflusste mit seiner völkischen Ariosophie die Gründung des antisemitischen Germanenordens. Dessen Nachfolgeorganisation, die Thule-Gesellschaft, führte die Swastika, eigentlich ein buddhistisches Glückssymbol, als Hakenkreuz in die NSDAP ein. Im Gegensatz zum Germanenorden war die Thule-Gesellschaft aber vor allem eine politische Organisation.

Der Berliner Historiker und Freimaurerforscher Manuel Pauli, der eine Dissertation über die Freimaurerei vor und nach dem Ersten Weltkrieg verfasst hat, erzählte mir: »Die Thule-Gesellschaft hatte auch Rituale. An der Gründung war unter anderem ein Freimaurer beteiligt, der 1951 das Thule-Ritual mit dem Freimaurerritual verglich. Aber ihre eigentliche Bedeutung hatte die Thule-Gesellschaft tatsächlich nicht als esoterischer Orden, sondern als organisatorischer Knotenpunkt zunächst der Gegenrevolution und dann Anfang der 1920er der Münchener Völkischen.« Die Swastika hatten die Okkultisten von der rosenkreuzerischen Theosophischen Gesellschaft übernommen, die das Hakenkreuz zusammen mit einem Hexagramm, einem Henkelkreuz und einem Ouroboros im Logo trug.

Der britische Freimaurer Benjamin Cox berichtete in einem Brief 1874 an einen Bruder über die französische Loge »Brüder des Hakenkreuzes«, die auch die Swastika im Logo führte. Zu der Zeit war das Hakenkreuz noch ein harmloses esoterisches Symbol, bis es unter den Nazis – in gespiegelter Form – zum Zeichen von Kriegsverbrechen und Massenvernichtung wurde. Heute ist es, eben wegen seiner Bedeutung, in Deutschland als verfassungsfeindliches Symbol verboten.

Heinrich Himmler (1900–1945), ein ehemaliger Düngemittel-Laborant, stieg bis 1929 an die Spitze der SS auf, die er von einer Straßenkampftruppe zu einem elitären und auf die nationalsozialistische Ideologie eingeschworenen Orden ausbaute, wobei auch Himmlers Begeisterung für esoterische Lehren und okkulte Praktiken eine Rolle spielte. Gerüchte über SS-Rituale und Geisterséancen auf der Wewelsburg (NRW) machen bis heute die Runde. Außerdem soll Himmler dort eine Sammlung von Ordensringen verstorbener SS-Mitglieder angelegt haben, die später unter amerikanischen GIs zu beliebten Kriegsmitbringseln wurden.

Verboten wurde die Freimaurerei – und alle anderen Geheimbünde (Rosenkreuzer, Druiden, Schlaraffen) – erst 1935. Was zum einen vermutlich daran lag, dass Hitler sich zunächst auf einen Feind, die Juden, konzentrieren wollte. Zum anderen könnte auch eine Rolle gespielt haben, dass ab 1933 der Norddeutsche Hjalmar Schacht (1877–1970) Hitlers Reichsbankpräsident war. Ein Freimaurer.

Die Freimaurer waren zugleich Täter und Opfer der Nationalsozialisten. Otto Bordes (gest. ca. 1943), Funktionär der völkisch ausgerichteten altpreußischen Großloge »Zu den drei Weltkugeln«, führte bereits 1930 den sogenannten Arierparagrafen ein, der es Juden verbot, Mitglied zu werden oder zu bleiben. In einem Brief meldete er der NSDAP, dass die Freimaurerei die Ziele der Partei voll unterstütze. Manuel Pauli: »Otto Bordes' Loge, die Loge ›Stern von Brabant‹, führte sogar bereits 1924 einen Arierparagrafen ein. Bordes behauptete, zum persönlichen Bekanntenkreis Hitlers zu gehören und in Kontakt zu Himmler zu stehen. Das scheint aber eher Maulheldentum gewesen zu sein. Zumindest hat er seine Verbindungen übertrieben. Die Anbiederung vieler Logen an die Nazis, vor allem der christlichen, setzte ein unrühmliches Verhalten fort, das seit dem Ersten Weltkrieg immer mehr Raum in deutschen Logen eingenommen hatte: eine weltanschauliche Ausrichtung hin auf einen radikalen, rassistischen und antisemitischen Nationalismus.« Dieses jämmerliche Verhalten nützte den Brüdern am Ende nichts. 1934 wurde auch Bordes von der Gestapo verhaftet und vorübergehend im Berliner KZ Columbia inhaftiert. Schlimmer traf es jedoch die vielen sogenannten humanitären Logen, die durch deutlich höhere religiöse Toleranz auffielen. Am 13. Juli 1933 stürmten und beschlagnahmten SS und SA das Gebäude einer der ältesten Logen Bayerns, der Loge »Libanon zu den drei Cedern« an der Universitätsstraße in Erlangen. 1931 zählte die Loge noch 111 Brüder, etwas mehr als ein Viertel davon waren Juden. »Die meisten kamen nicht aus Erlangen, viele waren etwa aus Nürnberg«, erzählt mir der Freimaurer Harald Tietze, der sich mit der Geschichte seiner Loge beschäftigt hat. Ein Grund könnte gewesen sein, dass in Erlangen sie bis auf die Brüder niemand als Juden erkannte und sie in Zeiten wachsender Anfeindung im Logenhaus ein und aus gehen konnten, in Würde, als Mensch.

Auf bisher unveröffentlichten Fotos, die mir der Erlanger Stadtarchivar Dr. Andreas Jakob zur Verfügung stellte, sind Männer zu sehen, einige von ihnen durch ihre Uniform als Nazis erkennbar, wie sie nach der Erstürmung des Logengebäudes mit den Ritualgegenständen Unfug treiben. In alberner Pose, ähnlich modernen Instagram-Selfies, inszenieren sich die Täter für Erinnerungsfotos vor der Kamera. Einer sitzt in Reiterstiefeln und keck sitzendem Zylinder mit Ritualschwert in der Hand. Ein anderer hat etwas verkrampft auf dem Stuhl des Meisters im Osten Platz genommen, hält sich hinter Totenkopf und Stundenglas an Hammer und Bibel fest.

Das Logenhaus mit der prächtigen Fassade in der Erlanger Innenstadt wurde zunächst beschlagnahmt, später zu einem Spottpreis durch die Stadt erworben. Denn die Beamten im Rathaus und in der örtlichen Parteiführung, allen voran der »Frankenführer«, NSDAP-Gauleiter Julius Streicher (geb. 1885, am 16. Oktober 1946 in seiner Heimatstadt Nürnberg als einer der Hauptkriegsverbrecher hingerichtet), arbeiteten an einem perfiden Plan: Sie machten aus dem Logenhaus ein öffentliches Gruselkabinett für die Reichsparteitage in Nürnberg. Wer die Symbole nicht versteht, hält sie für satanische Accessoires okkulter Kreise. Verstärkt durch die Nazipropaganda mussten die Besucher tatsächlich den Eindruck gewinnen, dass in dieser herrschaftlichen Villa etwas Routine war, was nicht nur gegen die guten Sitten, sondern auch gegen die Treue zum Vaterland verstößt. Wie in einer Schreckenskammer auf dem Rummel wurden in einem Gewölbe Särge und Totenköpfe inszeniert. Nicht in ihrer Funktion als Symbole, die an den eigenen Tod erinnern sollen, sondern als Unterhaltungselemente mit einem berauschenden Schluck aus der Pulle nationalsozialistischer Ideologie.

Die Sensationslust lockte die Massen an. Vor dem Logenhaus parkten oft Schlangen von Bussen aus Nürnberg. Zwischen 1933 und 1938 besichtigten eine halbe Million Menschen das Antifreimaurermuseum. Der sächsische Historiker Dr. Volker Knüpfer erklärt im *Jahrbuch für Freimaurerforschung* (2019): »Der NS-Staat erkannte früh das Medienpotenzial von Museum und Ausstellung.« Beides sei ganz bewusst für Propaganda und vermeintliche »Aufklärung« eingesetzt worden. Die *Mainzer Zeitung* schrieb am 2. Juli 1938 über einen Besuch der angeblich einzigen »Loge der Erde, die völlig unverändert der Öffentlichkeit zugänglich ist in Erlangen«: »Neben dem Meisterstuhl steht der Tisch des Aufsehers. Zum Andenken an den 1902 verstorbenen Bruder Selenka, einem Halbjuden, thront mitten auf dem Tisch eine Urne, die die sterblichen Reste des Toten birgt.« Die Erwähnung des »Halbjuden« war dem Autor wichtig, auch wenn sie falsch war, doch vermutlich wies das Nazipersonal, das die Führungen abhielt, extra darauf hin.

Emil Hermann Robert Selenka war ab 1874 bis zu seiner Emeritierung 1895 Professor für Zoologie und vergleichende Anatomie und seit 1892 Mitglied der Loge »Libanon zu den drei Cedern«. Im Erlanger Stadtarchiv finden sich keinerlei Hinweis auf jüdische Wurzeln des Professors. Dort ist als Konfession »evangelisch« vermerkt. Offenbar reichte den Nazis ihre eigene Interpretation dessen, was sie im Logenhaus vorfanden, nicht aus, sie dichteten auch noch hinzu. Für die Brüder der nach dem Krieg reaktivierten Loge war der Hochschullehrer Emil Selenka vor allem ein Humanist, der sich als europäisch denkender Freimaurer in der Friedensbewegung engagierte. Professor Selenka war eine Art Botschafter der Erlanger Loge, um brüderliche Kontakte mit dem deutschen »Erbfeind« Frankreich bemüht. Am 28. September 1900 entsandten die »Drei Cedern« ihren Bruder Selenka zu einer internationalen Festarbeit der Loge »Cosmos« nach Paris. In der kunstvoll gestalteten Einladung teilen die Franzosen ihre Hoffnung auf die Teilnahme ihrer deutschen Brüder mit »umso eher, als doch die Thatsache, dass FM:. aller Länder der Welt die Mittel eroertern, den brudermoerderischen Kriegen ein Ende zu bereiten, jeden FM:. veranlassen muss, dieser wahrhaft erhabenen Kundgebung bei Anbruch des neuen Jahrhunderts beizuwohnen«. »FM:.« ist bis heute in interner Korrespondenz die gebräuchliche Verschlüsselung des Wortes

»Freimaurer«. Unter den Nationalsozialisten wurden die Logenmitglieder deshalb auch als »Dreipunkte-Brüder« verspottet.

Emil Selenkas Bericht über seine Reise an einen Logenbruder: »Es war gut, dass ich dort war; denn außer mir waren nur zwei Brr. – aus Frankfurt und Erfurt – aus Deutschland vertreten. England fehlte ganz. Es war sehr interessant. Auch ich habe gesprochen, was mit großem Beifall aufgenommen wurde. Ich denke, ich habe die deutschen Brr. so vertreten, wie es sich gehörte. (…) Die französischen Brr sind viel freier in ihrem Treiben und Thun als wir. Der Ritus ist sehr einfach. Das Wort frei auch in politischen Dingen. (…) Ich danke Dir nochmals, Du treuer lieber Freund, dass Du mich zur Reise nach Paris veranlasst hast. Dein treuer Selenka.« In einem Artikel des Freimaurerblattes *Die Bauhütte* vom 10. November 1900 beschrieb Selenka noch einmal, wie herzlich er von den Franzosen aufgenommen wurde und mit ihnen deren Ritual feierte: »In feierlicher Weise wurden wir Deputierten unter hundert gekreuzt gehaltenen Schwertern bei Orgelklang durch den großen Saal geführt. Vertreter von Nordamerika, Spanien, Skandinavien, Russland etc., je 2–3 Vertreter aus der Schweiz, Deutschland.« Begeistert berichtet er anschließend von einer flammenden Rede des Freimaurers und späteren Medizinnobelpreisträgers Charles Robert Richet (1850–1935, Erfinder der Serumimpfung): »Es ist nicht wahr, dass der Krieg zu Mut und Thatkraft erzieht; er verroht. Wir sind Barbaren!« Emil Selenkas Urne wird bis heute von seinen Brüdern im Erlanger Logenhaus liebevoll aufbewahrt, die kunstvoll gearbeiteten Initialen »ES« erinnern an ihn. Hätte seine Friedensmission ihr Ziel erfüllt, wären der Welt im 14 Jahre später beginnenden Ersten Weltkrieg 20 Millionen Tote erspart geblieben.

Die Hetze der NSDAP machte auch nicht vor so fröhlichen Anlässen wie der Fastnacht halt. Auf einem Foto, ebenfalls aus dem Bestand des Erlanger Stadtarchivs, ist ein schwarzer Wagen eines Faschingszugs zu sehen, auf dem eine Parodie eines Freimaurermeisters durch die Straßen gezogen wird, flankiert von unheimlichen Galgenvögeln mit Schurzen und Zylindern. Der Nürnberger Ouroboros-Loge »Zu den Drei Pfeilen« vom Beginn dieses Buches erging es nicht besser. Am 2. September 1938 verwandelten die Nationalsozialisten das ehemalige Logengebäude an der heutigen Hallerwiese 16 (es wurde später in einer Bombennacht zerstört) rechtzeitig vor dem 10. Reichsparteitag in das damals weltgrößte Antifreimaurermuseum. Sie machten somit das 20 Kilometer entfernte Museum in Erlangen überflüssig. Knüpfer in seinem Beitrag zum Jahrbuch der Forschungsloge »Quatuor Coronati«: »Da ein nachlassendes Interesse an den ständigen Massenaufmärschen absehbar war«, seien die Veranstalter der Reichsparteitage um ein attraktives Rahmenprogramm für die Teilnehmer bemüht gewesen. Die *Fränkische Tageszeitung* empörte sich zur bevorstehenden Museumseröffnung: »Juden, Juden, nichts als Juden.« Wer sich fragt, wie eine solch plumpe Propaganda wirken kann, ein Blick in manche Facebook- und YouTube-Profile zeigt: Es funktioniert bis heute!

In der Nachkriegszeit arbeiteten allerdings auch viele Freimaurer in ihrer Selbstdarstellung unseriös. Die Brüder gefielen sich in ihrer Opferrolle unter den Nazis. Historiker Manuel Pauli: »Die meisten Brüder kamen überhaupt nicht ins KZ und gerieten auch sonst kaum mit dem NS-Staat aneinander – weil sie sich überwiegend als unauffällige, oft zuverlässige und willfährige Glieder der NS-›Volksgemeinschaft‹ gaben. Jene Freimaurer, die in Deutschland Opfer von Verfolgung wurden, wurden das, weil sie zugleich einer anderen, tatsächlich verfolgten Gruppe angehörten oder gegen die Nazis schrieben, redeten, handelten.« Carl von Ossietzky (1889–1938), Friedensnobelpreisträger, Journalist und Herausgeber der *Weltbühne*, verschleppten die Nazis 1933 ins KZ, wo er 1938 an den Folgen von Folter und vermutlich auch medizinischen Experimenten starb. In einer Logenrede hatte er zuvor seine Brüder zu friedlichem Widerstand aufgerufen: »Wir wollen alle Vorurteile, allen Hass, Hader und Habgier, alle kriegerischen Instinkte, alle törichten Rassen- und Nationaldünkel aus unseren Herzen und Hirnen reißen, denn sie sind Reste vergangener Kulturstufen und für die Gegenwart und Zukunft schädlich. Wir wollen die Gemeinschaft der Menschen freudig als die Grundlage unserer Sittlichkeit anerkennen, denn wir sind alle Menschen, gleicher Art und gleichen Wesens. (…) Werden Menschen neuer Lebensanschauung ihrer Überzeugung Willen verfolgt, so muss der Bund seine Streiter auf den Plan senden, um zu schützen oder nach Kräften zu stützen.«

Im Ausland waren Freimaurer weit mehr dem mordenden Regime ausgesetzt, was damit zusammenhängt, dass der Anteil an Juden in den Logen deutlich höher war als in deutschen, wo vor allem in den altpreußischen

Logen Nationalismus und Antisemitismus vorherrschten. In der Großloge von Wien beispielsweise waren damals etwa 70 bis 80 Prozent der Brüder Juden. Folgende Zahlen sind in Österreich dokumentiert:

- 61 Brüder mussten emigrieren
- 101 Brüder wurden ermordet, die meisten in Lagern
- 16 Brüder wurden verschleppt und vermutlich ermordet
- 13 Brüder begingen Suizid.
- Richard Schlesinger, Jurist und beim Einmarsch Hitlers am 12. März 1938 Großmeister, wurde am 16. März 1938 verhaftet und starb am 5. Juni an den Folgen.

Eines der ergreifendsten Schicksale ist das des Warschauer Freimaurers und Kinderarztes Janusz Korczak (1878–1942). Als Leiter eines Waisenhauses begleitete er »seine« Kinder freiwillig in die Gaskammer – weil er seine Schützlinge auf ihrem letzten Weg nicht allein gehen lassen wollte. Sein richtiger Name war Henryk Goldszmit. Unter seinem Künstlernamen Janusz Korczak schrieb er erfolgreiche Kinderbücher und durch seine Radiosendung kannten ihn die Kleinen als »Alter Doktor«. Korczak entschied sich gegen die Emigration nach Palästina. Nach dem Überfall auf Polen versorgte er im Warschauer Getto die 200 Kinder des Waisenhauses, die später, Anfang August 1942, von der SS ins Vernichtungslager Treblinka deportiert wurden.

Der jüdische Komponist und Schriftsteller Władysław Szpilman wurde Zeuge des Überfalls auf das Waisenhaus und beschrieb die unerträgliche Szene an dem Morgen, an dem die Deportation der jüdischen Waisen bevorstand. Janusz Korczak hatte die SS-Leute förmlich überredet, die Kinder begleiten zu dürfen. Er hätte sein Leben zumindest für diesen Moment retten können, doch, so schreibt Szpilman, »auch jetzt, auf dem letzten Weg, wollte er sie nicht allein lassen.« Korczak soll den Kinder erzählt haben, sie würden gemeinsam aufs Land reisen und sollten sich freuen! Endlich dürften sie raus aus den tristen Mauern, würden Blumenwiesen und Bäche sehen. Korczak ordnete mit gespielter Fröhlichkeit an, die Kinder sollten sich hübsch rausputzen und paarweise im Hof antreten. Szpilman: »Die kleine Kolonne führte ein SS-Mann an, der als Deutscher Kinder liebte.« Selbst solche, die er in den Tod schicken würde.

Ein zwölfjähriger Junge mit einer Geige unter dem Arm habe es dem Kommandanten des Einsatzes besonders angetan. Der Nazi befahl ihm, zu spielen, und wie der Rattenfänger von Hameln musste der kleine Geiger den Zug anführen. Die Kinder sangen fröhlich dazu, lachten, Korczak trug auf jedem Arm eines der kleineren Kinder und unterhielt sie. Der »Alte Doktor« habe, so vermutet der Augenzeuge, sicherlich in der Gaskammer noch beruhigend auf die Kinder eingewirkt, »als das Zyklon schon die kindlichen Kehlen würgte« und sich in den Augen der Kleinen die Fröhlichkeit in Panik verwandelte. Um den unschuldigen Kindern »den Schrecken des Übergangs vom Leben in den Tod zu ersparen.«

In der Märtyrergedenkstätte Yad Vashem in Jerusalem erinnert auf einem nach Korczak benannten Platz die Bronzestatue »Korczak und die Gettokinder« an den Arzt und Autor, der auch Sachbücher über Kinderpädagogik schrieb, unter anderem *Das Recht des Kindes auf Achtung.* Im Vorwort schrieb Korczak:

> »Ihr sagt: ›Der Umgang mit Kindern ermüdet uns.‹
> Ihr habt recht.
> Ihr sagt: ›Denn wir müssen zu ihrer Begriffswelt hinuntersteigen. Hinuntersteigen, uns hinabneigen, beugen, kleiner machen.‹
> Ihr irrt euch.
> Nicht das ermüdet uns. Sondern – dass wir zu ihren Gefühlen emporklimmen müssen. Emporklimmen, uns ausstrecken, auf die Zehenspitzen stellen, hinlangen.
> Um nicht zu verletzen.«

6

Der Mond ist ein Freimaurer

Der Mond ist jetzt ein Ami«, titelte die *Bild*-Zeitung am 21. Juni 1969, nachdem Neil Armstrong (1930–2012) als erster Mensch den Mond betreten hatte. Wenn jemand wie ein Alchemist selbst aus Papier Gold machen kann, dann war es der Blattmacher, der an diesem Tag die Zeile erfand. Die legendäre Ausgabe, die für 15 Pfennig verkauft wurde, wird mittlerweile im Netz für weit über 100 Euro gehandelt.

Wenn Freimaurer den Mond betrachten, denken sie vielleicht an jenes Besatzungsmitglied der Apollo-11-Mission, das 20 Minuten nach Armstrong als Zweiter seinen Fuß auf die Mondoberfläche setzte. Buzz Aldrin (* 1930), Sohn eines ehemaligen Army-Piloten, begann seine Freimaurerkarriere in New Jersey in der Montclair Lodge No. 144 (die Logen sind in der Reihenfolge ihrer Gründungen in den jeweiligen Ländern durchnummeriert). Auf dem berühmten Foto kurz nach der Mondlandung ist nicht, wie oft angenommen, Neil Armstrong zu sehen, sondern Buzz Aldrin. Armstrong teilt mit allen Fotografen von Familienfotos dasselbe Schicksal: Sie stehen immer hinter der Kamera.

Sein Kollege Buzz Aldrin, den er fotografierte, war nicht nur im Auftrag der NASA zu seiner gefährlichen Expedition aufgebrochen. Aldrin hatte bei seinem berühmten Mondspaziergang eine Fahne mit dem Freimaurerlogo bestehend aus Winkel und Zirkel im Gepäck, die ihm Joseph Guy Smith, Großmeister der Großloge von Texas, zusammen mit einer Urkunde für den Flug mitgegeben hatte. Buzz Aldrin breitete die kleine Flagge aus und deponierte die Gründungsurkunde als offizieller Stellvertreter des Großmeisters für eine Mondloge unter dem Basalt des Mare Tranquillitatis (»Meer der Ruhe«), wie die Gegend genannt wird. Bis heute beanspruchen die Freimaurer in Texas damit das Gebiet um die Koordinaten 0,8° N, 23,5° O als einen ihrer Außenstandorte. »Bis zu dem Moment, in dem die Loge ihre Zusammenkünfte auf dem Mond abhalten kann«, schreiben die Mitglieder der Mondloge (»Tranquility Lodge No. 2000«) auf ihrer Homepage, würden sie sich weiterhin auf der Erde treffen – notgedrungen. In einem Teil des Rituals verorten die Freimaurer ihre jeweiligen Logen »vom Mittelpunkt der Erde bis zur Oberfläche«. Seit 1969 reicht eine Loge zumindest in der Vorstellung der Brüder noch viel weiter. Vom Mittelpunkt der Erde bis zum Mond.

Geheime Symbole an öffentlichen Orten sind unter Freimaurern beliebt. Etwa ein kleiner Pin mit Winkel und Zirkel am Revers oder ein kleines Vergissmeinnicht. Die Geschichte des Blümchens ist eine hübsche Anekdote aus der sogenannten dunklen Zeit, als die Logen unter den Nazis verboten waren. Das »Winterhilfswerk des Deutschen Volkes« war eine Stiftung, die Spenden für in Not geratene Volksgenossen erbettelte. In der Zeit des Sammelns wurden in Großstädten echte Bettler in »Schutzhaft« genommen, weil man wohl feststellte, dass deren Anwesenheit sich negativ auf das Spendenaufkommen auswirkte. Wer spendete, erhielt als Quittung eine Anstecknadel. An deren wechselnden Formen konnte jeder erkennen, ob sein Nachbar als guter Patriot kürzlich gespendet hatte oder nicht. Eines dieser Abzeichen war eine Blume aus einem Harzmaterial, ein Vergissmeinnicht.

Angeblich sollen Freimaurer im Untergrund dieses Naziabzeichen benutzt haben, um sich gegenseitig zu erkennen. Vergissmeinnicht – vergiss mich und deine Brüder nicht. Ein älterer Freimaurer erzählte mir: »Und wenn man doch Verdacht erregte, weil man das alte Abzeichen trug, dann redeten sich die Brüder raus, indem sie vorgaben, ihnen gefalle das Blümchen so gut, dass sie es immer tragen.« Bis heute pflegen die Freimaurer diesen hübschen kleinen Brauch und tragen das blumige Abzeichen als sogenanntes diskretes Zeichen im Gegensatz zum offiziellen und bekannten Winkel-und-Zirkel-Symbol. Der Blümchenträger weiter: »Wenn ich von einem Ahnungslosen darauf angesprochen werde, sag ich ihm, dass ich beim Obst- und Gartenbauverein Mitglied bin, das ist nicht einmal gelogen.«

m-vg.de/link/dmdg04

Ein weiteres geheimnisvolles Erkennungszeichen sind die »Freimaurerbälle«, die in England im vergangenen Jahrhundert weit verbreitet waren. Als »Freemasons Balls« werden sie zu hohen Preisen in Online-Auktionshäusern angeboten. Die meist unauffälligen, murmelgroßen Kugeln hängen am Schlüsselbund als Erkennungszeichen und haben einen verborgenen Verschluss. Öffnet man diesen, verwandelt sich die Kugel in sechs kleine Pyramiden, auf deren Seiten verschiedene Symbole eingraviert sind, meist eine Knotenschnur (als Zeichen des Zusammenhalts), ein Zirkel (u. a. für das Verhältnis zu anderen), ein Totenkopf *(memento mori)* oder ein Winkelmaß (Mahnung an die eigene Haltung).

In unserer europäischen Kultur sind Tausende solcher Symbole verborgen. Der Ouroboros etwa in der *Unendlichen Geschichte*: als Amulett am Hals des furchtlosen Jungen Atréju. Die beiden im Film verschlungenen Schlangen des magischen Talismans Auryn (eine unter Alchemisten benutzte abgewandelte Form des Ouroboros) stellen die Gegensätze wie *Nacht und Tag*, *Leben und Tod*, *Mann und Frau* (ähnlich Yin und Yang) sowie im Film die Weisheit der Kindlichen Kaiserin dar. Auf verschiedenen Buchcovern von Michael Endes Roman ist der Ouroboros noch in seiner ursprünglichen Form als einzelne Schlange zu sehen.

Michael Ende (1929–1995), einer der erfolgreichsten deutschen Jugendbuchautoren und Erfinder von *Momo* (Deutscher Jugendbuchpreis) und *Jim Knopf,* wurde mehrmals von Theologen angegriffen. Der Heidelberger Neutestamentler Klaus Berger (1940–2020) hielt die *Unendliche Geschichte* für ein okkultes Machwerk, das sich als Märchen tarne. Berger verstand Momo als Anspielung auf Jesus und die Kindliche Kaiserin als Allegorie für Luzifer. Ende wolle den Leser doch nur in die Magie hineinziehen. Stattdessen sollten Kinder besser auf das Christentum vorbereitet werden. Tatsächlich machte die Aufschrift auf der Rückseite des Auryn Ende zunächst verdächtig, den Okkultisten und Sexualmagier Aleister Crowley (1875–1947) zu verehren.

Crowleys Leitmotiv »Tu, was du willst« wird von Crowley-Gegnern als raubtierhafte Egomanie interpretiert. Crowley war unbestritten Egozentriker und von zweifelhaftem Charakter. Das Original des Zitats will Ende allerdings, so schrieb er in der 80ern einer Leserin, einem Roman des Renaissanceschriftstellers François Rabelais (ca. 1494–1553) entnommen haben. Rabelais löst dieses Rätsel auf, indem er den Satz erweitert zu: »Liebe (Gott) und tu, was du willst.« Crowley-Befürworter interpretieren das »Tue, was du willst, soll das ganze Gesetz sein« des Okkultisten als Appell an seine Anhänger, ihre eigentliche Bestimmung zu erkennen und zu verwirklichen. Als »Wille« sei nichts anderes als der göttliche Funke gemeint, der nach rosenkreuzerischer Vorstellung in jedem Menschen glimme. Vielleicht weil er den Ärger ahnte, änderte Regisseur Wolfgang Petersen im Film das Zitat in »Do what you dream«. Ende protestierte heftig gegen diese Verfälschung seines Werkes: Alles, was im Kinderbuch geheimnisvoll und magisch angedacht war, sei hinterher »total platt und banal« dargestellt geworden. Selbst die im Film gezeigten Sphinxen gehörten zu den größten Peinlichkeiten, die Ende an »vollbusige Stripperinnen« erinnerten. Der Autor: »Es ist eine unsägliche Geschichte daraus geworden.«

Ende ist nicht der einzige Autor eines Zaubermärchens, der von Theologen angegriffen wurde. Ähnlich wie Klaus Berger urteilte Joseph Ratzinger (* 1927), der spätere Papst Benedikt XVI., 2003 über den Zauberer Harry Potter in einem Brief an eine konservativ-christliche Autorin und Publizistin: Es sei gut, dass sie hier Aufklärung betreibe, denn diese »subtile Verführung« würde bei den Kindern den Glauben in der Seele zerstören, ehe er »überhaupt recht wachsen konnte.« Im Lichte der Anfang 2022 bekannt gewordenen Verfehlungen Ratzingers im Missbrauchsskandal erscheinen derartige »Besorgnisse« als besonders heuchlerisch. Papst Benedikt hätte es vermutlich ebenso wenig gefallen, dass ein magisches Symbol, ein Ouroboros, Hauptmotiv der Fantasyserie *Das Rad der Zeit* beim Streamingdienst Amazon Prime ist. Auch die vierte Staffel der Fantasyserie *12 Monkeys* (Premiere in Deutschland 2019) setzt visuell auf den Ouroboros. Die Hauptfigur reist durch die Zeit, um die Welt vor einer drohenden tödlichen Pandemie zu retten – vermutlich war das der Grund, warum die Serie so erfolgreich war, dass weitere Staffeln folgten.

Freimaurersymbolik versteckt sich auch in der Poesie. Das später zum Wiegenlied vertonte Gedicht »Der Mond ist aufgegangen« bekommt eine ganz andere Bedeutung, wenn man weiß, dass der Dichter Matthias Claudius (1740–1815) Freimaurer war:

> »Seht ihr den Mond dort stehen?
> Er ist nur halb zu sehen
> Und ist doch rund und schön.
> So sind wohl manche Sachen,
> Die wir getrost belachen,
> Weil unsre Augen sie nicht sehn.«

Es kann sowohl als religiöse Toleranz interpretiert werden als auch als versteckter freimaurerischer Appell: Befreie dich von der Sklaverei des Vorurteils!

7

Die Geheimnisse in Mozarts *Zauberflöte*

Ein richtiges Kuriositätenkabinett an verborgener Information ist das berühmteste und bedeutendste freimaurerische Werk: *Die Zauberflöte* (uraufgeführt 1791 im Wiener Theater auf der Wieden). Die *Zauberflöte* ist für die Kulturgeschichte fast so wichtig wie Luthers Bibelübersetzung: die erste große deutschsprachige Oper in einer Zeit, in der die Opernsprache Italienisch war. Der Schweizer Germanistikprofessor und Mitglied der Deutschen Akademie für Sprache und Dichtung Darmstadt, Peter von Mann, nannte die *Zauberflöte* »neben Shakespeares Trauerspiel *Hamlet* und Leonardos Bildnis der *Mona Lisa* das dritte große Rätselwerk unserer Kultur«. Entreißen wir dem Werk seine Geheimnisse.

In der Oper wie in der Freimaurerei geht es um Verwandlung. Äußerlich durch aufwendige Bühnenmechanik, mit der der Librettist und Mozarts Freimaurerbruder Emanuel Schikaneder rasend schnell die Kulissen wechseln konnte (wieder ein Bezug zu Zauberer Marvelli). Die Zuschauer stellen bei sich selbst auch eine Verwandlung fest, wie sich nämlich ihre Sympathie zu den Figuren im Laufe des Stückes verschiebt. Die vermeintlich gute »Königin der Nacht« erscheint ihnen irgendwann als das, was sie wirklich ist: als eine Mischung aus *Denver*-Biest und Märchenhexe. Der Eindruck, man habe es hier mit einer kämpferischen Mutter zu tun, die lediglich ihr entführtes Kind zurückerobern wolle, täuscht die Zuschauer zunächst. Learning aus diesem Teil der Zauberflöte: »Befreie dich von der Sklaverei des Vorurteils! Und dann der doppelte Boden, mit dem die beiden Bühnenzauberkünstler Mozart und Schikaneder ihre *Zauberflöte* konstruieren: zum einen eine Volksoper, die jeder versteht, in die aber eine zweite Wahrnehmungsebene eingezogen wird, die nur Eingeweihten zugänglich ist.

Die *Zauberflöte* ist eine »opera duplex«. Der Ägyptologe und *Zauberflöten*-Experte Jan Assmann vergleicht die Oper mit der »religio duplex«, mit den zwei Ebenen einer Religion, einer für das Volk und einer für eine geistige Elite, die sich tiefergehend mit Hintergründen und Allegorien beschäftigen kann und will. Gleich zu Beginn versteckt Mozart in seiner Ouvertüre in den drei Akkorden die drei markanten Schläge, mit denen Freimaurer an die Tür des Tempels klopfen. Für Uneingeweihte gehen die Schläge unter im Meer der Klänge. Wissende zucken hier zusammen und sind für einen Augenblick versucht, einem Bruder die Tür zu öffnen. Dann die Königin der Nacht, ihre Rolle ist bis heute umstritten. Viele halten sie für eine Personifizierung der katholischen Kirche, die ihre klerikale Bevormundung zunächst hinter ihrem wohlwollenden Lächeln verbirgt. Die Königin erscheint wie die katholische Maria schwebend auf einer Mondsichel (»Himmelskönigin«). Die Freimaurer im Saal verstanden die Anspielung sofort. Wiens katholische Würdenträger im Publikum sicherlich auch. Andere spekulieren, die Königin der Nacht sei ein Symbol für die Rosenkreuzer (Nacht = Okkultismus), die durch ihre Magie und Mystik eine Opposition zu den aufklärerischen Illuminaten jener Zeit bildeten. Gleichzeitig steckt in ihr aber auch etwas von der Göttin Demeter, die um den Verlust ihrer entführten Tochter trauert. Schikaneder hat uns zu ihr keine Gebrauchsanweisung hinterlassen. Aber so ist es generell in der Freimaurerei gewollt: Die Symbole können von jedem anders interpretiert werden.

Im Verlauf der Oper verwandeln sich Menschen durch die Kraft der Liebe selbst in göttliche Wesen. Für die Kirchen ein klarer Fall von Häresie (Abweichung von der offiziellen Lehre), da gute Christen schließlich von der Gnade Gottes abhängig zu sein haben und sich nicht selbst zu Göttern machen dürfen. In einem der Duette des Vogelfängers mit

Pamina heißt es: »Mann und Weib, und Weib und Mann, reichen an die Gottheit an.« Dies alles war für den einfachen Wiener Zuschauer sicherlich nicht zu durchschauen.

Die Oper spielt im antiken Ägypten, aber ihre ganze Handlung ist eine einzige Hieroglyphe, wie Jan Assmann in *Die Zauberflöte. Oper und Mysterium* (S. 95) beschreibt: Hieroglyphen seien ästhetische Formen mit einem doppelten Boden. Bei Nichteingeweihten würden sie bloß eine unerklärliche Faszination auslösen, beim Eingeweihten eine innere Sammlung. »Dieser Gegensatz zwischen innen und außen, einfachem Volk und elitärer Weisheit« ziehe sich durch die gesamte Oper und werde klar an den Figuren durch die Unterschiede zwischen Sarastro und Papageno und in der Musik zwischen Sakral- und Volksmusik. Sarastro ist in der Oper der Logenmeister und Gegenspieler der Königin der Nacht, sein Zeichen ist die Sonne. Offenbar haben Mozart und Schikaneder dem Meister vom Stuhl ihrer Loge, Ignaz von Born (1742–1791), ein Denkmal setzen wollen. Born galt im 18. Jahrhundert bei den Wiener Freimaurern als charismatische Persönlichkeit. Der altpersische Religionsstifter »Zarathustra«, auf Italienisch »Sarastro« – nichts anderes als eine symbolische Gestalt des »Lichtträgers«. Der Freimaurer Sarastro ist zu Beginn der vermeintliche Bösewicht, der Prinzessin Pamina entführt haben soll. Wieder mal nichts als Ärger mit diesen Freimaurern!

In der Geschichte verliebt sich Prinz Tamino auf den ersten Blick in das Bild der Prinzessin, das ihm die Königin der Nacht als Fahndungsfoto vor die Nase hält (Tamino: »Dies Bildnis ist bezaubernd schön.«). Am Ende bekommt der Prinz seine Angebetete. Jedoch müssen die beiden in einer dunklen Höhle zwei gefährliche Prüfungen bestehen, die Wasser- und die Feuerprobe. Ein Klassiker der antiken Mysterienschulen. Hier geht es nicht darum, sich nasse Füße oder Verbrennungen zu holen. Der Prüfling soll im übertragenen Sinn lernen, sich im »Wasser des Geistes« an der Oberfläche zu halten, ohne sich an Dogmen, Autoritäten, Machtapparaten festzuhalten (Dietzfelbinger, *Mysterienschulen*, S. 37). Bei der Feuerprobe geht es dann um die Kraft des Geistes, die im Mysterienschüler langsam an Gestalt gewinnt, vor deren egoistischem Missbrauch er sich aber hüten soll. Auch in der Freimaurerei muss sich der Bewerber bei der Aufnahme mit verbundenen Augen im Dunkeln prüfen lassen. Nur so viel: Es ist ungefährlich.

Gemeinsam werden die Prüflinge Tamino und Pamina als Mann und Frau in den Freimaurerorden des Sarastro aufgenommen, im Gegensatz zum sympathischen Papageno, der während der Prüfung seinen Mund nicht halten kann. Papageno ist eine der typisch lustigen Figuren im Wiener Volkstheater, wie sie noch heute im klassischen Kasperltheater zu finden sind. Papageno kriegt zwar am Ende seine »Gretel« (Papagena), bleibt aber aus dem exklusiven Freimaurerclub ausgeschlossen.

Mozart ging, während er die *Zauberflöte* schrieb, häufig ins Wiener Kasperltheater, das zu dieser Zeit noch menschliche Darsteller hatte. Dem Kasperl fühlte sich Mozart ebenso wie Schikaneder seelenverwandt, Letzterer, als Schauspieler und Komiker, aber besonders. Eva Gesine Baur *(Emanuel Schikaneder. Der Mann für Mozart)* schreibt dazu: »Dass ihm wie (...) Kasperl erlaubt wird, unbequeme Wahrheiten und lasterhafte Sprüche« über die Herrschenden zu extemporieren, zeige die Erkenntnis, dass das Lachen beim einfachen Volk als Ventil für aufgestaute Wut eben das kleinere Übel sei als deren Explosion.

Was oft in sogenannten modernen Inszenierungen der *Zauberflöte* unterschätzt wird, ist die Genialität von Mozarts Kompagnon, dem Prinzipalen und Bruder Schikaneder. Während Mozarts Musik um keinen Ton verändert werden darf, bedient man sich in Schikaneders Libretto und Urinszenierung wie in einem Krämerladen.

Eine verwirrende Erfahrung war für mich eine Stuttgarter Inszenierung, in der Prinzessin Pamina in Bemühen um politische Korrektheit von einer schwarzen Sängerin gespielt wurde. Und ihr »Stalker«, der schwarze Diener Monostatos, von einem Weißen. Der Eigenbrötler Monostatos (griech. für alleinstehend) verliebt sich in Pamina, will sie aber nicht erobern, sondern mit Gewalt nehmen (wieder eine Anspielung auf Demeter, deren Tochter vom Unterweltler Hades entführt wird). Bizarr war der Moment der berühmten Arie, in dem der nun weiße Monostatos (ursprünglich also ein Schwarzer) der schwarzen Pamina (ursprünglich eine Weiße) in der Stuttgarter Oper vorwirft, ihn als Schwarzen scheußlich zu finden:

»Alles fühlt der Liebe Freuden,
Schnäbelt, tändelt, herzet, küßt;

Und ich soll die Liebe meiden,
Weil ein Schwarzer häßlich ist.«

Diese »Verbesserung« ging voll daneben. Neben der *Zauberflöte* hat Mozart auch etliche andere Freimaurermusik komponiert. Bis zu seinem Tod bekannte er sich zum Bund. Die *Maurerische Trauermusik* (KV 477) und die Freimaurerkantate *Dir, Seele des Weltalls* (KV 429) schrieb Mozart für seine Brüder. Der Schriftsteller Friedrich Hegrad sagte in seiner Begrüßungsrede für Mozart bei dessen Aufnahme am 14. Dezember 1784 in die Wiener Loge »Zur Wohltätigkeit«: »Sie aber, mein Bruder! Von der gütigen Natur ausersehen, durch seltne Zauberkraft Herzen zu bewegen und Trost und Erquickung in unsre Seelen zu gießen!«

8

Der ausgestopfte Freimaurer

Wie Monostatos in die *Zauberflöte* kam, ist eine spannende Geschichte. Es ist eines der makabersten Kapitel der europäischen Freimaurerei. Zugleich zeigt es auch, wie etwas kolossal schiefgehen kann, was im Grund gut gemeint war (wenn das die Absicht hinter der merkwürdigen Rollenbesetzung des Monostatos in Stuttgart war, wäre die Entscheidung allerdings genial).

Heute sollte Inklusion eine Selbstverständlichkeit sein. Im 18. Jahrhundert allerdings war selbst unter den fortschrittlichsten Aufklärern in den Freimaurerlogen unklar, ob die angestrebte Gleichheit aller Menschen auch für diejenigen mit einer anderen Hautfarbe gelte. Am Ende landete die Leiche des schwarzen Wiener Freimaurers Angelo Soliman in einem Kuriositätenkabinett.

Durch die Kolonialisierung waren die Wiener neugierig auf alles Fremde, was die Handelsschiffe etwa aus Afrika mitbrachten. 1777 sicherte sich die österreichische Habsburgermonarchie eine Bucht im heutigen Mosambik (Südostafrika), um dort Handel vor allem mit Elfenbein und Sklaven zu treiben. Die Kolonie bestand nur wenige Jahre, was vielleicht an der dilettantischen Ausführung lag. Die zehn (!) Österreicher, die dort in einer Festung mit ein paar Bordkanonen zurückgelassen wurden, konnten den Portugiesen, die vier Jahre später mit einem Kriegsschiff die Bucht überrollten, nichts entgegensetzen.

Trotz der gescheiterten österreichischen Versuche, in Afrika Fuß zu fassen, waren Schwarze als Sklaven in den Weltstadt Wien ein Statussymbol und eine beliebte lebende Trophäe. Zu der Zeit lebten bis zu 200 Afrikaner in der kaiserlichen Hauptstadt, die meisten von Adligen als Exoten »gehalten«. Sie waren von ihren Herren abhängig, durften ohne Erlaubnis weder heiraten noch eine Familie gründen. Die sogenannten »Hofmohren« genossen allerdings Privilegien, waren im Vergleich zum Rest der Bevölkerung fesch gekleidet und gut ernährt.

Angelo Soliman (ca. 1720–1796) war ein solcher »Hofmohr«. Mit sieben Jahren wurde Mmadi Make, so vermutlich sein richtiger Name, nach der Vernichtung seines Volkes aus Nigeria verschleppt und versklavt. 1732 kam er – getauft – über Sizilien nach Wien als »Leibmohr« in den Besitz des Fürsten Lobkowitz, der ihn bei seinem Tod 1753 dem Fürsten Joseph Wenzel von Liechtenstein vererbte. Soliman hatte sich durch seine hart erarbeitete Bildung Ansehen bei seinem Herrn und sogar bei Kaiser Joseph II. erworben, der ihn ebenfalls gerne in seinem Besitz gehabt hätte. Er spielte Schach, war ein Sprachgenie, konnte sich auf Deutsch, Italienisch, Französisch, Lateinisch und sogar Tschechisch unterhalten. Fürst von Liechtenstein gewährte Soliman schließlich die Rechte eines freien Mannes und ließ ihn 1781 sogar in seine Freimaurerloge »Zur wahren Eintracht« als Bruder aufnehmen. Sicherlich war die Aufnahme nicht uneigennützig, denn die Loge war für ihre naturwissenschaftlich interessierten Brüder bekannt, die nun ein spektakuläres Anschauungsobjekt vor die Nase gesetzt bekamen. Dort musste er nicht einmal Mitgliedsbeitrag zahlen und gab sich selbst unbescheiden den Ordensnamen »Massinissa« nach einem Numider-König.

Die Aufnahme von Schwarzen wie auch von Juden in den damaligen Logen sollte wohl als Beweis für die gelebte Toleranz der aufgeklärten Freimaurer gelten. Massinissa bekam sogar wichtige Ämter übertragen. Als Vorbereitender Bruder instruierte und prüfte er unerfahrenere Brüder, und als Zeremonienmeister bestellte er zu Beginn der Rituale die Freimaurer in den Tempel ein.

Wie respektvoll der Umgang in der Loge war, zeigt ein ehrfurchtsvoller, geradezu devoter Brief des angesehenen Rechtsgelehrten Johann Anton Mertens (1755–1827) an Massinissa:

»Bester Freund! Schon lange war es der Gegenstand meiner Wünsche, in eine so auserlesene Gesellschaft rechtschaffener und aufgeklärter Männer, als diejenige ist, deren Mitglied sie sind, aufgenommen zu werden. (…) Nun aber glaube ich sie mein Freund! ersuchen zu dürfen, sich für meine Aufnahme in dieselbe freundschaftlich zu verwenden. Meine Dankbarkeit für diese mir erzeigte Gefälligkeit wird seyn, daß ich jede Gelegenheit ihnen einen Gegendienst zu erweisen benutzen, auch durch mein Betragen ihnen nie eine Ursache geben werde, diese für mich übernommene Mühe zu bereuen.
Ich bin Ihr
Aufrichtiger Freund u. Diener
Joh. Anton Mertens
Doktor der Rechten«

Nach Verlassen der Loge allerdings waren die Verhältnisse zwischen »Hofmohr« und »Herr« wieder die alten, aus Massinissa wurde wieder Soliman. Während sich die Brüder im Tempel mit Massinissa auf Augenhöhe trafen, musste Soliman beim Rückweg in den Palast, in dem er mit dem Fürsten wohnte, neben dessen Kutsche herlaufen. Plante er aber vielleicht sogar ganz bewusst, die ihm zugedachten Rolle der »lebenden Puppe für seine Interessen« zu nutzen, fragt die Theaterwissenschaftlerin Ivana Rivic, die an der Uni Wien 2015 eine Diplomarbeit über Soliman schrieb. Offenbar hatte dieser sein erstes eigenes Geld damit verdient, dass er sich als »hochfürstlicher Mohr« exotisch ausstaffierte und zur Schau stellte. Federkronen und Röcke waren als Requisiten damals übliche Mittel, um die »Hofmohren« noch exotischer wirken zu lassen. Bei Soliman kam orientalische weiße Kleidung hinzu, die den Kontrast zu seiner Hautfarbe vergrößern sollte. Schwarze übten auf den Wiener Adel eine erotische Anziehungskraft aus, sie galten als animalisch und triebgesteuert. Auf Gemälden wird Soliman als schlank, schön, durchaus mit androgynen Gesichtszügen dargestellt. So war auch der Fürst von Liechtenstein auf die stadtbekannte Rarität aufmerksam geworden und schmückte später bei Reisen seine Entourage mit Soliman.

Die Klischees sind auch in der 1791 uraufgeführten *Zauberflöte* spürbar, in der der urige Vogelfänger als »Halbwilder« mit Federn dargestellt ist. Selbst die Aufklärer waren sich zur damaligen Zeit nicht sicher, ob die Naturvölker wirklich zu den »richtigen« Menschen zählten. Dasselbe galt für die Wiener »Hofmohren«. Soliman musste ganz offensichtlich bei seinen Wiener Zeitgenossen und Freimaurerbrüdern Mozart und Schikaneder als Vorbild für den Schwarzen in der *Zauberflöte* herhalten. Aus Massinissa wurde Monostatos. Auch Solimans Freund und Freimaurerbruder Ignaz von Born, den Soliman in seine Loge geholt hatte, diente im Positiven als Inspiration für die *Zauberflöte*. Schikaneder setzte dem bekannten Wiener Aufklärer in der Oper als Sarastro ein Denkmal. So idyllisch, wie es Sarastro in der berühmten Hallenarie besingt, ging es aber unter den Brüdern nicht immer zu:

> »In diesen heil'gen Hallen,
> Kennt man die Rache nicht. –
> Und ist ein Mensch gefallen;
> Führt Liebe ihn zur Pflicht.
> Dann wandelt er an Freundeshand,
> Vergnügt und froh ins Bess're Land …«

Als Soliman 1768 ohne Erlaubnis des Fürsten von Liechtenstein, dem homosexuelle Neigungen nachgesagt wurden, die verwitwete Wienerin Magdalena Christiano heiratete, strich der ihm die Bezüge und warf ihn aus dem Palast. Das Ehepaar zog daraufhin in die Vorstadt und lebte von den 20 000 Gulden, die Soliman zuvor auf Reisen mit dem Fürsten beim Kartenspiel in Frankfurt am Main gewonnen hatte. Eigentlich hatte er beim »Pharao«-Spiel einen Bankier sogar um 44 000 Gulden abgezockt. Soliman hatte dem Verlierer aber generös die Chance gegeben, 24 000 zurückzugewinnen. Zum Dank rühmte der Banker Joseph von Bender Solimans Edelmut und wurde sein langjähriger Freund und später sogar der Taufpate seiner Tochter Josephine.

Irgendwann verziehen die von Liechtensteins Soliman das Heiratskomplott. Der Neffe des zwischenzeitlich verstorbenen Fürsten reichte ihm die Freundeshand und holte ihn 1773 als Erzieher des Erbprinzen Alois zurück in den Palast. Schließlich, nach 25 Jahren, konnte Soliman mit einer Pension in Ruhestand gehen. Doch auch dort legte er Turban und Türkentracht nicht ab. Die Fantasie des exotischen afrikanischen Königs war zu seiner tragischen Lebensrolle geworden.

Gruslig wird die Geschichte nach seinem Tod. Am 21. November 1796 um 14 Uhr raffte ein Schlaganfall Soliman dahin. Seine Leiche war offenbar auf Befehl des Kaisers sofort beschlagnahmt, mit einer Kutsche in die Hofburg gebracht und seziert worden. Dabei wurde auch ein Abguss seines Gesichts angefertigt. Der Tierpräparator (!) Carl Eberle zog ihm die Haut ab und spannte sie über eine nach der Totenmaske eiligst geschnitzte Figur aus Lindenholz. Carl Eberles Bruder Simon hatte offiziell den Auftrag dazu gegeben, er war zu der Zeit Direktor des Hofnaturalienkabinetts und ehemaliger Freimaurerbruder, allerdings nicht in derselben Loge wie Soliman.

Die Bestattung seiner übrigen Leichenteile fand zwei Tage später heimlich auf dem Währinger Friedhof statt. Tochter Josephine, die erst nach der Bestattung von den Vorgängen erfuhr, reagierte entsetzt und forderte bei der Polizei die Herausgabe von »Skelet und [der] Haut« und der »Leichnamreste« ihres Vaters. Auch ein hoher katholischer Geistlicher protestierte gegen das Vorgehen, allerdings ohne Erfolg.

Ob sich Soliman zu Lebzeiten als aufgeklärter Mensch, der er sicher war, als Körperspender angeboten hatte, ist unklar. Es spricht manches dafür. Sein Freimaurerbruder Ignaz von Born hatte zeitweilig den Posten des Direktors des kaiserlichen Naturalienkabinetts innegehabt. Vielleicht war es ein Deal zwischen ihnen gewesen, um posthum seine Mitgliedsschulden zu begleichen. Sicherlich hätten die Brüder seiner Loge von den Vorkommnissen erfahren und das Ausstopfen verhindern können. Falls es sein Wille war, dann müsste dieser in einer mündlichen Absprache in der Loge geäußert worden sein, von der selbst seine Tochter nichts wusste. Es existiert nämlich kein Testament. Zumindest aber hätte er sich sicher eine Verwendung in der seriösen medizinischen Forschung vorgestellt und nicht ein Ende als Schauerexponat in einem Panoptikum oder Sexstrolch in der *Zauberflöte*. Genau das passierte aber mit ihm. Der ausgestopfte Soliman landete als Objekt im Naturalienkabinett, wo er zehn Jahre lang halb nackt der Öffentlichkeit zur Schau gestellt wurde. Letztlich war es wohl Solimans Schönheit, die ihm zum Verhängnis wurde. Museumsdirektor Leopold Fitzinger beschrieb die »Schönheit seiner feingeschnittene[n]

Gesichtszüge« und die »Zartheit und Ebenmäßigkeit seines Baues, welche sich bis in sein spätestes Greisenalter in wunderbarer Weise erhalten« hätten. Danach kam er in eine neue Ausstellung, in der er in einer Schau der Kontinente nur noch als Vertreter Afrikas im Federrock neben ausgestopften Bisamschweinen und Wasservögeln zu sehen war. Schließlich wurde Soliman ins Magazin auf den Dachboden der Hofburg verräumt, wo seine Überreste von geldgierigen Bediensteten für ein Trinkgeld unter der Hand gezeigt worden sein sollen.

Am 31. Oktober 1848 verschwand alles, was von Soliman noch übrig war, für immer im Feuer. In den Wochen des Wiener Oktoberaufstands hatte sich eine Kanonenkugel in das Gebäude verirrt und einen Dachstuhlbrand ausgelöst.

9

Die wahre Macht der Logen

Wie mächtig sind die Bünde wirklich? Ein Witz, den man sich in den Logen erzählt, lässt eine Vermutung zu. Ein Streifenpolizist stoppt morgens gegen drei Uhr einen Wagen. Am Steuer sitzt ein völlig betrunkener Mann im schwarzen Anzug, mit Schurz und Zylinder. »Wo wollen Sie denn in Ihrem Zustand um diese Zeit hin?«, fragt der Polizist streng, und der Autofahrer lallt: »Zu einem ernsten Vortrag über Freimaurerei.« Der Polizist ist skeptisch und fragt: »Wer hält denn um diese Zeit einen ernsten Vortrag über Freimaurerei?« Der Betrunkene: »Meine Frau!«

Freimaurer sind offensichtlich Menschen mit gewöhnlichen Alltagssorgen. Auch wenn es manchem schmeicheln mag, wenn er hört, welche Tricks die Freimaurer draufhaben sollen: die Märkte kontrollieren und eine neue Weltordnung einführen? In dem Fall des Witzes klappt es ja nicht mal mit der Straßenverkehrsordnung.

Ein geradezu rührendes Erlebnis hatte ich in einer süddeutschen Freimaurerloge, in der uns der Sekretär von einer E-Mail eines Bewerbers erzählte, der unbedingt und ganz fix in die Loge aufgenommen werden möchte, weil er Angst um seine persönliche Sicherheit habe. Er fühle sich von der Mafia bedroht. In der Runde wusste man nicht so recht, ob man sich geschmeichelt fühlen oder mehr den Unbekannten bedauern sollte. Der Sekretär antwortete dem armen Kerl, dass die Loge wohl nicht das sei, was er suche, er möge sich doch besser an die Behörden wenden. Die aufgeregte Diskussion hinterher zeigte mir, wie unsicher Freimaurer reagieren, wenn etwas Fremdes, für das sie keine Routine entwickelt haben, ihre gewohnten Abläufe stört. Und diese Männer sollen sich gegen die Welt verschworen haben? Da wird der Gärtner zum Bock gemacht. Das eigentliche Problem: die wirren Mythen – etwa dass die Freimaurer Corona verursacht hätten, um mit der Impfung Profit zu machen – radikalisieren Verschwörungsgläubige.

In der Silvesternacht 2021 verübten Unbekannte einen Brandanschlag auf das Gebäude der irischen Großloge in Dublin. Vor dem Logengebäude fanden zuvor Aufmärsche von Gegnern der Hygienemaßahmen statt. Die Polizei stellte nach dem Feuer, das mehrere Räume im Erdgeschoss zerstörte, vor dem Eingang an der Molesworth Street Schmierereien von Impfgegnern sicher. Auch an deutschen Logengebäuden kam es zu Beschädigungen in Zusammenhang mit der Pandemie.

Denken wir mal abseits der Verschwörungsmythen darüber nach, welche Macht die Freimaurer wirklich ausüben könnten. Es könnte zum einen der Einfluss sein, der Mitgliedern des eigenen Bundes Posten oder Aufträge verschafft. Das wird sicherlich in der Praxis nicht ganz ausbleiben, doch die sogenannte »Geschäftsmaurerei« gilt in Deutschland als verpönt. Die meisten Maurer grenzen sich deshalb auch bewusst von Service-Clubs wie Rotary oder Lions Club ab. Gelegentlich wird es vorkommen, dass man einem Bruder einen Gefallen tut, bei einer Handwerkerrechnung einen Freundschaftspreis aufruft oder einen kostenlosen juristischen Rat gibt. Das ist aber in jedem Verein so. Doch haben die Freimaurer eher sogar Hemmungen, mit Brüdern Geschäfte zu machen, weil's hinterher ja auch Ärger geben kann. Dann wäre es schwierig, sich aus dem Weg zu gehen, und mit der Harmonie in der Loge, die den Freimaurern heilig ist, wäre es schnell vorbei.

Eine andere Macht ist aber ganz gewiss: Das Geheimnis, es übt eine Anziehungskraft auf viele Interessierte aus. Gerade dass die Maurer nicht so richtig mit den Einzelheiten rausrücken, macht den Bund für viele spannend. Ich habe das erlebt, als ich einen Artikel über Dan Browns Logenthriller *Das verlorene Symbol* und die Reaktionen darauf in einer Stuttgarter Freimaurerloge verfasste. Die Brüder in der schönen Stuttgarter Villa taten das Ereignis zunächst als trivial ab, womit sie ja recht hatten.

Erst als ich sie damit konfrontierte, dass der Bestsellerautor mit seinen Büchern ein Millionenpublikum erreiche und damit das Bild der Freimaurerei in der Öffentlichkeit maßgeblich beeinflusse, setzten sie sich mit dem reißerischen Werk voller Effekte und Halbwahrheiten auseinander. Und zwar in Form eines Gästeabends, bei dem Interessierte die Loge besuchen und Freimaurer mit ihren Fragen löchern konnten. Wie nicht anders zu erwarten, war der Gästeabend einer der bestbesuchten des Jahres, das Thema hatte die Interessierten in Scharen angelockt. Und einige von ihnen kamen später immer wieder. So nutzten die Brüder Dan Browns Thriller geschickt für ihre eigene PR.

Ein weiterer mächtiger Moment für die Mitgliederwerbung der Freimaurer ist eigentlich ein trauriger. Die freimaurerische Bestattungszeremonie. Beim Tod des Schauspielers Karlheinz Böhm (1928–2014; *Sissi*) erfuhr ich mehr über die damals von Marvelli geschilderte Freimaurerbeerdigung. Der ehemalige Chef der Münchner Freimaurerloge »Zur Kette«, in der Böhm über Jahrzehnte Mitglied war, schilderte mir die Art, wie Freimaurer um Brüder trauern, wenn diese »in den ewigen Osten« gehen. »Karlheinz kam vor vierzig Jahren in die Loge«, erzählte mir ein ehemaliger Logenvorsitzender. »Für uns war er kein Promi. Er war ein Bruder wie jeder andere auch. Bei uns Freimaurern ist jeder gleich, ob Professor, Fliesenleger oder Filmstar. Sein Engagement für Afrika war auch Ausdruck von Menschenliebe, einer freimaurerischen Tugend.«

Wer schon einmal einer der üblichen Trauerfeiern beigewohnt hat und den Eindruck gewann, der Pfarrer lese nur teilnahmslos ab, was die Angehörigen ihm über den Verstorbenen erzählt haben, dem wird dieser intime Moment, wenn die Freimaurer an den Sarg treten, im Gedächtnis bleiben. Ich durfte einmal eine solche Trauerfeier für einen Nürnberger Freimaurer beobachten. Eine Pastorin erledigte den religiösen Part, den ergreifenderen danach die Freimaurer.

Nach einem Nekrolog, den ein Bruder mit dem Verstorbenen noch zu Lebzeiten besprochen hatte, wurden dem Toten drei verschiedenfarbige Rosen (solche wie bei der Aufnahme von Sarah und Julian in der dunklen Kammer zu Beginn des Buches) auf den Sarg gelegt, und zwar auf Höhe von Kopf, Herz und Füßen des Leichnams. Der Logenmeister nahm eine Rose nach der anderen, legte sie in den verschiedenen Regionen des Sarges ab und sprach dabei den Toten direkt an: »Zu Haupt die sanft Erglühende (Anm: rosa Rose); die dunkle niederwärts (rote Rose); die weiße hold Erblühende, die leg ich dir aufs Herz.« Danach bildeten die Brüder der Loge, die zu ihren schwarzen Anzügen weiße Handschuhe trugen und sich an den Händen hielten, eine kreisförmige Kette und schlossen den Sarg liebevoll in den Kreis mit ein. Zwei Brüder berührten ihn jeweils mit einer Hand. Die Abschiedsworte der Loge: »Wir trennen die Kette der Hände, die Kette der Herzen bleibt.«

Sollten Sie einmal die Gelegenheit haben, eine Freimaurerbeerdigung zu besuchen, setzen Sie sich respektvoll in die letzte Reihe und beobachten Sie einfach dieses schöne Schauspiel. Sie erkennen Freimaurer-Todesanzeigen oft an einem Akazienzweig, an einem Ouroboros oder der verschlüsselten Formulierung: »Er hat seine irdischen Werkzeuge aus der Hand gelegt.« Selbst nach dem Tod haben sie noch ihre kleinen Geheimnisse.

Welche sind diese irdischen Werkzeuge? Es sind diejenigen, die jeder Freimaurer in seinem imaginären Werkzeugkasten hat, Senkblei, Hammer, Zirkel, Winkel, Zollstock. Damit arbeitet er an sich selbst, um dann als »behauener Stein« am Tempel der Humanität mitzubauen; am Miteinander in der Familie, in der Arbeit, im Verein. »Eine Gesinnung, die im Benehmen sichtbar wird«, drückte es ein Maurer im 18. Jahrhundert aus. So soll die Übung durch das Ritual im Mikrokosmos auf den Makrokosmos der Gesellschaft übertragen werden. Wer ein Logenmitglied fragt, ob die Freimauerei Einfluss auf die Gesellschaft nehmen will, wird von der Offenheit der Antwort überrascht sein: Natürlich. Eine Utopie.

»Die Stimme der Freimaurerei ist heute kaum mehr zu hören«, bedauert ein Hamburger Bruder das Bild des Bundes in der Öffentlichkeit. Heute treten Freimaurer in den seltensten Fällen politisch ins Rampenlicht. Das war nicht immer so. In der Weimarer Republik standen Freimaurer in Regierungsverantwortung und handelten nach ihren Prinzipien Freiheit, Gleichheit, Brüderlichkeit und Toleranz.

Gustav Stresemann (1878–1929), 1923 Reichskanzler und später Außenminister, verfolgte humanitäre Ziele, als er sich für die Aufnahme des Deutschen Reiches in den Völkerbund, einen Vorläufer der Vereinten Nationen, einsetzte. Frieden und Völkerrecht waren die Ziele, Deutschland sollte als verlässliches Mitglied in diesem Bund wieder Vertrauen und Würde gewinnen. 1923 wurde Stresemann in die Loge »Friedrich der Große« aufgenommen und richtete sich mit folgenden Worten an seine Brüder: »Schon lange ist es mein Wunsch, in eine engere Beziehung zu einem Kreis gleichgesinnter Menschen zu gelangen, die in unserer an Materialismus, Hast und Unruhe sich zermürbenden Zeit sich das Reich allgemeinen Menschentums, innerer Besinnung und Geistigkeit zu erhalten suchen. Im deutschen Freimaurertum hoffe ich eine solche Gemeinschaft zu finden.«

Die Paneuropa-Union als Initiative europäisch denkender Industrieller war ebenfalls das Werk eines Freimaurers: Richard Nikolaus Coudenhove-Kalergi (1894–1972). Der Sohn einer Japanerin und eines Österreichers verfolgte damit nach den Schrecken des Ersten Weltkriegs vor allem pazifistische Pläne. Er begeisterte mit seiner Idee einer ersten europäischen Friedensbewegung auch Albert Einstein, Thomas Mann, Konrad Adenauer und den Friedensnobelpreisträger Aristide Briand. Coudenhove-Kalergi hatte 1955 das von Beethoven vertonte Gedicht »An die Freude« als Europahymne vorgeschlagen. Friedrich Schiller (1759–1805) hatte es 1785 für seinen Freund, den Freimaurer Christian Gottfried, geschrieben:

»Freude, schöner Götterfunken,
Tochter aus Elysium,
Wir betreten feuertrunken
Himmlische, dein Heiligthum.
Deine Zauber binden wieder,
was der Mode Schwerd getheilt;
Bettler werden Fürstenbrüder,
wo dein sanfter Flügel weilt.
Seid umschlungen, Millionen!
Diesen Kuß der ganzen Welt (...)«

Am Ende ist unsere Europa-Hymne nun lediglich eine Instrumentalversion, weil man keiner Sprache eines Mitgliedslandes den Vorrang geben wollte. Heute ist die Freimaurerei in der deutschen Politik so gut wie nicht hörbar. Die »Großloge der Alten Freien und Angenommenen Maurer von Deutschland« (AFAM) etwa beschränkt sich alle paar Jahre auf die Verleihung eines Preises wie den humanitären Ehrenpreis (1986: Karlheinz Böhm; 2009: Peter Maffay; 2016: Bayerische Polizeistiftung), einen Kulturpreis oder den Stresemann-Preis 2015 an Helmut Schmidt. Der ehemalige Bundeskanzler traf den Nagel auf den Kopf, woran es bei der Wahrnehmung der Freimaurer in Deutschland hakt: »Freimaurerei hat prinzipiell keinen Unterschied gemacht hinsichtlich der Nationalität oder der Hautfarbe. Wohl aber hat sie sich durch eine weit ausgedehnte Geheimhaltung ihrer Aktivitäten selbst in ihrer Reichweite eingegrenzt. Ich habe deshalb vor eineinhalb Jahrzehnten schon einmal an die Freimaurer appelliert, ihre begrüßenswerten Gründungen, ihre Spenden, ihre Aktivitäten öffentlich zu machen.«

Die Zurückhaltung hat sicherlich zwei Gründe: zum einen das Stigma nach dem Ersten Weltkrieg, von dem sich die Freimaurerei in Deutschland nie richtig erholt hat. Bis heute werden Freimaurer von Rechtsradikalen und fanatischen religiösen Eiferern beschimpft und bedroht. Attila Hildmann beispielsweise hetzte gegen Freimaurer, so sei der Chef des Robert-Koch-Instituts ein »hochrangiger Freimaurer«, behauptete er einfach ins Blaue hinein. In mehreren deutschen Städten gab es daraufhin Sachbeschädigungen an Logengebäuden. Zum anderen sehen sich die deutschen Freimaurer selbst nicht in politischer Verantwortung. Freimaurer genügen sich oft als freundlicher Debattierclub und Vertreter eines schützenswerten ethischen Traditionsvereins. Sie haben ja ihre ursprünglichen Ziele erreicht: eine (weitgehende) Trennung von Kirche und Staat, frei zugängliche Bildung, Pressefreiheit, Gewaltenteilung, ein funktionierendes Rechtssystem und – natürlich – demokratische Regierungen in fast ganz Europa.

In Wahrheit ist ihre Arbeit aber längst noch nicht getan; in manchen europäischen Ländern werden Kritiker bedrängt oder sogar inhaftiert, wie der 2017 in der Türkei verhaftete deutsche Journalist Deniz Yücel. Die Freiheit der Presse wird bei Demonstrationen selbst in Deutschland mittlerweile verhöhnt, unabhängige Medien als »Lügenpresse« beschimpft. Arbeit wäre also genug da, nur im Gegensatz zu Industrie- und Wirtschaftsverbänden scheint man sich in den Logen für Lobby- und ordentliche Öffentlichkeitsarbeit entweder zu fein oder nicht wichtig genug zu sein. Oder hat einfach nicht das geeignete Personal dafür.

In Frankreich ist das anders. Dort ist die Freimaurerei in Gesellschaft und Politik deutlich aktiver als in Deutschland. Allein schon die immense Zahl von 150 000 Freimaurern (Deutschland: ca. 16 000) lässt darauf schließen, dass etwa jeder vierhundertfünfzigste Franzose Freimaurer ist (unter den Deutschen nur jeder fünftausendste). Mindestens zwölf Minister der ehemaligen französischen Regierung unter Staatspräsident François Hollande sollen Freimaurer gewesen sein, behauptet der französische Ex-Generalkonsul und Freimaurer Alain de Keghel. Auch Gérard Collomb, bis 2018 Innenminister, gehörte der Bruderschaft an. Zudem seien zahlreiche Mitglieder der Chefetagen in Innen- und Verteidigungsministerium Brüder des »Grand Orient«, der französischen Großloge. Bei der Polizei schätzt der Ex-Diplomat einen Anteil von zehn Prozent der Kommissare. Auch im französischen Parlament sollen viele Brüder sitzen, die sich in freimaurerischen Runden, den sogenannten *Fraternelles*, austauschen. So gehen zahlreiche französische Gesetze tatsächlich auf die Mitwirkung von Freimaurern zurück: das Scheidungsrecht, das Organtransplantationsgesetz, die Abschaffung des Homosexuellenparagrafen, das Datenschutzgesetz etc.

10

Was hat der Vatikan gegen die Freimaurer?

Wie geheim ist die Freimaurerei wirklich? Oder noch viel interessanter: Wie gehen die Freimaurer mit ihren Geheimnissen um? Mir sind in dieser Frage drei Typen von Maurern aufgefallen.

Zum einen die Verschlossenen, die selbst ihren Freunden gegenüber ihre Logenmitgliedschaft verheimlichen. In Foren wird immer wieder diskutiert, ob man auch lügen dürfe, wenn man von sogenannten Profanen auf eine Logenmitgliedschaft angesprochen werde, so wie Schwangere im Vorstellungsgespräch. Zu schweigen wäre allerdings auch schon eine Information. Die Vorsicht geht manchmal sogar über den Tod hinaus, ein bekannter deutscher Schauspieler etwa verzichtete in seinem letzten Willen auf eine freimaurerische Begräbniszeremonie, weil er seine Hinterbliebenen vor Gerede schützen wollte. In Berlin gibt es die legendäre Loge »Gustav Stresemann«, in der sich unter den 80 Mitgliedern etliche Promis tummeln sollen. Ihre Namen erscheinen selbst in den Mitgliedszeitschriften nicht. Das Motto auf ihrer Internetseite: »Silentium aureum est«, Schweigen ist Gold.

Dann gibt es die Geheimniskrämer. Das sind die Eitlen, die sich mit Freimaurerring behängen und vielleicht sogar noch einen Aufkleber mit einem Akazienzweig ans Auto pappen und so hoffen, darauf angesprochen zu werden. Wenn man ihnen den Gefallen tut, gucken sie sich erst verschwörerisch um, bevor sie in einen Redeschwall verfallen, der kaum mehr zu stoppen ist.

Und dann sind da noch die Frag-mich-ich-antworte-dir-Typen, die über ihre Freimaurerei wie über jede andere Vereinsmitgliedschaft erzählen. TV-Fiesling Wolfgang Bahro *(Gute Zeiten, schlechte Zeiten)* ist so ein öffentlicher Bruder, der in Interviews über sein Hobby plaudert. Der ehemalige Chef eines großen deutschen Flughafens gehörte ebenfalls dazu. Er trug selbst bei Pressekonferenzen den Winkel-und-Zirkel-Pin an seinem Sakko.

Dafür, dass Freimaurer in Deckung bleiben, gibt es allerdings gute Gründe. Einer erzählte mir von der Situation in anderen Ländern, in denen Freimaurer verfolgt werden oder zumindest mit Problemen rechnen müssen. »Ich bin beruflich viel unterwegs, auch in islamischen Ländern«, sagte der Wissenschaftler. »Wenn ich mich zur Freimaurerei bekenne, könnte mein Name irgendwo im Internet auftauchen. Und das kriegt man so schnell nicht mehr gelöscht. Falls man selbst überhaupt davon erfährt.«

Im Iran droht u. a. Homosexuellen und Freimaurern sogar die Todesstrafe. Ein Messengerdienst bietet seinen Usern Emojis an mit niedlichen kleinen Figuren im Tschador, die Schilder mit der Aufschrift »Tod den Freimaurern« tragen. Während der islamischen Revolution Ende der 70er-Jahre vermuteten viele Schiiten die Macht im Staat bei »jüdischen Freimaurern«. Bei einer Razzia in der Großen Landesloge stellten Anhänger des religiösen Führers Ayatollah Chomeini Mitgliederlisten sicher, daraufhin begann eine Hetzjagd auf Freimaurer, und es kam zu Hinrichtungen wegen angeblicher Verschwörung und Landesverrats. 17 iranische Freimaurer gründeten 1985 in den USA eine neue »Großloge von Iran« mit dem Zusatz »im Exil«.

Es gibt noch einen weiteren Grund, die Mitgliedschaft in einer Loge geheim zu halten: Bis heute hält die katholische Kirche Strafen bereit, wenn bei einem ihrer Schäfchen die Mitgliedschaft bekannt wird. Das kann bis zum Kommunionsverbot führen oder ein katholisches Begräbnis erschweren. Einer der resolutesten neuzeitlichen Kritiker im Vatikan war der ehemalige Kardinal Joseph Ratzinger, der spätere Papst Benedikt XVI. Der postulierte von 1981 bis 2005 als Präfekt der Glaubenskongregation, der Nachfolgeorganisation der Inquisition, dass die Freimaurerei mit der Lehre der katholischen Kirche unvereinbar sei. Ein Grund sei der Relativismus der Freimaurer, ihr Zweifel also, dass es nur die eine einzige Wahrheit gibt. Religiöse Toleranz nennen das die Freimaurer. Außerdem kritisierte Ratzinger, dass der Maurerbruder sich nicht auf die Gnade Gottes verlasse, sondern durch seine rituelle Arbeit sich selbst zu erlösen hoffe. Die Rituale hätten sogar den Charakter von Sakramenten wie Taufe oder Firmung, dadurch werde der Glaube ausgehöhlt.

Im Dialog mit der Kirche argumentierten deutsche Freimaurer, dass ihre Rituale mit Sakramenten rein gar nichts zu tun hätten, ihre Wirkung entfalte sich erst durch die Interpretation im Kopf jedes einzelnen Bruders, die Bedeutung sei also im Gegensatz zum Sakrament nicht vorgegeben. Dennoch kam die katholische Glaubenskongregation am 26. November 1983 zu dem Urteil: »Die Gläubigen, die freimaurerischen Vereinigungen angehören, befinden sich also im Stand der schweren Sünde und können nicht die heilige Kommunion empfangen.« Wer dachte, die Kirche unterstelle den Freimaurern irgendwelche teuflischen Praktiken, wird von der Banalität der Begründung enttäuscht sein. Wenn religiöse Fanatiker den Logen in manchen Internetbeiträgen dennoch Satanismus vorwerfen, ist das längst nicht mehr die offizielle katholische Lehrmeinung.

Dieser Mythos entstammt der Enzyklika (päpstliches Lehrschreiben) »Humanum genus« (20. April 1884) von Leo XIII. (1810–1903), eine wahre Fundgrube für Fans irrer Verschwörungstheorien. Darin wird u. a. behauptet, dass Freimaurer, die Geheimnisse verraten, von ihren Brüdern ermordet werden. Papst Leo teilt in der Enzyklika die Welt in zwei Reiche ein: in das Reich Gottes und das des Satans. Und wer helfe wohl Satan beim Gelingen seiner Ambitionen? Die Freimaurer natürlich! Schon sein Vorgänger Pius IX. (1792–1878) hatte Angst vor den Logenbrüdern und verband in seiner Enzyklika »Etsi multa luctuosa« (1873) seinen Hass auf die Freimaurer mit einer großen Portion Antisemitismus, indem er die Maurerei eine »Synagoge Satans« nannte. Pius IX. war es auch, der das Dogma der »unbefleckten Empfängnis« Marias verkündete. Wie geht die Kirche mit solchen Problemfällen um? Im Jahr 2000 wurde der »Don-Bosco-Papst« Pius IX. (er verhalf dem Jugendseelsorger Don Bosco zur Gründung seiner Salesianer) von Johannes Paul II. seliggesprochen!

Die Gründe für die Angst der Kirche lagen wohl zum einen im befürchteten Machtverlust, weil die dem Papst ergebenen Monarchien durch die auch von den Freimaurern geforderten Bürgerrechte zu bröckeln begannen. Zum anderen trugen sicherlich auch die Gewaltausbrüche gegen Geistliche dazu bei. Von Frankreich aus zog mit der Revolution ab 1789 eine Welle des Antiklerikalismus durch Europa. Den Aufklärern galt die katholische Kirche als Bewahrerin der alten Verhältnisse und – aus atheistischer Sicht – des Aberglaubens.

1798 verwüsteten französische Soldaten den Kirchenstaat, riefen die Römische Republik aus und warfen Papst Pius VI. in Frankreich in die Zitadelle von Valence, wo er – bereits schwer krank – im Sommer 1799 starb. Pius VI. hatte die Revolutionstruppen wohl vor allem mit seiner Reaktion auf die Erklärung der Menschen- und Bürgerrechte durch die französische Nationalversammlung provoziert: »Kann man sich etwas Unsinnigeres ausdenken, als eine derartige Gleichheit und Freiheit für alle zu dekretieren?« Bekanntschaft mit dem Kerker machte später auch Pius VII.; Pius IX. hingegen floh 1848 aus Rom, nachdem Soldaten seinem Ministerpräsidenten vor dem Palast den Hals durchgeschnitten hatten. 1870 nahmen italienische Truppen Rom unter Beschuss und drängten das Territorium des Papstes auf das Gebiet des heutigen Vatikans zurück, zwei Monate zuvor hatte sich Pius noch schnell für unfehlbar erklärt.

Die unmenschliche Verfolgung von Klerikern vor allem in Frankreich ist aber auch eine der vielen Schattenseiten der Revolution. Kirchen wurden geplündert und geschändet, Pfarrer und Ordensleute verfolgt, misshandelt und eingesperrt. Am Abend des 24. Mai 1871 wurde der Erzbischof von Paris, Georges Darboy, zusammen mit anderen Geistlichen im Hof des Gefängnisses La Roquette, vor dem auch die große Guillotine stand, erschossen. Dabei hatte der Erzbischof zuvor sogar öffentlich den Papst angegriffen, indem er gegen dessen Unfehlbarkeitsdogma stimmte. Darboy erhielt einen Monat später zumindest ein feierliches Staatsbegräbnis.

Gerade die antiklerikale Haltung der französischen Freimaurerei, die auf eine strenge Trennung von Kirche und Staat achtet, ist der Kirche suspekt. In ihrem Ritual strichen die Franzosen den Gottesbegriff und ersetzten die Bibel als Buch des Gesetzes im Tempel durch ein Buch mit leeren Seiten. Als »unproduktives Misstrauen« bezeichnet der Autor Hans Adam

Fischer *(Reflexionen über Kirche und Freimaurerei)* den Standpunkt des Vatikans bis heute: Die Freimaurer stellten die Vernunftlehre über »göttliche Absolutheitsansprüche« und ignorierten die Dogmen der Kirche. Zwar würde sich der Freimaurer in der Regel auf einen allmächtigen Baumeister aller Welten (A .B .A .W .) berufen, doch, so Fischer, könne er »in diese Klammer setzen, wen immer er will.«

Zurück zu Benedikt XVI. Als das Konklave den Regensburger Joseph Ratzinger am 18. April 2005 zum Papst wählte, war der Jubel groß in Deutschland. »Wir sind Papst«, titelte die *Bild*-Zeitung. Der Stellvertreter Gottes ein Mann, dem man in Regensburg manchmal im öffentlichen Bus begegnete! Seine Katze, die ein Nachbar pflegte, wurde weltberühmt, Fotos des Magnolienbaums im Garten des Ratzinger-Hauses im Stadtteil Pentling gingen weltweit durch die Medien. Auch ich schrieb über den Kater und den Magnolienbaum. Und über Ratzingers damals noch in Regenburg lebenden Bruder Georg Ratzinger (1924–2020). Er lud mich gleich nach der Papstwahl und später noch ein paar weitere Male in sein Haus in der Regensburger Altstadt ein. Ein sympathischer, authentischer alter Priester, humorvoll, das Herz auf der Zunge. Es sei sogar ein Schock für ihn gewesen, als er hörte, dass sein Bruder zum Papst gewählt worden war. Die beiden Brüder standen sich sehr nah, wollten eigentlich ihren Lebensabend gemeinsam verbringen. Bei Kaffee und Erdbeerkuchen seiner Haushälterin Agnes Heindl erzählte mir Georg Ratzinger von der Musik. Dass er großer Mozartfan sei. Ich fragte ihn, wie das zusammenpasse – er, der Bruder des ehemaligen Prälaten der Glaubenskongregation, der die Freimaurer von der Kommunion ausschließe, und dann Mozart, der Freimaurer, als Lieblingskomponist? »Ah mei, wissen S'«, antwortete er in gepflegtem Bayrisch. »Des hat er doch nur g'macht, weil er Auftraggeber für seine Kompositionen brauchte.«

Für viele Geistliche stellt ausgerechnet die Motivation, Freimaurer aus Geschäftsinteresse zu werden, tatsächlich einen minderschweren Fall dar. In einer Art Ausschuss, der das Zweite Vatikanische Konzil (1962–1965) vorbereiten sollte, wurde auch die kirchenstrafrechtliche Behandlung der Freimaurer diskutiert. Bischof Ernesto Corripio y Ahumada, später Erzbischof von Mexiko, verteidigte Freimaurer, die aufgrund des

Lebensunterhaltes für ihre Familien einer Loge angehörten. Glatter Freispruch also zumindest für Mozart!

Obwohl es katholischen Klerikern bei Strafe verboten ist, Mitglied einer Freimaurerorganisation zu sein, gibt es etliche Verbindungen zwischen den zwei Institutionen:

- Einen Freimaurer als Bischof zum Beispiel. 1748 ernannte Papst Benedikt XIV. – selbst Gegner der Logen – den als Freimaurer und Verfechter der Aufklärung bekannten Philipp Gotthard Fürst von Schaffgotsch (1716–1795) zum Fürstbischof von Breslau. Schaffgotsch gilt als Vater der Freimaurerei in Österreich. Bereits 1742 ließ er die erste Loge in Wien gründen. Ein mutiger Schritt, denn vier Jahre zuvor hatte Klemens XII. in seiner Bulle (Rechtsakte des Papstes) »In eminenti apostolatus specula« Freimaurern mit Kirchenrauswurf gedroht.
- Maksimilijan Vrhovac (1752–1827) war auch Bischof, in Zagreb nämlich. Und ein prominenter Freimaurer.
- Johann Jakob Lanz war zumindest Pfarrer in Erding. Seine Mitgliedschaft bei den Freimaurern und Illuminaten wurde durch einen tragischen Unglückfall bekannt, den gehässige Kleriker seinerzeit vermutlich als gerechte Strafe Gottes interpretierten, weil die Ursache direkt vom Himmel fiel: Am 20. Juli 1785 erschlug ihn ein Blitz beim Spaziergang mit dem Illuminatengründer Adam Weishaupt in Regensburg. Die Domstadt war zeitweise eine Freimaurerhochburg. Heute noch existieren in dort zwei Logen, eine in unmittelbarer Nähe des Rathauses. Dass gerade dort der Kirche und dem bayerischen Kurfürstentum ein so gewaltiger Schlag gegen die Geheimbündler gelingen konnte, war eine Ironie des Schicksals: Bei der noch qualmenden Leiche des vom Blitz getroffenen Pfarrers fanden sich Mitgliederlisten der Illuminaten. Freimaurerhasser Roman Zirngibl, Prior von St. Emmeram, muss bei diesem Fund gehüpft sein vor Ehrgeiz. Er sandte sofort Abschriften der Unterlagen nach München zu Hofrat Johann Caspar Lippert. Dieser war Chef der Überwachungsabteilung für die Logen unter dem bayerischen Kurfürsten Karl Theodor (1724–1799), der erst ein paar Monate vor dem Fund der Listen alle Aktivitäten der »Freymaurer und Illuminaten« als staats- und religionsfeindlich verboten hatte.

- Es gibt auch Beispiele, in denen Klerikern ihre Logenmitgliedschaft zum Verhängnis wurde. 2001 wurde ein Priester im französischen Annecy suspendiert, weil er fünf Jahre nach seiner Priesterweihe einer Freimaurerloge beigetreten war.
- Immer wieder tauchen im Netz aber auch Fotos von Freimaurern zusammen mit Geistlichen auf, teilweise sogar in Gotteshäusern. Nach einem Taifun auf den pazifischen Marianen (Mikronesien), bei dem die Turmuhr einer Kathedrale zerstört wurde, spendeten örtliche Freimaurer 2020 eine neue Kirchenuhr. Bischof und Logenmitglieder durchschnitten Schulter an Schulter das symbolische Band bei der Wiedereröffnung des Gotteshauses. Ob's danach Ärger gab, ist unbekannt.
- Am 20. August 2012 tauchten bei Facebook ebenfalls Fotos auf, die Freimaurer im vollen Ornat in einer brasilianischen Kirche zeigen, wie sie vom Pfarrer die Handkommunion erhalten.
- Gotteshaus und Freimaurergedenkstätte bilden im Dom von Buenos Aires (wo Papst Franziskus früher Bischof war) sogar eine architektonische Einheit. Die Kathedrale ist so eng mit dem Mausoleum des Freiheitskämpfers und Freimaurers José de San Martín verbunden, dass das Grab jahrelang nur auf dem Weg durch die Kirche besucht werden konnte.
- Im Frühjahr 2020 passierte plötzlich eine Weltsensation: Das Buch *Loge und Altar* des österreichischen Priesters und Vatikanmitarbeiters Michael Heinrich Weninger erschien. Auf 500 Seiten wird darin erklärt, warum man als Katholik nun DOCH Freimaurer sein kann.

Dabei ist längst bekannt, dass die ursprüngliche Verwechslung der Freimaurer mit Satanisten wohl lediglich auf eine Verwirrung um den Begriff »Luzifer« in der freimaurerischen Literatur zurückgeht. Dieser Luzifer hat rein gar nichts mit dem Teufel der katholische Kirche zu tun, sondern heißt übersetzt einfach »Lichtträger«, ähnlich wie der heute gebräuchliche weibliche Vorname »Nora« (arab. »Gott ist mein Licht«).

Luzifer (lat. *lux* = Licht und *ferre* = tragen) war in der römischen Mythologie ein harmloser Begriff für den Morgenstern, die Venus, den (nach dem Mond) zweithellsten Punkt am Firmament. Selbst in einer älteren Version der lateinischen Bibel (Vulgata) wird Luzifer noch als

Synonym für den Morgenstern verwendet. Erst in späteren Bibelfassungen wird durch einen Übersetzungsfehler aus dem Morgenstern plötzlich ein gefallener Engel, der seinem früheren Glanz (»Morgenstern«) nachweint. Übrigens wird die Venus auch »Abendstern« genannt, weil sie nur morgens und abends zu sehen ist – während der Zeit um Mitternacht ist sie unsichtbar (Venus ausführlich im Kapitel »Besuch bei den Rosenkreuzern«). Selbst der Vatikan rückt nach und nach von seiner Vorstellung des Teufels ab. 2007 verabschiedete er sich vom Limbus, einer »Vorhölle«, in die angeblich ungetaufte Kinder nach dem Tod gelangten. Es wird vermutlich nicht der letzte Fehler im System sein, den die Kirche reparieren muss.

Noch so ein Mythos, den konservative Christen verbreiten: Die Freimaurer versuchten, den Vatikan mit einer Armee aus Priestern, die Logen angehören, zu zersetzen. Einer, der diese Verschwörungstheorie verbreitete, ist ein ehemaliger Generaloberer der sogenannten Pius-Bruderschaft, eines Ordens katholischer Traditionalisten. Der Schweizer Bischof Bernard Fellay bezeichnete in einer Rede 2012 »die Juden, die Freimaurer, die Modernisten« als »die Feinde der Kirche«. Und auch der stockkonservative Kardinal Gerhard Ludwig Müller gerät immer wieder nicht unverschuldet in Erklärungsnot, wenn ihm vorgeworfen wird, seine Äußerungen in der Öffentlichkeit seien verschwörungsideologisch oder könnten antisemitisch gedeutet werden.

Fazit: Die Vorwürfe von Teilen der katholischen Kirche speisen sich entweder aus Unkenntnis oder Überheblichkeit. Wie kann man im 21. Jahrhundert und in einer Zeit von religiösem Terrorismus einer Gruppe das Recht absprechen, Zweifel an der Kirchenlehre zu haben, die einem als die »einzig wahre« verkauft wird? Wenn Protestanten heute keine Probleme mit den Freimaurern haben, so war das Verhältnis allerdings nicht immer so friedlich. Auch in protestantischen Ländern wurden Logenbrüder verfolgt.

Es passierte am 16. Oktober 1735 in Amsterdam, als ein Mob die Einrichtung der Loge »De la Paix« zertrümmerte, woraufhin die Behörden im selben Jahr die Freimaurerei verboten. Mob und Regierung befürchteten eine Rückkehr der Oranier, da der Logengroßmeister ein Vertrauter des Prinzen von Oranien war. Das Verbot hielt allerdings nicht lange;

fünf Jahre später wurde Pfarrern sogar untersagt, ihre Schäfchen bei der Beichte nach einer Logenzugehörigkeit zu verhören.

Gegenwind zunächst auch im Norden Deutschlands, wo in Hamburg am 7. März 1738 der Senat prophylaktisch beschloss, die »Indifferentisten, Deisten und Libertiner« als Gefahr für den christlichen Obrigkeitsstaat zu verbieten. Die Ressentiments dauerten nicht lange, drei Jahre später hoben die Stadtherren das Verbot wieder auf. So konnte die erste deutsche Freimaurerloge, »Absalom« (hebr. »Vaters des Friedens«), ihre Arbeit aufnehmen. In den darauffolgenden Jahrhunderten entwickelte sich zwischen Protestanten und Freimaurern ein Verhältnis von Toleranz. »Eine ganze Reihe evangelischer Pfarrer sind Brüder«, enthüllt das *Deutsche Freimaurerlexikon*. Der Münchner Dr. Matthias Pöhlmann stellt in seinem Bericht für die Evangelische Zentralstelle für Weltanschauungsfragen über die Freimaurer in Deutschland fest: »Das Verhältnis der Kirchen der Reformation zur Freimaurerei war in Deutschland von keiner grundsätzlichen Gegnerschaft geprägt. Die Religiosität der Freimaurer wies ohnehin eine ›protestantische Färbung‹ auf, da sie sich gegen jede Form von religiöser Unfehlbarkeit und Orthodoxie wandte. (…) Im Blick auf die Mitgliedschaft eines evangelischen Christen in einer Freimaurerloge wurden keine grundsätzlichen Bedenken erhoben.«

11

Muss ich als Freimaurer reich sein?

Genauso wie ein Katholik nicht zwingend Mitglied der Kirche sein muss (Katholik bleibt man mit der Taufe sein Leben lang), benötigt ein Freimaurer nicht unbedingt eine Loge. Aber es erleichtert vieles. Freimaurer zu sein ist eine Lebenseinstellung, die man sich theoretisch auch als Autodidakt über Literatur oder Gespräche mit Freimaurern aneignen kann. Oder man hat sie bereits durch seine Erziehung erhalten. Freimaurer sprechen in diesem Fall von »Brüdern ohne Schurz«. Allerdings erleben diese weder die Initiation noch die anderen Rituale. Und Mauern ohne Tempel ist wie Autofahren ohne Fahrschule. Irgendwie kommt man sicherlich ein Stück voran, aber nicht wirklich ans Ziel.

Der Schurz und die Handschuhe werden dem neuen Bruder von seiner Loge ausgehändigt. Erst dann kostet der Spaß Geld. Vergleichbar sind die monatlichen Beiträge etwa mit der Mitgliedschaft in einem Tennisclub. Und wie beim Sport kommen da noch weitere Kosten für Kleidung (schwarzer Anzug, schwarze Schuhe, passende Krawatte) hinzu, sofern man sie nicht schon im Schrank hat. Die Beiträge richten sich vor allem danach, wie hoch die laufenden Kosten einer Loge etwa durch den Unterhalt eines eigenen Logengebäudes sind. Hier sollte man mit monatlich 25 bis 35 Euro rechnen. Inbegriffen sind die Gebühren, die die Loge an den jeweiligen Dachverband abführen muss. Im Fall von AFAM erhält man dafür sechsmal im Jahr die Vereinszeitschrift *Humanität* (Auflage: 10 000 Exemplare). Diese kann übrigens auch von Nichtfreimaurern abonniert werden (27 Euro im Jahr, Kontakt: kanzlei@freimaurerei.de).

Der Weg in die Freimaurerei beginnt meist mit einer Mail an eine nahe gelegene Loge (Suche im Internet: Ortsname und Freimaurer). In fast jeder größeren Stadt finden sich Logen mit einem eigenen Internetauftritt und einer E-Mail-Adresse, an die man sich mit der Bitte um eine Einladung zu einem der Gästeabende wenden kann. Sollten Sie innerhalb der darauffolgenden Tage keine Antwort erhalten, versuchen Sie's noch mal. Wer jemals eine Verschwörung der Freimaurer zur Weltherrschaft für möglich gehalten hätte, hat nie die Reaktionszeiten von Logen erlebt, deren Mails oft tagelang ungelesen bleiben. Wenn Sie in Ihrem Bekanntenkreis einen Freimaurer vermuten, sprechen Sie ihn an! Freimaurer machen in der Regel keine Reklame. Freimaurer sind keine Zeugen Jehovas (eher das Gegenteil davon). Wenn Ihr Bekannter Freimaurer ist, wird er vielleicht schnell ins Plaudern kommen, weil Sie ihn bei seiner Leidenschaft gepackt haben. Wenn er keiner ist, werden Sie dumm angeguckt. Ihr Risiko!

Ein relativ sicheres Indiz ist es, wenn Ihr Gegenüber einen Ring oder einen Pin mit einem freimaurerischen Motiv trägt. Aber auch das ist keine Garantie. Ich traf vor einigen Jahren in der Münchner S-Bahn einen Mann mit einem auffälligen Freimaurerring. Ich sprach ihn begeistert an, erzählte, dass ich gerade an einer Doku über Freimaurer arbeite, und er plauderte freimütig von seiner Loge. Nur: Es war alles gelogen. Die Begriffe, die er verwendete, waren Unsinn. Er war ein »Wannabe«, ein Möchtegern, der sich als Freimaurer ausgab. Vermutlich, um sich interessant zu machen. Die Pins, Ringe, selbst die Schurze gibt es nämlich auch neu und antiquarisch bei eBay zu kaufen. Oder als Erbstück wie im Fall eines Freundes aus Regensburg, dessen Vater einem GI nach dem Krieg einen Freimaurerring abkaufte. Richard erzählte mir, dass er den Ring, den er selbst nie getragen hat, seinem Sohn kürzlich zur Hochzeit schenkte, der sei »schon lange scharf darauf«.

Wer Freimaurer werden will, muss auf alle Fälle den Kontakt suchen. In den Logen spricht man davon, dass »ein Suchender anklopft«, wenn sich ein Gast um die Aufnahme bewirbt. Nach etwa zwölf Gästeabenden (also ungefähr nach einem Jahr) sollten Sie dann eine Ahnung entwickelt haben, wie die anderen so ticken. Zeit für eine Entscheidung, ob Sie sich anschließen möchten. Sie »erklären« sich dann der Loge oder einem Mitglied, zu dem Sie ein Vertrauensverhältnis aufgebaut haben.

Viele Logen legen Wert darauf, das private Umfeld des Bewerbers kennenzulernen. Das ist Tradition und auch völlig okay. Schließlich haben auch umgekehrt die Brüder oder Schwestern der Loge das Recht, zu erfahren, wie Sie ticken. Im Falle von Anders Breivik, dem Massenmörder von Oslo, hätten die Brüder des norwegischen christlichen Freimaurerordens das private Umfeld etwas genauer prüfen sollen, bevor sie den Rechtsextremen in ihre Loge »St. Olaus zu den drei Säulen« aufnahmen und sogar zum Meister machten (Breivik wurde sofort nach Bekanntwerden der Tat von seinem entsetzten Großmeister rausgeworfen).

Die Loge, für die Sie sich gegebenenfalls entschieden haben, wird Sie und auch Ihre/n Partner/in kennenlernen wollen. Kommen Sie einem Bruder, mit dem Sie sich gut verstehen, am besten entgegen und laden Sie ihn zu sich nach Hause ein. Vergessen Sie nicht, ihn zumindest mit Getränken zu versorgen, Freimaurer legen großen Wert auf Gastfreundschaft, sind selbst meist auch großartige Gastgeber. Ihr Gast wird später der Loge berichten. Erst dann kommt es zur geheimen Wahl, in der Sie entweder als künftiger Bruder für den Bund als geeignet empfunden werden oder im schlimmsten Fall durchfallen. Sollten Sie keinen Erfolg haben, nehmen Sie's nicht persönlich. Es könnte sein, dass die Gruppe aufgrund Ihres Verhaltens findet, Sie wären besser in einer christlichen, einer humanitären oder einer esoterischen Loge aufgehoben. Man wird Ihnen eine andere Gruppe vorschlagen.

Erst mit der feierlichen Aufnahme werden dann übrigens die monatlichen Gebühren fällig. Einmalig kommt noch eine Aufnahmegebühr dazu (kann ein paar Hundert Euro ausmachen), und es wird erwartet, dass Sie am Abend Ihrer Aufnahme ein Essen für die neuen Brüder schmeißen. Wenn Sie alles richtig machen wollen, überreichen Sie Ihrem Bürgen, der sich für Sie bei den Brüdern eingesetzt hat, noch ein kleines Dankeschön. Er wird in Ihrer Lehrlingszeit Ihr Ratgeber und Pate sein und Ihnen helfen, peinliche Fehler zu vermeiden – etwa den Schurz unterm Sakko statt drüber zu tragen. Nebenkosten, mit denen Sie noch rechnen müssen: die Anschaffung eines Zylinders (nur in manchen Logen), die Fahrtkosten für die wöchentlichen Treffen und das Kleingeld, das gelegentlich in Form einer Kollekte für Spenden an Bedürftige oder Hilfsvereine gesammelt wird. Dabei bedecken die Brüder das Geld beim Einwurf in den Spendenbeutel diskret mit den Händen, damit der Betrag nicht zu sehen ist. Eine höfliche Geste denjenigen gegenüber, die gerade knapp bei Kasse sind.

Sollten Sie es vorziehen, Ihre Besuche einer reinen Männerloge abzustatten, sollten Sie auf die Zugehörigkeit zur Vereinigten Großloge (VGL) achten. Unter ihrem Dach arbeiten die humanitären und die christlichen maskulinen Großlogen:

- Humanitäre Lehrart: Großloge der »Alten Freien und Angenommenen Maurer« (AFAM).
  Im Internet: **www.freimaurerei.de**
- Christliche Lehrart: »Große Landesloge der Freimaurer« (»Freimaurerorden«).
  Im Internet: **www.freimaurerorden.de**
- In der Frauengroßloge von Deutschland (FGLD) organisieren sich, wie der Name sagt, die femininen Logen.
  Im Internet: **www.freimaurerinnen.de**
- Sowohl Männer als auch Frauen arbeiten in den sogenannten gemischten oder liberalen Logen. Der Droit Humain umfasst in Deutschland derzeit nur fünf Logen, u. a. in Mannheim, Berlin, Düsseldorf.
  Im Internet: **www.droit-humain.de**
- Die erste Loge der gemischten Freimaurergroßloge »Humanitas« entstand 1921 in Frankfurt am Main am Rande eines Esperanto-Kongresses. Derzeit arbeiten in Deutschland über ein Dutzend Humanitas-Logen.
  Im Internet: **www.gemischte-freimaurerei.org**
- Im »Grand Orient« (Souveräner Groß-Orient von Deutschland) wird besonders die Gleichberechtigung von Mann und Frau betont und kein religiöser Glaube vorausgesetzt; bei den Ritualen darf deshalb statt der Bibel oder eines anderen heiligen Buchs auch nach Belieben das Grundgesetz oder ein Buch mit leeren Seiten aufgelegt werden.
  Im Internet: **www.zwka.de**

Eine für Freimaurer paradoxe Eigenart ist die Intoleranz der VGL-Logen vor allem gegenüber den gemischten Logen, die sie für »nichtregulär« halten. Diese Bezeichnung ist selbst unter VGL-Freimaurern umstritten, wie auch das offizielle Verbot der Vereinigten Großlogen gegenüber ihren Mitgliedern (ca. 15 000), gemischte Logen (ca. 1 000 Mitglieder) zu besuchen. Umgekehrt haben die Logen außerhalb der VGL, die sich selbst als »liberal« bezeichnen, kein Problem, Brüder aus dem VGL-Lager bei sich zu empfangen und an ihren Ritualen teilnehmen zu lassen. Grund für die Vorbehalte sind die VGL-Vorschriften, wonach ein Freimaurer zumindest an ein »höheres Wesen« zu glauben habe. Tatsächlich jedoch tummeln sich in den VGL-Logen auch etliche Atheisten.

Außenstehenden mögen solche Grundsätze als Borniertheit oder Dogma erscheinen. Weltanschauungsexperte Pöhlmann schließt seine Gedanken mit einem Beispiel freimaurerischer Selbstironie, einem Gedicht des Freimaurers Paul E. Lorenz:

»Hochmittag ist es stets, wenn wir beginnen
mit unserem Werk, nach unserer eigenen Zeit.
Wir spüren nicht in unserer Heimlichkeit,
wie draußen die Jahrhunderte verrinnen.«

12

Die eingemauerte Dame

Wie passen Mystik und Humanismus, Geheimnis und Aufklärung zusammen? Ein Schlüssel für dieses Paradoxon könnte wieder einmal die gute alte Zauberkunst sein.

»Die amüsante Schwester der Aufklärung hat man die Zauberkunst einmal genannt. Genauer müsste man noch hinzusetzen: die ältere.« Der Satz stammt aus dem Vorwort des *Handbuchs der klassischen Zauberkunst*. Und Carl Willmann liefert gleich die Begründung dazu: »Denn die moderne Zauberei, jene also, die keinen Hehl daraus macht, die Menschheit täuschen zu wollen, die die Magie als Kunst sieht (...) sie ist als Angriff auf den Hexenglauben der beginnenden Neuzeit entstanden.« Die Aufklärung hat also eine »Schwester«. Bisher kannten wir nur ihre »Kinder«, eines davon ist die Freimaurerei.

Parallelen zwischen Zauberkunst und Freimaurerei sind schnell gefunden:

- **Das äußere Erscheinungsbild**
  Zauberkünstler stellt man sich meist mit Zylinder und weißen Handschuhen vor.
- **Das Geheimnis**
  Auf der Internetseite des Magischen Zirkels von Deutschland heißt es: »Unsere Geheimnisse verraten wir nicht an Außenstehende, denn sie sind das Wichtigste an der Zauberkunst.«

- **Der Männerbund**
  Der Magische Zirkel, eine Vereinigung von Amateur- und Berufszauberkünstlern, besteht wie eine Loge vor allem aus Männern. Es gibt noch immer sehr viel weniger Zauberinnen als Magier im Magischen Zirkel. Eine noch größere, internationale Zauberervereinigung nennt sich sogar ausdrücklich »Bruderschaft«, die sogenannte »Brotherhood of Magicians«. Zauberer bezeichnen sich gegenseitig als »Zauberfreunde« oder »Zauberbrüder«.
- **Der Bezug zum Handwerk**
  Im Klappentext des *Handbuchs der klassischen Zauberkunst* heißt es: »Ein einzigartiges Lehrbuch (…) für Zauberlehrlinge und Meister.«
- **Der Tod**
  Bei Illusionisten spielt er häufiger eine Rolle, wie etwa bei der zersägten Jungfrau. Darauf folgt die Überwindung des Todes, wenn die Frau wieder zusammengesetzt wird.
- **Das Ritual**
  Bei Zauberkünstlern gibt es ein Trauerritual, bei dem am Grab des Toten ein Zauberstab zerbrochen wird. Die sogenannte »Broken Wand Ceremony«.
- **Die Symbole**
  Auffällig an Zauberplakaten und Theaterzetteln gerade von Zauberkünstlern des 19. Jahrhunderts ist die freimaurerähnliche Symbolik: Säulen, Pyramiden, das schwarz-weiße Fußbodenmuster der Tempel, Sanduhren, Totenschädel etc. 1863 wurde auf einem Flugblatt sogar die Vorstellung eines Zauberkünstlers in der Masonic Hall in Edinburgh angekündigt.
- **Verwandlung**
  Bei beiden Künsten geht es um eine Verwandlung. In der Zauberkunst verwandelt der Magier einen Gegenstand, in der Freimaurerei der Mensch sich selbst.

Zauberer griffen oft in die Trickkiste, wenn Menschen von der Existenz der Götter überzeugt werden sollten. Heron von Alexandria beschreibt im 1. Jahrhundert n. Chr. magische Steintore. Diese öffneten sich wie von selbst unter Fanfarenklängen, nachdem Priester bei einem Ritual ein Feuer entzündet hatten. Ein billiger Trick, Heron enthüllt ihn sogar gleich: ein nach heutigem Stand einfacher physikalischer Apparat, der nach den Druckgesetzen funktioniert. Das Feuer erhitzte Luft, diese dehnte sich in einem Behälter aus, verdrängte das Wasser aus einem zweiten Behälter. Ein volllaufender und dadurch schwerer werdender dritter Behälter zog dann die Türen »hydraulisch« auf. Und umgekehrt verschlossen sich die Türen wieder, wenn das Feuer gelöscht wurde und die Luft sich abkühlte. An den Türen waren zudem Blasebalge befestigt, die den Ton der Fanfaren erzeugten. Eine solche raffinierte Anlage soll Teil eines Labyrinths in der oberägyptischen Stadt Krokodilopolis gewesen sein. Ein anderer Trick beruht auf astrologischem Wissen: In Tempeln, die dem Sonnengott geweiht waren, wurden versteckte Schlitze angebracht. Zu einer bestimmten Zeit fielen Lichtstrahlen auf eine Statue, die von Nichteingeweihten als göttliches Zeichen interpretiert wurden.

Die römischen Legionäre feierten in den Garnisonen in halb Europa den sogenannten Mithraskult. Man weiß heute wenig über diese Mysterienreligion, zumindest aber muss sie ziemlich blutig gewesen sein. Im Ritual in meist künstlich angelegten Höhlen ging es um Kampf, Opfer und Tod. Und weil die Priester verständlicherweise nicht für jede Zeremonie einen Römer opfern wollten, setzten sie vermutlich literweise Tierblut ein. In einem ausgegrabenen Mithräum (Mithrastempel) in Riegel am Kaiserstuhl (Kreis Emmendingen, Baden-Württemberg) fanden Archäologen sogar ein raffiniertes Trickschwert, das offenbar für Scheinhinrichtungen während des Rituals benutzt wurde: Das Kultschwert aus Eisen hat eine unterbrochene Klinge, deren beide Teile durch einen Halbring zusammengehalten werden. Ähnlich wie Scherzartikelmesser, die man sich an Halloween auf den Kopf klemmt und die so aussehen, als hätte einem jemand eine Klinge mitten durch den Kopf gerammt. Man kann sich vorstellen, wie schwer beeindruckt die Mitglieder des Kultes waren, wenn der abgestochene Kamerad nach seinem eindrucksvollen Tod plötzlich wieder munter herumsprang. Das Trickschwert aus dem 2. Jahrhundert ist heute im Badischen Landesmuseum in Karlsruhe zu sehen.

Später waren es die Jahrmarktzauberkünstler, die als Schwindler (Scheinhinrichtungen waren auch im Mittelalter beim Publikum beliebt) und erste Experimentalphysiker durch die Lande zogen. Der Hamburger

Notar und Magiehistoriker Prof. Peter Rawert nennt das Phänomen »Aufklärung durch Täuschung«. Auf dem Jahrmarkt standen die Errungenschaften der Moderne als Erstes, als, so Rawert, »Wissenschaftler sich noch mühten, Blitze in Gleichstrom zu verwandeln«. Umherziehende Elektrisierer wie Martin Berschitz machten die Elektrizität bereits 1740 zur Modewissenschaft der Aufklärung. Berschitz entzündete zum Beispiel Alkohol mit der Spitze seines Degens. Dabei begann die technische Nutzung des Stroms erst mit der Erfindung der Telegrafie Mitte des 19. Jahrhunderts, also 100 Jahre nach Berschitz.

Die Freimaurerei war geradezu durchwoben von Magieschwärmerei. Ihre zentrale Figur, König Salomon, war schließlich ein Magier! Nach orientalischen Sagen sollen auf den sechs Stufen zu seinem Thron je zwei Löwen gestanden haben, die zu brüllen begannen, wenn sich ein Mensch mit bösen Absichten dem Thron näherte. Giacomo Casanova (1725–1798) war ebenfalls ein Zauberkünstler. Aufgenommen 1753 in eine Loge in Lyon, wurde Casanova neben seinen amourösen Abenteuern auch durch ein Kunststück berühmt: durch seine Flucht aus den Bleikammern Venedigs. Dem Prinzen Carl von Kurland soll er eine sogenannte Damentinte verkauft haben, mit der der Prinz sorglos kompromittierende Liebesbriefe schreiben konnte, da die Tinte und damit auch die leidenschaftlichsten Liebesschwüre nach einiger Zeit unter dem Einfluss von Sauerstoff verblassten. Eine solche Tinte, ein Gemisch aus Thymolphthalein, destilliertem Wasser und Soda, gibt es heute im Zauberversandhandel zu kaufen.

Erst im 19. Jahrhundert wurde die Zauberei zur Zauberkunst! Das Bürgertum beschäftigte sich mit Schöngeistigem und Wissenschaften. Jede größere Stadt hatte ein Theater, es herrschte eine Begeisterung, die bis in die Kinderstuben hineinreichte. Dies war der Beginn der Ära der großen Bühnen- und Salonzauberkünstler wie Bartolomeo Bosco (1793–1863), Ludwig Döbler (1801–1864) oder Jean Eugène Robert-Houdin (1805–1871), die als absolute Stars ihrer Zeit in großen Theatern und an Fürstenhöfen auftraten. Der Freimaurer Goethe bestellte in Frankfurt einen Zauberkasten (heute im Goethe-Museum Düsseldorf), den er 1831 seinen Enkeln schenkte. Goethe schätzte den Zauberkasten als pädagogisches Instrument, schrieb: »Es ist ein herrliches Mittel zur

Übung in freier Rede und Erlangung einiger körperlicher und geistiger Gewandtheit.« Goethe ließ seine Neffen von dem Zauberkünstler Ludwig Döbler unterrichten und schrieb dem Magier nach einem Auftritt 1831 in kleinem Kreis: »Bedarfs noch ein Diplom besiegelt? Unmögliches hast Du uns vorgespiegelt!«

Die großen Zauberkünstler der Welt – fast alle waren sie Freimaurer! Ein paar Beispiele:

- **David Leendert Bamberg (1786–1869)**, Freimaurer und Hofzauberkünstler bei König Wilhelm II. der Niederlande, Spross der holländischen Zauberdynastie Bamberg, die insgesamt sechs Generationen von Magiern hervorbrachte. Mit 9 Jahren assistierte er seinem Vater, mit 26 wurde er in Arnheim in eine Loge aufgenommen.
- **John Henry Anderson (1814–1874)** wurde als »Wizard of the North« bekannt durch seine Version des Kugelfangs, bei dem er eine abgefeuerte Gewehrkugel im Flug vermeintlich mit den Zähnen fing. Sein späterer Zauber- und Freimaurerbruder Harry Houdini kam in Andersons Sterbejahr zur Welt und bezeichnete den Schotten zeitlebens als Vorbild. Houdini zahlte die Instandhaltungskosten für Andersons verwahrlostes Grab in Aberdeen.
- **Alexander Herrmann (1844–1896)** ging schon als Achtjähriger mit seinem großen Bruder, dem deutschen Zauberer Carl Herrmann, auf Tournee und wurde später dessen Nachfolger. Das Neue an seinem Stil war, statt mit Prunk und Pomp – wie viele seiner Zeitgenossen – mit schlichten Tischen und seiner Fingerfertigkeit zu verzaubern.
- In Pennsylvania geboren, ging **Harry Kellar (eig. Keller, 1849–1922)** bei einem Zauberkünstler in die Lehre. Er verfügte zwar mit einem Sprachfehler und plumpen Händen nicht über die nötigen Talente für einen Zauberkünstler, durch seine Disziplin arbeitete er sich jedoch zu einem der berühmtesten amerikanischen Magier hoch. Kellar und Herrmann waren Freimaurerbrüder, aber auch Erzrivalen, scheuten keine Mühe, um gleichzeitig in denselben Städten aufzutreten und sich mit ihren Programmen zu duellieren. Gewonnen hatte, wer mehr Eintrittskarten verkaufen konnte. Nach Herrmanns Tod war Kellar der unangefochtene Zaubersuperstar in den Staaten. Bei einem Schiffsunglück versanken Kellars Requisiten und auch seine Freimau-

rerdokumente. Als Taucher später seine Unterlagen wieder an Land brachten, soll Kellar gewitzelt haben, der Freimaurergroßmeister Neptun persönlich habe ihm die Unterlagen zurückgebracht. 1908 zog Harry Kellar sich von der Bühne zurück und übergab den Zaubermantel und sein Programm seinem 20 Jahre jüngeren Gehilfen und Freimaurerbruder Howard Franklin Thurston.

- **Howard Thurston (1869–1936)**, 1907 in eine New Yorker Loge und später auch bei den New Yorker Shriners aufgenommen, versteckte in seinen Shows freimaurerische Bezüge: »Beim Wort Hiram Abif werden Hahn und Ente ihre Plätze tauschen.« So wussten die Freimaurer im Publikum, dass sie es mit einem Bruder zu tun hatten. Über die Freimaurerei sagte er: »Ich glaube manchmal, dass die reisenden Freimaurer mehr Gründe haben, stolz und froh zu sein über die sozialen Unterschiede, die durch Winkel und Zirkel hervorgerufen werden, als jene Brüder, die die meiste Zeit zu Hause verbringen. Das ist sicherlich so für einen Entertainer und besonders für einen Magier. (…) Was für eine wunderbare Sache für einen Fremden, die besten Männer einer Gemeinschaft treffen zu können als Bruder und Freund!«
- **Chung Ling Soo (William Ellsworth Robinson, 1861–1918)**. Robinson war mit 16 Jahren Assistent beim alten Kellar. 1893 kam er zu Thurston und übernahm nach dessen Tod 1936 die Nachfolge. Drei Freimaurer, die wie Perlen einer Kette aufeinanderfolgten. Robinson war zunächst allerdings nur mäßig erfolgreich – bis er die Bühnenfigur Chung Ling Soo erfand. 40 Jahre lang stand er auf der Bühne und starb unter bis heute ungeklärten Umständen. Am 23. März 1918 im Londoner Wood Green Empire Theatre wollte der falsche Chinese – angeblich zum letzten Mal – ebenfalls den gefährlichen Kugelfang vorführen. Es fielen zwei Schüsse, Robinson brach tödlich getroffen auf der Bühne zusammen und starb kurz darauf an den Folgen eines Lungenschusses im Krankenhaus.

Die Reihe magischer Freimaurer oder freimaurerischer Magier könnte man fast endlos fortsetzen: Frederick Eugene Powell (1856–1938), Charles Bertram (James Bassett, 1853–1907), Charles Carter (1874–1936), Harry Houdini (1874–1926), Theodore Bamberg (»Okito«, 1875–1963), Dante

(1882–1955), Long Tack Sam (1885–1961), Harry Blackstone Sr. (1885–1965), The Great Raymond (1877–1948) …

»Ich bin mir sicher, keine Berufssparte hat einen höheren Anteil an Freimaurern unter sich als die der Zauberkünstler«, sagte einmal der US-Zauberkünstler und Freimaurer David Price (1919–1998). Er war Mitglied einer besonders exklusiven Loge, der »Invisible Lodge« (übers.: »Unsichtbare Loge«), die heute weltweit nur einige Hundert Mitglieder zählt. Aufgenommen werden ausschließlich Zauberkünstler, die zugleich auch Freimaurermeister sind. In vielen Ländern sind die Invisible-Lodge-Mitglieder sozial engagiert, etwa indem sie durch Zauberauftritte Geld für Kinderheime sammeln. In Deutschland waren bisher vor allem Brüder der Nürnberger Loge »Zu den Drei Pfeilen« für die »Invisible Lodge« aktiv. Sie veranstalteten im Logenhaus in Fürth, das mit einer festen Bühne ausgestattet ist, in den letzten Jahren mehrere freimaurerische Zauberabende.

An einem dieser Abende passierte etwas Ungewöhnliches. Einer der zaubernden Freimaurer ließ ein Kartenpaket in die Luft sprudeln, ausgerechnet die Herzdame verfing sich mit einer Ecke hoch oben in dem goldenen Holzrahmen, der um die Öffnung der Bühne verläuft. Als die Zauberer am Abend nach der Show den Saal aufräumten und mit einer Leiter versuchten, die feststeckende Karte zu entfernen, rutschte sie unwiederbringlich ins Mauerwerk. Kaum einer weiß, dass seither bei jedem Ritual der Freimaurer in Fürth auch eine Frau heimlich und ganz irregulär ihren Geheimnissen lauscht: eine Herzdame in der Mauer auf der Westseite des Tempels.

TEIL II

Die Rosenkreuzer

1

Ganz Potsdam war ein Bordell

Die Union hatte gerade Angela Merkel zur Kanzlerkandidatin ausgerufen, die PDS benannte sich um in »Linkspartei«, und die Welt spekulierte, wie weit die Mullahs tatsächlich noch von der Atombombe entfernt seien. Es gab im Juni 2005 weiß Gott wichtigere Nachrichten, um einer kleinen Gruppe russischer Archäologen Aufmerksamkeit zu schenken, die in vermatschten Gummistiefeln in den Trümmern des Königsberger Schlosses (jetzt Kaliningrad) buddelten. Die Wissenschaftler um Anatolij Walujew, den Chefarchäologen des örtlichen Museums, waren wieder mal auf der Suche nach dem legendären Bernsteinzimmer. Die Wehrmacht hatte 1941 den kostbaren Prunkraum in Leningrad zerlegt und ihn zeitweise im ehemaligen Schloss von Friedrich Wilhelm II., dem Nachfolger Friedrichs des Großen, aufgebaut. Die Schatzsucher dürften kaum Hoffnung gehabt haben, das »achte Weltwunder« in passablem Zustand zu finden; zuerst war das Schloss bei britischen Luftangriffen auf Königsberg im April 1944 ausgebrannt, 1968 ließ Leonid Breschnew, damals noch Generalsekretär der KPdSU, die Ruine endgültig sprengen. Hätten die Archäologen in den Trümmern wirklich etwas Brauchbares vom Bernsteinzimmer gefunden, wäre dies wahrscheinlich gleich das neunte Weltwunder geworden. Zunächst stießen sie jedoch nur auf alte Wehrmachtshelme und ein paar zerbrochene Flaschen aus dem ehemaligen Weinkeller in den eingestürzten Gewölben des Nordflügels. Doch sie gruben weiter, nicht zuletzt, weil das deutsche Nachrichtenmagazin *Der Spiegel* das Geld dafür lockergemacht hatte. Dann stießen sie doch noch auf einen Schatz.

Wenige Meter von den Trümmern des Krönungsaltars der preußischen Könige, versteckt in einem geheimen Hohlraum einer Säule, lag eine silberne Schatulle. Darin befanden sich zwölf Amulette aus Gold, Silber, Kupfer und Zinn. Professor Dieter Harmening (1937–2016), Volkskundler an der Universität Würzburg, untersuchte den Inhalt der Dose und fand heraus: Es handelte sich um magische Medaillons der berüchtigten Rosenkreuzer. Der Geheimbund trieb im 18. Jahrhundert am preußischen Hof sein Unwesen, riss am Ende gar die Macht am Hof des Königs an sich. Leichtes Spiel: Der feiste 120-Kilo-König Friedrich Wilhelm II. – er ließ das Brandenburger Tor bauen – war Okkultist und stand komplett unter dem Einfluss der Rosenkreuzer. Als Besitzer der Zauberschatulle »kommt wohl allein Friedrich Wilhelm II. v. Preußen« infrage, stellte der Würzburger Professor in seinem Beitrag für das Jahrbuch *Perspektiven der Philosophie* 2007 fest. Was sich der König, der im Gegensatz zu seinem Vorgänger ein ziemlicher Weiberheld gewesen sein soll, da zurechtzaubern wollte, ist für den Professor klar: Auf einem der Amulette ist Venus, die Liebesgöttin, abgebildet, ihr zu Füßen das Wort Asmodel, der König der Lüsternheit. Ein Liebesamulett also, das der König, ein überforderter Bigamist, der allein mit einer seiner vielen Mätressen fünf Kinder zeugte, wohl dazu benutzte, um auch noch in hohem Alter mit einer 19-jährigen Tänzerin des Berliner Hofballetts Pirouetten zu drehen.

Friedrich Wilhelm II. war in allem das Gegenteil seines wahrscheinlich homosexuellen Onkels. Friedrich der Große umgab sich mit Männern, wollte Erster Diener seines Staates sein, war ein aufgeklärter Freimaurer und Kritiker der Religion. Sein dicklicher Neffe hingegen war ein frömmelnder Protestant, der an den spiritistischen Sitzungen der Rosenkreuzer Johann Christoph von Woellner (1732–1800) und Johann Rudolf von Bischoffwerder (1741–1803) Gefallen gefunden hatte und mithilfe der beiden Betrüger hoffte, Gold herzustellen. Das hatte er auch dringend nötig, nachdem die beiden Zauberer, die er zum Justizminister (Woellner) und zum Außen- und Kriegsminister (v. Bischoffwerder) machte, den Staat an den Rand des Ruins getrieben hatten. Das Geld hatte

Friedrich Wilhelm II. nicht nur für seinen Zauberkram verschleudert. Zeitzeugen berichteten, dass sich der wilde König mit »Sklaven und Sklavinnen« umgab. Gottfried Schadow, der Bildhauer der Quadriga auf dem Brandenburger Tor, schrieb: »Alles besoff sich in Champagner, fraß die größten Leckereien, frönte allen Lüsten. Ganz Potsdam war ein Bordell.« Bei seinem Tod hinterließ der König, der von seinem Onkel ursprünglich einen Staatsschatz von 51 Millionen Talern geerbt hatte, Schulden in fast gleicher Höhe: 48 Millionen. Und die Dose mit den magischen Amuletten seiner Rosenkreuzer-Freunde. Neben dem Liebesmedaillon lag da auch eine Medaille mit einem sechseckigen Stern (Hexagramm), einem der Hauptsymbole der Alchemie und ihrer Erben, der Rosenkreuzer.

2

Besuch bei den Rosenkreuzern

Berlin, siebter Bezirk, Tempelhof. Ich rolle im Schritttempo die Straße entlang und versuche, die Schilder an den Häusern zu entziffern. Es muss hier irgendwo auf der linken Seite sein, bei den geraden Hausnummern, 20, 22, 24 … Das Haus wird wohl von außen nicht zu erkennen sein, denke ich. Schließlich sollen die geheimnisvollen Rosenkreuzer die Nachfahren der alten Alchemisten sein, der legendären Magier und Goldmacher an den europäischen Fürstenhöfen. Die werden wohl kaum so etwas wie »Goldmacherei« an ihre Haustür schreiben. … 26, 28, 30. Ich stehe direkt davor und bin überrascht. Das Haus schreit nach Aufmerksamkeit, die Fassade ist in hellem Blau gestrichen, überall ist der Schriftzug der Rosenkreuzer-Vereinigung AMORC angebracht; an den Türen, am Kasten mit den Aushängen und auf der Plakatwand im ersten Stock, auf der zwei Fotos von einem jungen Mann und einer Frau etwas verkitscht zusammenmontiert sind, sodass ein einziger Mensch daraus wird.

Innen warten bereits etwa zwei Dutzend Männer und Frauen auf mich. Sie sitzen in einem Raum im Erdgeschoss beisammen, eine ältere Dame stellt mich der Gruppe vor. Ich dachte, ich wäre früh dran und könnte mich noch in Ruhe auf meine Dreharbeiten vorbereiten. Ich hatte eine mehrstündige Autofahrt hinter mir und hätte in diesem Moment, als mich alle ansehen, gerne etwas Bedeutenderes gesagt als: »Ähm, haben Sie hier auch eine… Toilette?« Mir wird ein Platz unter ihnen angeboten, und ich komme mit einzelnen Rosenkreuzern ins Gespräch. Einer von ihnen erzählt mir stolz, dass das Viertel Tempelhof seinen Namen von einer Komturei des mittelalterlichen Templerordens habe. Die Offenheit und Gastfreundschaft berührt mich. Die Loge hat an diesem Abend ein Büffet aufgebaut, viele haben zu Hause gekocht und Kuchen gebacken. Eine Schwarze kommt auf mich zu und drückt mir einen Gegenstand in die Hand. »Für dich«, sagt sie. In Geschenkpapier sind ein Teelichthalter und eine Kerze eingepackt. In diesem Moment treffe ich eine Entscheidung: Ich mag diese Leute.

Mit den Rosenkreuzern verhält es sich wie mit den Freimaurern. Es gibt nicht DIE Rosenkreuzer. Ihre Philosophie ähnelt sich, aber die Gruppen sind grundverschieden. Etwa so verschieden wie Bioschnitzel und Tofuburger. Beides ist irgendwie Essen. In Deutschland sind die größten Rosenkreuzer-Vereinigungen das Lectorium Rosicrucianum und AMORC, der sogenannte Rosenkreuzer-Orden.

Der Tempel im ersten Stock des blauen Hauses ist schlicht gehalten. Parkettfußboden, dunkle Vorhänge, beleuchteter Sternenhimmel. Einziger Schmuck sind der Gong am Eingang und ein goldenes Kreuz an der Stirnseite des Raumes. Das Rosenkreuz! Ich habe einige Tage später erneut einen Termin bei den Rosenkreuzern, diesmal in der Deutschland-Österreich-Schweiz-Zentrale von AMORC, im 700 Kilometer von Berlin entfernten Baden-Baden. Eine Gemeinsamkeit von Baden-Baden und Berlin fällt mir sofort ins Auge: Auch über dem Portal des zentralen Tempels ist ein ägyptisches Symbol angebracht, zwei goldene Schwingen, in der Mitte eine Sonnenscheibe mit dem Rosenkreuz. Der begeisterte Rosenkreuzer Goethe beschrieb dieses goldene Kreuz in seinem Gedicht »Die Geheimnisse«:

»Es steht das Kreuz mit Rosen dicht umschlungen.
Wer hat dem Kreuze Rosen zugesellt?
Es schwillt der Kranz, um recht von allen Seiten
Das schroffe Holz mit Weichheit zu begleiten.«

Der Ursprung des Rosenkreuzes ist nicht geklärt. Es könnte auf einen Siegelring zurückgehen, den Martin Luther als Geschenk des Kurprinzen

1530 erhielt; das Motiv machte Luther zu seinem Familienwappen. Dort stand ein schwarzes Kreuz im Zentrum eines Herzens, umgeben von einer weißen Rosenblüte. Im 19. Jahrhundert wurde ein von Rosen umranktes Kreuz als Zeichen der Auferstehung oft auch auf Friedhöfen verwendet. Die Alchemisten dürfte das Rosenkreuz sehr an das Symbol der Venus erinnert haben: Ihr Symbol ist ein Kreis auf der Spitze eines Kreuzes. Das Venussymbol ist uns allen vertraut als das weibliche Piktogramm etwa auf Türen öffentlicher Toiletten.

Es hat aber auch noch etliche weitere Bedeutungen, die Venus steht in der Esoterik für die Göttin Isis gleichermaßen wie für den »Lichtbringer« Luzifer. Und die Goldmacher verbanden mit ihr das Kupfer, das für eine Vorstufe des Goldes gehalten wurde. Denn aus Kupfer konnten sie zusammen mit Zink eine Legierung herstellen, die bereits in der Antike bekannt und dem Gold schon sehr ähnlich war: das Messing. War explizit Kupfer und nicht die Venus gemeint, verwendeten Alchemisten und Apotheker eine Form des Venussymbols, bei dem der Kreis in die Länge gezogen wurde und eine Schlaufe bildete: das ägyptische Henkelkreuz (»Ankh« oder auch »Anch«). Das Zaubersymbol der Göttin Isis, mit dem sie ihren Mann Osiris wiederbelebte. Der Legende nach fand sie in der Nähe des heutigen Assuan das Herz des zerstückelten Leichnams Osiris'. Dort entdeckten Archäologen auch ein Relief, auf dem Isis Osiris das Henkelkreuz an die Nase hält, um seinen Atem zu beleben.

Ich darf mich in dem reich geschmückten Baden-Badener Haupttempel umsehen. Durch den schlichten Vorraum erscheinen die leuchtenden Farben im Innern des Ritualraumes umso magischer. Angeblich wird hier Magie tatsächlich betrieben (dazu in einem späteren Kapitel mehr). Rot, Blau, Gold dominieren. Als Kontrast zu den Farben ist auf dem Fußboden in der Mitte des Raumes ein Feld mit einem gleichmäßigen Muster aus schwarzen und weißen Dreiecken zu sehen. Es ähnelt den schachbrettartigen sogenannten musivischen Pflastern in alten Kirchen und Freimaurerlogen und veranschaulicht – wie das chinesische Yin und Yang – die Gegensatzpaare einer dualistischen Welt: Tag/Nacht, Helligkeit/Dunkelheit, Mann/Frau, Geburt/Tod. Konzentriert man sich auf dieses Muster aus Dreiecken (zweimal sechs je weiße und schwarze), erscheinen plötzlich etliche sechszackige Sterne: Hexagramme. Ihre geometrische Form besteht aus zwei übereinandergelegten gleichseitigen Dreiecken; das eine mit der Spitze nach oben, das andere nach unten. Wie manchmal die Sterne auf Christbaumspitzen. Es ist ein mittelalterliches magisches Beschwörungszeichen (auch auf den Amuletten von Friedrich Wilhelm II.), wie es in allen Religionen verwendet wurde – und immer noch verwendet wird.

Ein ähnliches Muster wie auf dem Tempelboden sieht man nämlich auch im oberen Teil der Münchner Hauptsynagoge am St.-Jakobs-Platz. Wer sich in die gitterförmige Konstruktion vertieft, sieht plötzlich sechseckige Sterne. Derselbe optische Effekt! Der »Davidstern« ist als Symbol auf der Fahne des Staates Israel abgebildet. Er stammt aus der jüdischen Mythologie und soll auf einem Schild als Talisman den legendären König David direkt mit der Macht Gottes verbunden und beschützt haben. Wenn Sie mal in München sind: Vom Marienplatz aus sind es nur ein paar Minuten zu Fuß zur Ohel-Jakob-Synagoge, das Muster ist von außen gut zu erkennen.

Zurück in den Rosenkreuzer-Tempel. Die Hexagramme dort hüten noch ein paar weitere Geheimnisse: In der Alchemie sind sie ein Symbol der vier Elemente. Das Dreieck nach oben ist das Feuer, das nach unten stellt Wasser dar (wieder zwei entgegengesetzte Pole!). Etwas komplizierter wird es mit Luft und Erde: Luft ist das Dreieck nach oben mit der waagrechten Schnittlinie, die durch die Überlappung der Dreiecke entsteht. Und die Erde ist dasselbe Symbol um 180 Grad gedreht. Die Alchemisten hatten die Verbindung der Elemente untereinander beobachtet: Das Feuer kann nicht ohne Luft (Sauerstoff) existieren, die Erde nicht ohne das Wasser keimen. Deshalb vereint das Hexagramm alle vier Elemente. In dem Symbol steckt noch viel mehr – es ist das Schweizer Offiziersmesser des Okkultisten: Die sechs Spitzen stehen für die in der Alchemie wichtigen Metalle (im Uhrzeigersinn, beginnend oben) Blei, Zinn, Kupfer, Silber, Quecksilber, Eisen. Und in der Mitte des Sternes: Gold! Jedes dieser Metalle ist einem der sieben im Altertum bekannten »Planeten« zugeordnet: Saturn (Blei), Jupiter (Zinn), Venus (Kupfer), Mond (Silber), Merkur (Quecksilber), Mars (Eisen), Sonne (Gold). Die Planeten repräsentieren wiederum den Kosmos menschlicher Gefühle, die die jeweilige Planetengottheit verkörpert (Venus = Liebe; Mars = Krieg usw.). Darüber hinaus stehen die Spitzen jeweils auch für einen Wochentag – mit der

Mitte als Sonntag. Alles ist eins, Kosmos (Spitze nach oben) und Erde (Spitze nach unten). Es ist das Relikt einer antiken Weltanschauung, wonach das »Unten« eine Abbildung des kosmischen »Oben« ist, der Mikrokosmos dem Makrokosmos entspricht, die menschlichen Organe oder gar Zellen den Gestirnen. Wie im Himmel, so auf Erden, wie der Himmel, so der Mensch. Was oben schwingt (Planeten), schwingt unten nach (menschliche Organe). In vielem lagen die antiken Mystiker grundfalsch. Sie deutelten in einer Welt herum, die sie noch nicht vermessen konnten. Das erste lichtstarke Teleskop entstand erst im 19. Jahrhundert, als es Josef Fraunhofer gelang, Objektive in der Größe eines Wagenrads zu bauen.

Die Vier-Elemente-Lehre der Alchemie besagt (schon seit Platon und Aristoteles), dass alles, was besteht, aus einem bestimmten Mischungsverhältnis von Erde, Wasser, Luft und Feuer hervorgehe. Im 19. Jahrhundert entdeckten dann die Physiker die Atome – und die Elementenlehre war überholt. In der Esoterik werden die vier Elemente als Symbol aber bis heute verehrt, auch von den Rosenkreuzern. Die Vorstellungen, die man sich von den Planeten und ihrer Wirkung machte, veränderte sich spätestens mit der bemannten Raumfahrt und dem Einsatz von Superteleskopen, Beobachtungssatelliten und Raumsonden. Der Universalgelehrte, Alchemist und Jesuit Athanasius Kircher beschrieb den Mars im 17. Jahrhundert noch so: »Er blitzt mit rotem Scheine, und mit feurig rotem Lichte speit er drohende Flammen aus.« Der Mars gilt heute mit einer mittleren Temperatur von minus 63 Grad als ziemlich frostige Angelegenheit

In manchem hatten die alten Magier – Wissenschaft war im 17. Jahrhundert noch eng mit der Magie verbunden – aber instinktiv recht: Kircher war der Erste, der glaubte, dass die Pest durch »kleine Wesen« (Pestbazillus) übertragen wird. Und wie sehr alles zusammenhängt, zeigen Pandemien wie die 2019 durch Coronaviren ausgelöste: Wenn in Wuhan eine Fledermaus hustet, hat das Auswirkungen auf die ganze Welt. Die Alles-ist-eins-Theorie mag einer der überzeugendsten Gründe sein, sich heute noch mit Rosenkreuzertum zu beschäftigen: Ökologische Systeme sind der Beweis dafür, dass diese antike Weltanschauung doch irgendwie nicht ganz falschliegt. Und die Symbole im Rosenkreuzer-Tempel sind vor allem Meditationshilfen, um über zunächst Unvorstellbares nachzudenken. Wie etwa über den Einfluss einer 8 500 Kilometer entfernten

Fledermaus. Dieses Nachdenken über Unvorstellbares beeindruckte auch Rudolf Steiner (1861–1925). Der Erfinder der Waldorfschulen war Rosenkreuzer. Seine auf dem Rosenkreuzertum basierende Lehre der Anthroposophie (altgriech. Mensch und Weisheit) beeinflusst die alternative Szene in Deutschland und Europa bis heute. Sie steckt in der Reformpädagogik, der Naturkosmetik (Weleda), in der Homöopathie, in der Landwirtschaft (Demeter). Steiner dachte auf Grundlage der vier Elemente über die sichtbare und die unsichtbare Welt nach und gab jedem Element eine Entsprechung: Die Erde dem Irdischen, das Wasser dem Kosmischen u. a.

Ich treffe mich im Baden-Badener Tempel mit dem AMORC-Großmeister und Chef des Rosenkreuzer-Ordens im deutschsprachigen Raum, Maximilian Neff. Um mit ihm über diese vier Elemente zu reden. »Sie sind ein altes rosenkreuzerisches Symbol für die vier Elemente, die jeder Mensch in sich trägt«, erklärt mir Neff. Maximilian Neff ist ein vertrauenerweckender, netter älterer Herr mit aufmerksamen, freundlichen Augen. Schwarze Hose, weißes Hemd, einfarbiges Sakko in schlichtem Taubengrau. Nur der kleine Pin an seinem Revers verrät, dass ich es hier mit einem Rosenkreuzer zu tun habe. Der Pin ist dreieckig wie das Muster auf dem Fußboden und der Stapel Schurze auf einem Stuhl im Vorraum, mit denen sich, ähnlich wie die Freimaurer, die Brüder und Schwestern bei bestimmten Ritualen bekleiden. Geduldig erklärt mir der Großmeister die vier Elemente näher. Demnach stehe die Luft für den Verstand, die Gedanken und die Inspiration. Das Feuer bedeute den Willen, das Verlangen, die Wünsche, die Emotionen. Das Wasser symbolisiere das äußere wie das innere Bewusstsein, »das der Mensch meist vernachlässigt«. Und die Erde steht für seinen Körper. Maximilan Neff: »Wichtig ist es, zwischen den Elementen eine Harmonie herzustellen. Man arbeitet genauso an seiner geistigen Struktur wie an seiner körperlichen. Man achtet auf seine Gedanken, auf seinen Verstand, auf seine Emotionen, die eine starke Kraft des Menschen sein können, aber auch eine verheerende.« Was Neff mir erzählt, erinnert mich an das Prinzip des sogenannten positiven Denkens aus Motivationsseminaren und Coachings. Vereinfacht erklärt: Wie ich über die Dinge denke, hat Einfluss auf meine Karriere, meine Beziehungen, meine Gesundheit. Oder anders: Wer lächelnd durchs Leben geht, lebt gesünder, macht leichter Karriere, kriegt zum Geburtstag die besseren Geschenke und pflanzt sich leichter fort. Weil ein entspanntes Lächeln gewinnend auf andere wirkt (anders als ein aufgesetztes Grinsen oder ein mürrisches Gesicht).

Dieser Fokus auf die eigenen Gedanken ist wichtiger Bestandteil auch des rosenkreuzerischen Heilens. Krankheiten haben der Theorie zufolge immer geistige Ursachen, etwa abfällige oder destruktive Gedanken. Nur durch »Gedanken der Liebe und Verzeihung« (Lamprecht, *Neue Rosenkreuzer*, S. 134) sei eine Übereinstimmung mit den kosmischen Kräften möglich. Der Trick: einfach schlechte in positive Gedanken umformen. Hier ist Vorsicht geboten. Es ist zwar längst erwiesen, dass Gefühle auch körperliche Beschwerden auslösen können, etwa Essstörungen, Tinnitus, Reizdarm oder Herzangstneurosen. Die Theorie des positiven Denkens steht allerdings auch in der Kritik. Zum einen gibt es natürlich etliche Krankheiten, die auch fröhliche Menschen heimsuchen. Vermutlich sogar die allermeisten – Herzinfarkte, Infektionskrankheiten, Krebs … Zum anderen kann die Methode des »Heillächelns« labilen Menschen auch Schaden zufügen. Der nordrhein-westfälische Verhaltenstherapeut Günter Scheich vermutet, dass sie zu Realitätsverlust führen könnte. Wäre das aber so schlimm? In Maßen sicherlich nicht. Auch im Traum verschwimmt die Realität, oft träumt man kompletten Unsinn, manche versuchen dennoch ihr Leben lang, ihre »Träume« zu realisieren. Auch hier haben die Rosenkreuzer eine Antwort parat. Der von ihnen verehrte Alchemist, Arzt und Philosoph Paracelsus (Theophrastus Bombast von Hohenheim, 1493 der 1494–1541) brachte es auf den Punkt: Erst die Dosis macht das Gift! Dennoch sollten Psychoexperimente zunächst einmal skeptisch machen. Sind die Rosenkreuzer eine Art Psychosekte? »Ich würde AMORC nicht als Sekte bezeichnen«, sagt Dr. Matthias Pöhlmann von der Evangelischen Zentralstelle für Weltanschauungsfragen. »Es ist eine esoterische Richtung. Das heißt, es wird ausgegangen von einem höheren Wissen, das nur Eingeweihten, Sensiblen, Erleuchteten zugänglich war und ist.« Auch sein Kollege der Landeskirche Sachsen, Harald Lamprecht, der eine Dissertation über die neuen Rosenkreuzer geschrieben hat, bestätigt mir in unserer Korrespondenz meinen ersten Eindruck von AMORC: »Sagen wir es mal so: Im Vergleich zu Coronaleugnern auf Telegram oder rechtsextremen

Demagogen sind das alles sehr freundliche und gesittete Zeitgenossen, die höheren Idealen nacheifern und mit denen man sich gepflegt unterhalten kann und die insgesamt keine Bedrohung für die Gesellschaft darstellen. Daher meine ich, dass sie im Rahmen der Religionsfreiheit getrost auch ihre Kuriositäten pflegen dürfen, die ich vielleicht seltsam finden mag.« Die Toleranz, die der Kirchenmann gegenüber den Rosenkreuzern zeigt, leben auch die Rosenkreuzer, zumindest die des AMORC. Großmeister Neff: »Die Brüder und Schwestern gehören oft den verschiedensten Religionen an. Oder auch gar keiner. Jeder muss das für sich selbst wissen. Dieses sogenannte Göttliche ist in jedem Menschen selbst vorhanden.« Dogmen hätten die Rosenkreuzer auch in früheren Jahrhunderten abgelehnt. »Der Mensch kann zu höheren Erfahrungen nicht gelangen nur durch ein Dogma. Er muss es innerlich erfahren. Der Erfahrungsprozess kann sich so verändern, wie auch der Mensch sich verändert. Das ist auch so gewollt.« Zu den Veränderungen gehört natürlich auch ein Ausstieg, der zumindest bei AMORC jederzeit problemlos akzeptiert wird. Neben den rituellen Arbeiten im Tempel gibt es ein Heimstudium, bei dem vor dem »Heimsanktuarium«, einer Art Altar mit einem Spiegel, meditiert wird. Die Themen, über denen man brüten soll, kommen per Post aus der Zentrale in Baden-Baden gegen einen vereinsüblichen monatlichen Mitgliedsbeitrag. Wer aussteigen will, stellt einfach die Zahlung ein und schickt die Unterlagen zurück.

Harald Lamprecht sieht keine Anhaltspunkte für einen besonderen Gruppendruck bei Aussteigern: »Es wird nicht als Verrat an der Wahrheit angesehen, zu der man reumütig wieder zurückkriechen müsste. Von daher ist AMORC im äußerlichen Bereich in der Tat vergleichsweise harmlos.« Als Kirchenvertreter warnt Lamprecht generell vor esoterischen Bünden, da die »Abkehr von der Vernunft« – zum Beispiel der Reinkarnationsgedanke – sicherlich immer auch eine gewisse Gefahr in sich berge. »Aber die Organisation forciert das nicht besonders, sondern bremst eher noch etwas, weil die Gesamterscheinung auf bürgerlich-biedere Kompatibilität ausgerichtet ist. Eben mehr würdige Altherrenloge als abgefahrene Traumtänzer.« Der Theologe Lamprecht spielt damit vermutlich auf eine andere Rosenkreuzer-Organisation an, die des Lectorium Rosicrucianum, das sich inhaltlich mehr auf die Schriften des niederländischen Esoterikers

Jedes Detail ist eine Botschaft: Die italienischen Renaissance-Elemente des Logenhauses in Fürth (1886) symbolisieren Humanismus und freimaurerische Internationalität.

In der Loge »Zu den Drei Pfeilen« sind mehrere Zauberkünstler. Gezaubert wurde schon in der Antike, wie dieses Trickschwert aus einem Mithras-Tempel beweist.

Freimaurer-Forscher Manuel Pauli im prächtigen Fürther Tempel. Hier feiert die Loge »Zu den Drei Pfeilen« ihre Rituale. Im Hintergrund (Osten) der Platz des »Meisters vom Stuhl«.

Feierlicher Moment in der gemischten Karlsruher Loge »Zur Wahrheit«. Der Schwertträger an der Tür versperrt Nichteingeweihten den Zugang zum Tempel. Stuhlmeisterin Alexandra, eine Anwältin, bereitet sich vor. Heute nimmt sie zwei neue Mitglieder auf, noch sitzen die vor einem Totenkopf in der dunklen Kammer des Schweigens.

Links: Mythen und Legenden: Horus auf Isis' Schoß symbolisiert den aufgeklärten Menschen, die ägyptische Darstellung diente als Vorlage für die spätere Marienverehrung. *Rechts:* Der Schwarze Freimaurer Angelo Soliman landete nach seinem Tod ausgestopft im Wiener Naturalienkabinett.

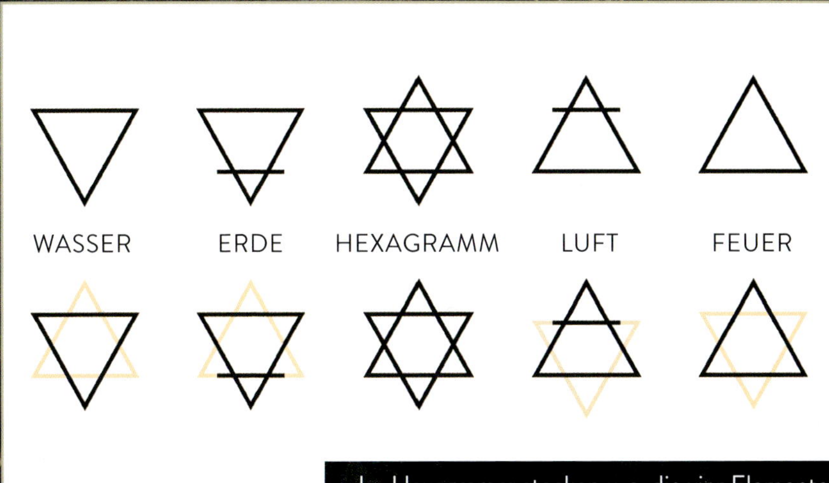

Im Hexagramm stecken u. a. die vier Elemente Wasser, Erde, Luft und Feuer. Es ist auch Zunftzeichen der Brauer (Wasser, Getreide, Gärung, Hitze) und Teil der Fahne Israels.

Im Juli 1933 stürmten SA-Angehörige das Gebäude der Erlanger Freimaurerloge. Auf diesen bisher unveröffentlichten Fotos albern die Nationalsozialisten mit Ritualgegenständen herum, die sie dort vorfanden.

Die neu aufgetauchten Fotos wirken wie harmlose Instagram-Bilder: Erlanger SA-Männer posieren nach der Logen-Erstürmung mit Freimaurer-Schurzen, machen sich lustig über die Gebräuche, die sie nicht verstehen.

Großmeister Maximilian Neff präsentiert den Rosenkreuzer-Haupttempel in Baden-Baden. Wenige Tage zuvor durfte Autor Hannes Kohlmaier in Berlin bei einem Ritual für seine Doku drehen.

Im »Pentagramm-Ritual« versuchen Kabbalisten, mit Engeln Kontakt aufzunehmen. Wie bei den Freimaurern steht auch hier ein Wächter mit Schwert vor der Tür. Hauptsymbol: der Lebensbaum (Sefiroth), das »Navi« durch die Kabbala.

Unheimliche Kapuzenträger aus Bayern: 25 Guglmänner (Kreis) begleiten 1886 den toten König Ludwig II. mit gekreuzten Fackeln zum Grab.

Der Geheimbund existiert noch heute: Drei Guglmänner geben dem Autor an der Todesstelle Ludwigs II. im Starnberger See ein Interview.

Miraculix' Erben: In der Druidenburg in Peine bei Hannover residiert die Lessing-Loge. Die Brüder versammeln sich um einen Stein mit Mistelkranz und Goldsichel.

In dieser Loge ist Albernheit Gesetz. Autor Hannes Kohlmaier bei den Schlaraffen in Bad Säckingen (Baden-Württemberg), die einen ausgestopften Uhu verehren. Die Brüder erkennen sich außerhalb der Loge an einer weißen Perle am Revers.

Jan van Rijckenborgh (1896–1968) beruft und in vielem deutlich radikaler als AMORC ist. Der Rosenkreuzerschüler des Lectorium Rosicrucianum (LR) »will den Weg zurück zur ursprünglichen Gottesordnung der Dinge gehen, zurück zum verlorenen Lichtreich, zurück zum ursprünglichen Menschsein.« (Jan van Rijckenborgh) Die Logen sind meist in strahlendem Weiß gehalten, oft steht sogar noch ein weißer Flügel im Tempel. Lamprecht erläutert in seiner Dissertation, die Mitglieder hätten sich von Fleisch, Pelz, sogar Federn fernzuhalten, denn diese würden den Körper unnötig an die Erde binden. Tabak, Alkohol, Narkotika seien ohnehin tabu, »um das Bewusstsein klar zu halten.« Auch beim Fernsehkonsum von Jugendlichen würden die LR-Rosenkreuzer Probleme sehen, weil die Inhalte auf das Unterbewusstsein wirkten und die geistige Entwicklung störten.

Van Rijckenborgh soll davon überzeugt gewesen sein, dass seine Brüder und Schwestern wiedergeborene Katharer seien. So hießen die Mitglieder einer gnostischen christlichen Bruderschaft, die sich im 12. und 13. Jahrhundert in Südfrankreich ausbreitete und Ärger mit der katholischen Kirche bekam, als sie behauptete, der Mensch sei gottähnlich, könne sich u.a. durch Askese, vor allem den Verzicht auf Fleisch, selbst erlösen, sei also nicht auf die Gnade eines Gottes angewiesen. Für die Kirche war das Blasphemie, doch die Ansätze dieses Glaubens bestanden schon in der Antike. Der römische Philosoph Plotin (204–270 n.Chr.), einer der wichtigsten Vertreter der Neuplatoniker, ging davon aus, dass jede Seele von »dem Einen« ausgegangen sei und irgendwann wieder dorthin zurückmüsse. Nur durch ein tugendhaftes Leben, befreit von den körperlichen Bedürfnissen, sei dies möglich. Der Prozess der Seelenreinigung, die Katharsis, könne nur durch reine Gedanken hervorgerufen werden.

Natürlich passte die lebensfeindliche mittelalterliche Vegetariersekte nicht ins Geschäftsmodell der Kirche, die in der Hochphase der Katharer gerade ihr Ablasswesen optimierte. Die Ritter der Katharer wurden von den päpstlichen Truppen besiegt und landeten auf dem Scheiterhaufen. Aus dem Wort »Katharer« (griech. *katharós* für »rein«) entstand der Begriff »Ketzer«, ein Häretiker, der von der offiziellen Kirchenmeinung abweicht und sich im Sinne der Inquisition die schlimmste Bestrafung eingehandelt hat: den Tod durch das Feuer. Vermutlich hätte auch heute ein katholischer Geistlicher wenig Freude an dem AMORC-Tempel in Baden-Baden. Neben einer Osirisstatue im Eck sind mehrere ägyptische Henkelkreuze und das Horusauge neben dem urchristlichen Symbol eines riesigen Kreuzes an der Stirnseite zu sehen. Nur hat das Kreuz hier keine christliche Bedeutung, sondern eine philosophische.

Großmeister Neff verweist auf die viel ältere Bedeutung des Kreuzes in seiner Form als ägyptisches Ankh: »Es symbolisiert den Menschen. Die Senkrechte steht für seine geistige Struktur, die Waagrechte für seine materielle. Die aufgehende Rosenknospe im Zentrum symbolisiert das Seelenbewusstsein, das jeder Mensch in sich trägt und das er durch seine Arbeit an sich selbst zur Entfaltung bringen kann, um eine höhere Wahrnehmungsfähigkeit zu erreichen.« Ein hübsches Bild: So langsam, wie sich eine Rosenknospe entfaltet, erblüht die menschliche Seele. Neff: »Die Rose im Schnittpunkt hat eine hohe Bedeutung für die Rosenkreuzer. Sie symbolisiert die Veredelung seines Geistes und Bewusstseins. Wenn sich Geist und Bewusstsein entfalten, dann geht seine persönliche Rose auf.«

Ich hatte zuvor in Berlin bei einer rituellen Arbeit im Tempel (in Tempelhof) zusehen dürfen. Dort waren neben den eingeweihten Brüdern und Schwestern auch Rosenkreuzer-Anfänger dabei. Gemeinsam gingen wir in den großen Saal im ersten Stock. Ein Mann im Anzug schlug den Gong. Großmeister Neff konnte mir jetzt, hinterher, erklären, was ich sah: »Der Gong ruft zur Ordnung. Er ist das Signal, den Alltag draußen zu lassen; er kündigt an, dass gleich etwas Besonderes kommt, auf das man seinen Geist und sein Bewusstsein ausrichten sollte.« Die Rosenkreuzer und Rosenkreuzerinnen nahmen auf den Stühlen Platz, die an den Längsseiten des Raumes aufgereiht waren. Kolonnen nennt sich diese Formation. In der Mitte des Tempelraums saß eine Frau in blauem Abendkleid an einem Tisch, sprach die fünf Kerzen vor sich an.

Die äußeren, farbigen Kerzen sollten die vier Elemente symbolisieren. Welches Element jeweils gemeint ist, war sofort zu erkennen, vor jeder Kerze stand ein Glasschälchen mit Wasser, Erde, einem Teelicht oder einem Räuchergefäß. Der Mann am Gong zündete während der Zeremonie nacheinander die beschworenen Kerzen an. Die Frau deutete zuerst auf die grüne Kerze: »Aus dir, Erde, entsteht die Natur. Du bist das Gefäß, in dem sich das Leben regt. Du bist das Element zur Formenbildung. Und die erste Stufe der Entwicklung. Umsorgt von Feuer, Wasser und Luft. Durch dich erst wird Entwicklung möglich. Oh, Mutter Erde, du bist der Schoß, der in sich das Werden und Sterben birgt.«

Als Nächstes folgte die blaue Kerze. »Wasser. Das aus dem göttlichen Urfeuer ausstrahlende Licht trug die Botschaft des Ewigen in die Welt. Und die Wasser nahmen sie auf. Damit hat der Lauf der Schöpfung begonnen. Du, Wasser, trägst diese Botschaft weiter, auf dass sich des Schöpfers Wort erfülle. Du bist das Bewusstsein, das aus dem Licht erwacht.«

»Feuer«, sagte die Zeremonienmeisterin und deutete dabei auf die rote Kerze. »Im Anfang war das Wort gesprochen, und aus dem göttlichen Urfeuer entzündete sich das Licht. Damit hat die Schöpfung begonnen. Du, Feuer, bist mit dem Höchsten verbunden, wie der Sohn mit seinem Vater. Du hütest und bewachst die Schöpfung, die dem göttlichen Schoß entströmt. Alle schöpferischen Gedanken werden durch dich, Feuer, belebt. Dein Strahlen erleuchtet uns.«

Nun war die Luft an der Reihe. »Du Träger der Essenz des Lebens. Du erfüllst die ganze Schöpfung mit deinem Hauch. Aus dem wässrigen Feuer entstanden, bist du als gebende Hand in allem, was lebt, vorhanden. Du bist der Bote, der die Lebenskraft in sich birgt, und bist stets bereit, sie bedingungslos an alles Lebende weiterzugeben.« Aber was bedeutete die große weiße Kerze in der Mitte? Ein fünftes Element?

»Wenden wir nun unser Bewusstsein der fünften Kerze in der Mitte der vier brennenden Kerzen zu. Sie steht für die Quintessenz und für das kosmische Bewusstsein, durch welches alle Menschen miteinander verbunden sind. Sie symbolisiert aber auch unser inneres Licht, mit dem wir uns nun geistig verbinden wollen, um es zu stärken und zum Strahlen zu bringen.« Spätestens hier wurde der Bezug zur Alchemie überdeutlich. Die Alchemisten waren davon überzeugt, dass sich jedes Metall aus den vier Elementen zusammensetzt. Und die »Quintessenz«, ein fünftes Element, der sagenhafte Stein der Weisen, könne durch Magie ein Metall in ein anderes verwandeln. Etwa Blei in Gold.

Neff bestreitet, dass seine Brüder und Schwestern mit dem Goldmachen jemals etwas Materielles im Sinn gehabt hätten. »Wenn Rosenkreuzer von Alchemie sprechen, und die gehört zu ihrer Tradition, dann sprechen sie von geistiger Alchemie. Das heißt: Veredelung von Geist und

Bewusstsein.« Neff verwaltet ein schwieriges Erbe. Denn natürlich hatten jahrhundertelang Alchemisten versucht, ihre Fürsten mit der Herstellung von Gold zu beeindrucken. Selbst sein eigener Ordensgründer, der US-amerikanische Journalist und Freimaurer Harvey Spencer Lewis, hatte 1916 in New York der Versuchung nicht widerstehen können, vor Zuschauern offenbar mit einem Zaubertrick zu prahlen, bei dem er angeblich ein Stück Zink in Gold verwandelte. Er versuchte damit wohl, sich selbst über konkurrierende Rosenkreuzer-Gruppen zu stellen. Großmeister Neff scheint die Geschichte unangenehm zu sein, er sieht sie als einen Teil der Vergangenheit, die sein Orden mittlerweile hinter sich gelassen hat. »Die Rosenkreuzer haben immer schon vor dem gewarnt, was man als Goldmacherei kennt. Aber Gold hat natürlich eine große Bedeutung, es ist auch der Grund, warum das Rosenkreuz golden ist. Höchste Veredelung, hohes Bewusstsein, die Rosenkreuzer nennen das ›kosmisches Bewusstsein‹.« Und so schwelt seit Jahrhunderten unter Rosenkreuzern der Streit, wer nun den Stein der Weisen wirklich gefunden hat – und wer nur ein eitler Betrüger ist. Bei dermaßen unterschiedlichen Ausrichtungen von AMORC und des LR könnte eine Ökumene gar nicht funktionieren. Wozu auch.

3

Equilibrium! Rosenkreuzer im Film

Es ist wie mit den Freimaurern, auch Rosenkreuzer eignen sich für Hollywood, gerade in Fantasyfilmen, offensichtlich nur als Bösewichte. Zumindest Rosenkreuzer der strengen Sorte des Lectorium Rosicrucianum (AMORC wäre den Regisseuren vermutlich zu bieder). Die Bösen in *Equilibrium* sind ein bisschen Rosenkreuzer und ein bisschen Nazi. Der 2002 im Kino angelaufene Film mit dem späteren Oscar-Gewinner Christian Bale ist ein beunruhigender Cocktail aus Aldous Huxleys *Brave New World* und Fritz Langs *Metropolis*. Es ist nicht das beste Werk der Filmgeschichte. *Equilibrium* taugt aber dazu, das komplexe Phänomen der Rosenkreuzer zu entstauben und anhand der modernen Szenenbilder zu erklären. Ein Zufallsfund während einer meiner Dienstreisen auf einer Streamingplattform im Hotelzimmer.

Der Held, John Preston, ist zeitweise völlig in Schwarz oder Weiß gekleidet. Eine klare Anspielung auf den Dualismus, die Gegensätze der Rosenkreuzer. Erinnern Sie sich an das schwarz-weiße Pflaster der Rosenkreuzer-Tempel? Prestons Dienstlimousine ist mit strahlend weißem Leder ausgeschlagen; weißes Mobiliar ist ein Spleen des Lectorium Rosicrucianum. Auf dem weißen Leder sitzt der schwarz gekleidete Held. Boom! Mehr Kontrast geht nicht.

Das aufwendig inszenierte Endzeitdrama wurde übrigens zum Teil in Berlin gefilmt, die bekannten Kulissen wurden jedoch digital verfremdet. Als Drehorte dienten u. a. Tempelhof (ganz nah am Berliner AMORC-Tempel), das Olympiastadion und der Potsdamer Platz. Die Szenen des Bösewichts Preston in seiner Zentrale wurden im U-Bahnhof Bundestag gedreht.

Preston ist Vertreter einer Zukunftssekte. Deren Logo ist der kreuzähnliche 19. Buchstabe des griechischen Alphabets, das »Tau«. Das t-förmige Kreuz ist eine Variante des Henkelkreuzes der Rosenkreuzer. Die »Kleriker« des Ordens im Film, eine Mischung aus SS-Offizieren und Shaolin-Mönchen, verbieten der Bevölkerung alle Arten von Freuden und Gefühlen. Schon der Besitz von Parfum, Haustieren, Bildern, sogar Spiegeln wird mit dem sofortigen Tod bestraft. Alle diese Gegenstände repräsentieren das »Diesseits«, das vor allem beim Lectorium Rosicrucianum als Ort des Leidens gilt, den man überwinden sollte.

Damit niemand überhaupt auf die Idee kommt, Gefühle zu entwickeln, werden die Untertanen mit einer Psychodroge manipuliert. LSD und andere Drogen gehörten zum Repertoire der rosenkreuzerischen Seitenlinie »Ordo Templi Orientis« (OTO), dessen charismatischer und später vermutlich wegen seines Drogenkonsums völlig durchgeknallter Chef Aleister Crowley an den »Vater« des Filmordens erinnern soll. Crowley betrachtete sich als lupenreinen Rosenkreuzer, plante trotz seiner sexualmagischen Vorstellungen 1936 erfolglos die feindliche Übernahme des AMORC von Harvey Spencer Lewis. Dieser verfügte vorsichtshalber, dass seine Nachfolge in der eigenen Familie bleiben solle, und machte vor seinem Tod 1939 seinen Sohn zum neuen AMORC-Chef.

In dem Tempel der Zukunftssekte streift der Blickwinkel der Kamera mehrmals eine monströse Figur, die auf ihren Schultern eine beleuchtete Weltkugel schleppt. Zum einen wohl eine Anspielung auf die Hitler-Satire *Der große Diktator*, in der Charlie Chaplin einen Tanz mit einer riesengroßen Weltkugel vollführt, wie sie der »Führer« auch in seinem Büro stehen hatte. Zum anderen symbolisiert die Plastik Atlas den Titanen, der eigentlich das Himmelsgewölbe auf den Schultern trägt. Seine Aufgabe bestand mehr in der Trennung von Himmel und Erde, die in der antiken Vorstellung ursprünglich eine Einheit gebildet hatten.

Bei Platon und Aristoteles ist die materielle Welt, in der wir leben, aus der Einheit heraus durch einen göttlichen Demiurgen erschaffen worden. Demiurg ist das Wort für »Handwerker«, weshalb die Freimaurer auch einen »Großen Baumeister aller Welten« als oberste Instanz verehren.

Bei den Gnostikern, zu denen die mittelalterlichen Katharer ebenso zählen wie die gnostische Linie der Rosenkreuzer (Lectorium Rosicrucianum), verhält es sich ein wenig anders. Dort ist der Demiurg, der die Welt als Gegenpol zum »Lichtreich« erschafft, ein böser Gott, ein Gegenspieler zum guten Gott. Titan Atlas trennt also durch Muskelkraft die Welten der beiden Götter, indem er den Himmel stützt. Wie kommt's dann, dass auf vielen modernen Atlas-Darstellungen, wie auch im Film, Atlas eine Weltkugel trägt? Ein Missverständnis! Die alten Griechen stellten den Himmel ebenfalls als Kugel dar. Bei vielen Abbildungen wurde daraus einfach eine Erdkugel.

Sollten Sie sich den Film anschauen, werden Sie vielleicht Spaß daran haben, weitere Anlehnungen an die Rosenkreuzer zu entdecken. Hier sind fünf Hinweise:

1. Die asiatischen Kampfszenen

Der Kung-Fu-Stil des Helden, der als eine Art Mönch sogar den fliegenden Kugeln der Gegner ausweichen kann, erinnert an die fernöstlichen Einflüsse moderner Rosenkreuzer, etwa die Meditation. Oder Ideen aus dem Buddhismus, wie die bereits in der Antike bekannten Vorstellungen der Reinkarnation.

2. Die verbotenen Bilder

Sie müssen schnell hinsehen, die Szene dauert nur Sekunden: Beim Durchblättern der Fotos seines erschossenen Partners entdeckt der Held in einem Blechetui ein altes Familienfoto mit einem Sofakissen im Hintergrund, das mit einer riesigen Rose (!) bestickt ist. Ein Foto weiter steht dann die Familie unter einem Christbaum – Jesus soll offenbar im frömmelnden Amerika vor der Zeit der neuen Gesellschaftsordnung als Sieger gegenüber der »Rosenkreuzer-Sekte« dargestellt werden.

Der echte John Preston (1945–1994) war in den 80ern und 90ern eine Ikone der amerikanischen Schwulenbewegung. In Queer-Foren taucht immer wieder der Vergleich des totalitären, emotionsfeindlichen Systems aus *Equilibrium* mit evangelikalen Gruppen in den USA auf, die Schwule durch eine Konversionstherapie »heilen« wollen. Tatsächlich soll auch Lectorium-Rosicrucianum-Vordenker Jan van Rijckenborgh Homosexuellen dazu geraten haben, ihre sexuelle Orientierung nicht auszuleben. Homosexuelle seien »das Produkt der Lebensisolation der Naturgestalt« und van Rijckenborgh sprach ihnen deshalb pauschal die Fähigkeit zur »wahren Selbsterkenntnis« ab. Heutzutage scheint aber selbst im verklemmt erscheinenden Lectorium Rosicrucianum Homosexualität kein Hindernis mehr für eine Erleuchtung zu sein. Ich vermute, keines der Details im Film ist zufällig.

3. Der Sektenchef

Held John Preston versucht, den übermächtigen »Vater« durch ein Attentat auszuschalten. Kurz vor seinem Ziel wird Preston überraschend an einen Lügendetektor angeschlossen. Scientology verwendet ein ähnliches Gerät (»E-Meter«) fürs sogenannte *Auditing* der Mitglieder, das – ganz nebenbei – der Sektenbericht der Enquete-Kommission des Deutschen Bundestags für »wissenschaftlich wertlos« hält. Scientology wurde vom Science-Fiction-Autor Ron Hubbard (1911–1986) gegründet. Was das mit Rosenkreuzern zu tun hat?

Der ehemalige Österreich-Chef, Scientology-Aussteiger und Buchautor Wilfried Handl *(Scientology: Wahn und Wirklichkeit. 28 Jahre in einer Psychosekte)* bestätigte mir eine Verbindung zu den Rosenkreuzern über Aleister Crowley. Handl: »Definitive Inspirationen holte sich Scientology vor allem von Crowleys OTO.« Aleister Crowley gefiel sich in seiner Rolle als esoterisches Enfant terrible seiner Zeit, nannte sich selbst »die große Bestie« – nach dem Antichrist der Johannes-Apokalypse. Er beutete seine Anhänger finanziell und sexuell aus, einer seiner Leitsätze zeigt seine Einstellung: »Die Sklaven sollen dienen.«

Wen wundert's da, dass Crowley etliche zwielichtige Typen inspirierte? Beispielweise den größenwahnsinnigen Mörder Charles Manson (1934–2017), der sich zeitweise ebenfalls mit Scientology beschäftigt haben soll. Manson wurde durch seine sektenartige Kommune bekannt, die im LED-Rausch Morde verübte. Unter anderem drang die »Manson Family« vom 8. auf den 9. August 1969 in Los Angeles in ein Haus ein und tötete dort die bekannte Schauspielerin und schwangere Ehefrau Roman Polańskis, Sharon Tate, und vier weitere Personen. Der Mord trug rituelle Züge, die Bande schrieb mit Tates Blut Botschaften an die Haustür. Es war Manson, der die Gruppe in das Haus schickte. Er wurde später zum Tode verurteilt, nach der Abschaffung der Todesstrafe 1972 erhielt er lebenslange Haft. Manson, der selbst in Haft vor der Vergewaltigung seiner Mithäftlinge nicht zurückschreckte, war davon überzeugt, die Wiedergeburt des Rosenkreuzers Crowley zu sein.

Es sind Ereignisse wie diese, die in der Bevölkerung Angst vor Esoterik schüren. Es sei »schlimm genug«, schreibt Jörg Wichmann in seinem Buch *Die Renaissance der Esoterik* über Crowley, dass die menschenverachtenden Ideologien derartiger Gestalten überhaupt verbreitet werden. Gleichzeitig sollte man aber auch respektieren, dass solche untypischen »Randerscheinungen« nicht eine ganze Tradition in Verruf bringen dürften. Und Wichmann vergleicht die Esoterik mit dem Christentum oder anderen Religionen, bei denen derartige Maßstäbe angeblich nicht angelegt werden. »Man muss aber sehen, dass sie in der esoterischen Szene extreme und untypische Randerscheinungen bilden. Es geht nicht an, wegen der Verbrechen einzelner Fanatiker oder Irrer eine ganze Tradition zu diffamieren. Wie stünden Christentum oder Islam da, wollte man solche Maßstäbe anlegen?« Unterschiedliche Auffassungen gehören zu dogmenfreiem Denken, solange es ungefährlich bleibt. Während bei vielen Rosenkreuzer-Gruppen Heilmeditationen und eine gesunde Lebensweise bestenfalls als Ergänzung für die Medizin gelten, halten andere ihren streng auf Homöopathie unter alternative Heilmethoden ausgerichteten Weg für alternativlos, zweifeln an Medizin und Wissenschaft. »Wir haben in unserer Gruppe einen überdurchschnittlich hohen Anteil an Impfgegnern«, beklagt sich ein Rosenkreuzer. Das Lectorium Rosicrucianum war im Februar 2021 an einem seiner drei Hauptstandorte in Deutschland, im niedersächsischen Kurort Bad Münder, unangenehm aufgefallen: Die Loge hatte in der Hochphase der Pandemie einen »Gottesdienst« mit 120 Menschen gefeiert. Zwar, stellte der Bürgermeister Hartmut Büttner fest, hätten sich die Rosenkreuzer formal an die Coronaauflagen gehalten. Man müsse aber nicht alles, was erlaubt ist, »für sich in Anspruch nehmen«. Das *Mindener Tageblatt* hatte damals unter der Überschrift »Bad Münder will Rosenkreuzer bremsen« über den Fall, der in der Gemeinde für Unverständnis sorgte, groß berichtet.

4. Das Manifest im Film

Auf der Suche nach den Mitgliedern des politischen Widerstands stürmt Preston, der Fantasyheld, in eine Art Bibliothek. Was wohl bietet der vermeintlich linientreue Bibliothekar ihm an? Das *Manifest*! Mit dem *Rosenkreuzer-Manifest* begann nachweislich die Geschichte des Geheimbundes in der Zeit kurz vor dem Dreißigjährigen Krieg. Am Anfang stand eine erfundene Science-Fiction-Story … wie der Film *Equilibrium*. Das Heftchen erschien 1614, 38 Seiten stark, anonym, mit dem sperrigen Titel: *Fama Fraternitatis, deß löblichen Ordens des Rosenkreutzes; an alle Gelehrte und Häupter Europae geschrieben*. Das Erscheinen fiel in eine verwirrende Zeit unterschiedlicher Glaubenskonflikte und vor allem: in eine Epoche wissenschaftlicher Entdeckungen in der Vorphase der Aufklärung.

Noch hielt sich eisern der Glaube an Magie, Hexerei und Alchemie (der Alchemist Böttger entdeckte im darauffolgenden Jahrhundert das Porzellan). Gleichzeitig begannen Ärzte, den menschlichen Körper zu sezieren, und waren dadurch endlich befähigt, bestimmte Phänomene, etwa den Blutkreislauf, zu erklären. Auf dem Markt tauchten die ersten leistungsstarken Teleskope auf und vertrieben den Menschen als vermeintliche Krone der Schöpfung mitsamt der Erde aus dem Zentrum des Kosmos. Das heliozentrische Weltbild (helios = Sonne) setzte sich durch, seit Kopernikus sind wir nicht mehr der Mittelpunkt und stellen immer mehr fest, dass wir dem Kosmos gleichgültig sind!

Für fromme Intellektuelle brach buchstäblich eine Welt zusammen. Was macht Gott noch für einen Sinn? In diesem Klima der Unsicherheit verfasste der Tübinger Student Johann Valentin Andreae (1586–1654), später Mathematiker und Prediger am Stuttgarter Hof, sein Manifest und die beiden weiteren rosenkreuzerischen Gründungsschriften – oder war zumindest daran beteiligt. Eine genaue Analyse der drei Schriften würde diesen Rahmen sprengen; gerade die dritte ist eine Rätselschrift, die ganz unterschiedlich interpretiert wird. Im Kern ist es der Versuch einer Wiederverzauberung der Welt, wobei Andreae die durch die italienische Renaissance wiederentdeckten antiken Philosophen, sein lutherisches und das alchemistische Weltbild in einem großen Topf miteinander verrührte, um, enttäuscht von der Reformation, vielleicht eine zweite Reformation des Glaubens anzustoßen.

Die erste Schrift, die *Fama Fraternitatis*, beklagt den jeweiligen Egoismus der Theologen und der Naturwissenschaftler, bei denen »Stolz und Ehrgeiz« so ausgeprägt seien, dass »sie nicht mögen zusammentreten«. Der Appell der Schriften: Setzt euch fachübergreifend an einen Tisch! Ausdrücklich ruft die Schrift »alle Gelehrten in Europa« auf, mit einem geheimen Orden sogenannter Rosenkreuzer in Verbindung zu treten und zusammenzuarbeiten. Erstaunlich sind der gesamteuropäische Ansatz der *Fama* und für einen Geistlichen der Hinweis, man sollte sich auch die Werke der Araber ansehen. Kabbala und Magie eingeschlossen, die im 17. Jahrhundert noch Wissenschaften waren. Selbst Kepler erstellte in der Zeit Horoskope. Er soll dem böhmischen Feldherrn Wallenstein eindrucksvoll die Zukunft gedeutet haben, seine Vorhersagen endeten erstaunlicherweise 1634, in dem Jahr, in dem Wallenstein tatsächlich sterben sollte. In der zweiten Schrift, einer Fortsetzung, werden die Autoren konkreter. Nur wer sich würdig erweise, könne in diese Rosenkreuzer-Bruderschaft aufgenommen werden. Dabei spiele die Gelehrsamkeit nur eine Nebenrolle. Als Lohn seien Allwissenheit, Glück und Unsterblichkeit zu erwarten. Gleichzeitig erging aber gleich die Warnung an die »falschen Alchymisten«, die nur die »Goldkocherei« im Sinn hätten, um damit »Leute zu betriegen, und die Einfeltigen umbs Geld bringen«. Für diejenigen würde der Weg zu den Rosenkreuzern den sicheren Tod bedeuten. Die dritte Schrift *(Chymische Hochzeit)* soll den Eindruck einer kurzen Autobiografie eines Christian Rosenkreutz an den sieben Tagen von Gründonnerstag bis nach Ostern 1459 erwecken. Am vorletzten Tag wird darin ein alchemistischer Prozess beschrieben. Dies ist vermutlich auch der Grund, der zu dem enormen Erfolg der Schriften führte: Alchemisten hofften noch Jahrhunderte später, zwischen den Zeilen das Geheimnis für den Stein der Weisen zu finden, den sie für die Goldverwandlung so dringend suchten. Andere interpretierten die Zeilen als Appell zu einer geistigen Alchemie, die die Veredlung des Menschen zum Ziel habe. Lamprecht *(Neue Rosenkreuzer)* unterstellt Andreae genau diese Utopie: »eine wahrhaft christliche Gesellschaft.«

Die Gestalt des Christian Rosenkreutz und auch die Bruderschaft der Rosenkreuzer waren also eine Erfindung des Freundeskreises um Andreae. Reine Science-Fiction. Was einige der größten Wissenschaftler der Aufklärung, Newton, Francis Bacon, Leibnitz, nicht davon abhielt, sich ernsthaft mit den Rosenkreuzern zu beschäftigen. 1664 gründete sich in der Nürnberger Münze aus diesem anfänglichen Fantasieprodukt eine echte Rosenkreuzer-Gesellschaft, die Philosophie und Alchemie zum Ziel hatte. Und ab 1710 begannen die neu entstandenen Gold- und Rosenkreuzer, mit ihrem magischen Denken auch die Freimaurerlogen zu unterwandern. Noch heute ist die Rose in vielen Logennamen enthalten (»Zu den drei Rosen«) und spielt in den Ritualen eine wichtige Rolle, etwa, wie wir wissen, beim Aufnahmeritual und beim Bestattungszeremoniell.

5. Das Gedicht im Film

Fünf Hinweise in *Equilibrium* hatte ich Ihnen versprochen. Ich sehe an Ihrer Reaktion, dass ich Sie noch nicht vollständig überzeugt habe. Jetzt kommt das durchschlagendste Argument. Falls Sie den Film kennen, dann ist Ihnen bestimmt ein Buch, das eine zentrale Rolle spielt, aufgefallen. John Preston und sein Partner Errol Partridge finden bei den Rebellen einen Band mit Gedichten. Ein antiquarisches Buch, denn in der emotions- und wartungsfreien Zukunftswelt (selbst Psychiater werden durch die verabreichten Drogen überflüssig) werden natürlich keine Bücher mehr gedruckt. Sie sind sogar unter Androhung der sofortigen Verbrennung des Lesers verboten. Errol unterschlägt aber das Buch, macht sich selbst damit zum »Sinnestäter«, liest lieber die Verse, als Rebellen zu jagen.

Als John seinen Kumpel Errol mit dem Buch erwischt, liest der ein (leicht abgewandeltes) Gedicht des englischen Romantikers William Butler Yeats (1865–1939) vor. Das Gedicht im Original:

»Doch wenn ich arm bin,
habe ich nur meine Träume.
Die Träume breite ich aus
vor deinen Füßen.
Tritt leicht darauf –
du trittst auf meine Träume.«

Dann erschießt John seinen Partner wegen dieses Vergehens. Doch auch er selbst wird von der Lyrik infiziert und kämpft danach sogar im Widerstand. Hier versöhnen nun also die Filmemacher das Publikum mit den bösen Rosenkreuzern. Literaturnobelpreisträger William Butler Yeats war ein Rosenkreuzer. Mit seinem Gedicht in dem 1965 in New York tatsächlich erschienenen Buch verändert er nämlich das ganze trostlose System im Film.

Der Dichter war Mitglied im »Hermetic Order of the Golden Dawn«. Sein späterer Ordensname: Daemon est deus inversus, »Der Dämon ist ein umgedrehter Gott«. Das Prinzip der gegensätzlichen Pole spiegelt sich in der gesamten Schwarz-Weiß-Ästhetik des Filmes wider. Mit diesem Wissen wird der ganz passable Actionfilm zum Kunstwerk. Und wenn zum Filmende ausgerechnet bei der Vernichtung der Crowley-Führerfigur noch einmal eine Zeile aus Yeats' Gedicht zitiert wird, ist auch das ein versteckter Hinweis: Yeats konnte Crowley nicht ausstehen. Der hatte ihn nämlich in seinem Roman *Moonchild* in der Figur des phonetisch ähnlich klingenden »Gates« als heruntergekommenen irischen Dichter verhöhnt.

4

Hat der Mensch wirklich eine Seele?

Ob eine Philosophie bizarr ist, hängt von der jeweiligen Perspektive ab. Für den australischen Ureinwohner stellt sich die Schöpfung anders dar als für einen Buddhisten oder Navajo.

Es gibt die hübsche Geschichte des französisch-amerikanischen Anthropologen Pascal Boyer, der nach seiner Rückkehr aus Afrika in Cambridge über seine Forschungen im südlichen Kamerun berichtet haben soll. Das Volk der Fang sei, erzählte er bei einem Dinner, überzeugt, dass nachts Hexen umherfliegen und das Blut von Menschen vergiften. »Viele werden erzählen, dass ein Freund eines Freundes eine Hexe wirklich übers Dorf fliegen sah.« Daraufhin soll sich ein Mann zu ihm umgedreht und gesagt haben: »Ich denke, dass ist genau der Punkt, der die Anthropologie so faszinierend und kompliziert zugleich macht. Ihre Aufgabe ist es plausibel zu machen, wie Menschen nur an so einen Unsinn glauben können.«

Dieser Mann soll ein bekannter katholischer Theologe gewesen sein, ein Vertreter jener Institution, die bis ins 18. Jahrhundert mithalf, Hexen zu verfolgen und heute noch in jedem Gottesdienst magische Rituale vollzieht. Nach der Transsubstantiationslehre gehen gläubige Katholiken nämlich davon aus, dass sich Hostie und Wein durch die Worte des

Priesters tatsächlich in den Leib und das Blut Christi verwandeln, nicht etwa nur symbolisch.

Mit diesem Wissen über die traditionellen katholischen Vorstellungen nähern wir uns jetzt wohlwollend dem Glauben der Rosenkreuzer, so schräg er auch auf uns wirken mag. Die Sache mit der Wiedergeburt ist übrigens gar nicht die Erfindung der Rosenkreuzer, die Idee gab's schon bei den antiken Philosophen. Ob er an die Reinkarnation glaubt, ist jedem Rosenkreuzer selbst überlassen. Aber eines ist unverhandelbar: die Existenz einer unsterblichen menschlichen Seele, an die auch Plotin und Pythagoras glaubten.

Eine faszinierende Idee, dass da mehr sein könnte als nur eine elektrische und chemische Signalübertragung in unserem Gehirn. Bereits Kinder glauben an so etwas wie eine unsterbliche Seele. Und zwar egal, ob sie konfessionell erzogen wurden oder nicht. Das ist das Ergebnis einer Studie der Universität in Boca Raton im US-Bundesstaat Florida. Die beiden Psychologen Jesse Bering und David Bjorklund spielten mit einer Krokodilpuppe und einer Maus vor vier- bis zwölfjährigen Kindern. Dabei fraß das Krokodil die Maus. Nach dem Puppenspiel fragten die Wissenschaftler die Kinder, was das jetzt bedeute, dass die Maus nicht mehr lebe. Die meisten erklärten zwar, dass die Maus jetzt keine Nahrung mehr zu sich nehmen müsse, dass sie aber noch denken könne und immer noch Käse mag. Im *New York Times Magazine* erklärte Jesse Bering die starke Vorstellung der Kinder von einem Leben nach dem Tod damit, dass ihr »unsere Unfähigkeit, uns unsere Nichtexistenz vorzustellen«, zugrunde liege.

Jüdische Mystiker nennen den Zeitraum nach dem Tod (und vor der Geburt) Tohuwabohu. Ist die Angst vor der Leere der Grund, dass wir an eine ewige Seele glauben? In christlichen Familien war es früher Sitte, bei einem Sterbenden die Fenster zu öffnen – damit die Seele nach draußen entfliehen kann. Im Alten Testament wird das hebräische Wort *näfäsch* für Seele verwendet, das man ebenso mit »atmen« übersetzen könnte. Gott gab dem Menschen die Seele, indem er ihm den Lebenshauch in die Nase blies: »Da machte Gott der Herr den Menschen aus Erde vom Acker und blies ihm den Odem des Lebens in seine Nase. Und so ward der Mensch ein lebendiges Wesen« (Gen 2,7). Ähnlich wie bei Isis, die ihrem toten Mann Osiris ein Henkelkreuz an den Mund hält. Der Atem wird seit jeher mit der Seele assoziiert. Wer nicht mehr atmet, ist »seelenlos«. Wie steht's denn eigentlich um sogenannte verwandte Seelen? Besteht zwischen Müttern und Kindern nach der Geburt noch so etwas wie eine unsichtbare Nabelschnur? Eine Art Bluetooth-Verbindung zwischen ihren Seelen?

Thea Emler ist überzeugt, dass die Seele ihres Sohnes noch immer für sie spürbar ist. Sebastian wurde Opfer eines furchtbaren Verbrechens. »Ich dachte, als er verschwand, dass er nichts mehr von mir wissen will, dass er mir plötzlich Vorwürfe macht«, sagt Thea und blättert mit mir in ihrer Wohnung am Bodensee durch alte Familienalben. »Ich schlafe seither kaum mehr, ich muss das jetzt tun, ich muss durch diesen Garten gehen. Anders kann ich diesen Wahnsinn nicht verarbeiten.« Sie möchte, dass ich sie begleite. In ihrem Buch *(Und er war doch mein Sohn)* wird sie später über unsere Begegnung schreiben: »Hannes hob den morbiden Gartenzaun an und schob ihn ein Stück beiseite. Wir zwängten uns durch einen schmalen Spalt hindurch.«

Wir fanden in dem Garten in München tatsächlich die Senke, wo die Leiche ihres Sohnes jahrelang vergraben lag. Die Täterin hatte eine Buddhafigur dort aufgestellt. Fünf Jahre nach Sebastians Verschwinden hatte sie den nächsten Mann in einer buddhistischen Zeremonie geheiratet, in diesem Garten, über Sebastians Überresten. Sebastian war 2008 mit 28 Jahren im wahrsten Sinn wie vom Erdboden verschluckt. »Als ich nichts mehr von ihm hörte, dachte ich, er wäre sauer auf mich«, erzählt Thea. Die beiden hatten eine schwierige gemeinsame Geschichte. Thea gab als junge Frau ihr Baby zur Adoption frei. Zu jung war sie, zur falschen Zeit schwanger mit zu vielen Problemen. Sebastian wuchs bei Pflegeeltern auf. Als er mit 18 den Kontakt zu seiner Mutter suchte, wurde daraus spät, aber dennoch eine innige Mutter-Kind-Beziehung. Eine Beziehung auf Distanz. Sie am Bodensee, er in München bei seiner Freundin. Erst acht Jahre nach Sebastians Verschwinden, 2016, wurde seine in Plastiksäcke verpackte Leiche im Garten seiner früheren Freundin gefunden.

Die Waldorflehrerin Gabi hatte ihn kurz vor seinem Verschwinden im Dachboden an ein Bett gefesselt und ihm die Augen mit einer verklebten Schwimmbrille verdeckt. Sebastian hatte sich das gefallen lassen. Dann nahm sie die Handkreissäge, die dort noch von Renovierungsarbeiten lag, und schnitt ihrem Freund in Brust und Hals, trennte den Kopf vom

Rumpf. Sebastians Leiche muss wochenlang auf dem Dachboden gelegen haben, bis Gabis neuer Freund sie entdeckte und ihr half, die Teile in Malerfolie, Bettlaken und Müllsäcke zu packen und zu verscharren. Die Täterin: eine spirituelle Frau, ehemalige Waldorfschülerin, Buddhistin, eine »kranke Seele«, wie man früher gesagt hätte. »Kranke Psyche« nannten es die Gerichtsgutachter. 2017 verurteilte das Münchner Landgericht sie zu zwölfeinhalb Jahren Haft. »Ich weiß, es klingt verrückt«, sagt Thea. »Aber ich spüre Sebastians Seele. Sie ist da. Sie war damals in dem Garten, jetzt spüre ich sie immer wieder auch um mich herum.« Thea ist davon überzeugt, dass die Seele des Menschen unzerstörbar ist.

Wie definieren die Rosenkreuzer »Seele«? »Die Seele hat für die Rosenkreuzer eine große Bedeutung«, erklärt mir Ordenschef Maximilian Neff in seinem Tempel in Baden-Baden: »Sie [Anm. d. Autors: Die Rosenkreuzer] sagen, jeder Mensch hat eine Seelenessenz von der Allseele. Eine hohe Kraft, die vollkommen ist, die nicht vervollkommnet werden muss. Die überall in der Schöpfung vorhanden ist, ganz besonders im Menschen. Diese Seele zu erfahren ist für die Entwicklung des Menschen von großer Bedeutung.« Nach Ansicht der Rosenkreuzer reiche ein einziges Leben nicht aus, um all die Erfahrungen zu machen, die nötig sind, um am Ende der Reinkarnationszyklen wieder eins zu sein mit der Schöpfung. Deshalb sprechen Rosenkreuzer auch nicht von Tod, sondern von der »Transition«, bei der weder Körper noch Seele einfach nur vernichtet werden. Der Körper löst sich bei der Transition in seine vier Elemente auf und dient neuem Leben als Nährstoff. Die Seele kehrt in den Kosmos zurück. Der sogenannte Tod sei dann nur eine Art Bewusstlosigkeit. Deshalb sind die Seelen aller Menschen, aller Geschöpfe gleich, denn sie entstammen derselben Quelle. 144 Jahre dauere die Zeit von Geburt zu Wiedergeburt, dem Menschen selbst komme es aber so vor, als würde das neue Leben sofort wieder beginnen – durch die Bewusstlosigkeit kriegt er nichts von der Zeit im Wartezimmer mit.

Über die Existenz der Seele lässt sich streiten. Für den Gläubigen ist sie Gewissheit, für den Zweifler Trost, und für die Atheisten sind alle Religionsstifter »Betrüger« (Voltaire). Karl Marx prägte den Begriff »Opium des Volkes«. Doch brauchen wir vielleicht sogar dieses »Opium«, um besser zu leben? In ihrer Dissertation hat die Psychologin Annette Dörr 162

Fragebögen zu Religiosität und psychischer Gesundheit ausfüllen lassen. Ergebnis ihrer Auswertung: Die Gewissheit eines Glaubens hilft offenbar immerhin gegen Depressionen. Denselben Effekt bewirkt aber auch die Gewissheit, nicht zu glauben. Nur wer innerlich voller Zweifel steckt, leidet physisch wie psychisch und ist anfälliger für Krankheiten. Ähnliche Ergebnisse erbrachte eine Studie des Psychologen Phillip R. Shaver. Von 2500 US-Amerikanerinnen waren die schwach Religiösen die Unglücklichsten. Den überzeugten Atheisten ging es genauso blendend wie den wirklich Frommen.

Wissenschaftler versuchen nicht nur den Glauben, sondern auch die Seele zu erforschen, bisher ohne Erfolg, obwohl schon jeder Millimeter im menschlichen Körper seziert und präpariert wurde. Der Pathologe Rudolf Virchow (1821–1902) soll zu einem Theologen in Würzburg einmal gesagt haben, er habe Tausende Leichen seziert, aber nie eine Seele darin gefunden.

Es war ein makaberer Versuchsaufbau, als 1902 der US-amerikanische Arzt Duncan MacDougall (1866–1920) sechs Menschen während ihres Sterbens auf eine Waage legte und feststellte, dass sie im Moment des Todes leichter wurden. Bis zu 35 Gramm bei jedem Leichnam. MacDougall schloss daraus, dass dies nur die Seele sein könne, die beim Sterben entweiche. Danach vergiftete er 15 Hunde und legte sie zum Verenden auf dieselbe Apparatur. Diesmal konnte er keine Gewichtsabnahme messen. MacDougall schloss daraus, dass nur Menschen eine Seele haben.

Knapp 30 Jahre später wiederholte der Lehrer und Hobbywissenschaftler Harry LaVerne Twining (1863–1947) die Experimente mit Mäusen. Bei einer der ersten vergifteten Mäuse gelang es ihm tatsächlich, einen Gewichtsverlust zu messen. Bei einem zweiten Versuch starb die Maus in einem luftdichten Glasbehälter. Die Waage zeigte keinen Ausschlag. Twining schloss daraus, dass beim Eintritt des Todes der Körper Flüssigkeit verliert. Bei der Maus im Glasbehälter konnte die Flüssigkeit nicht entweichen. Ähnliches passierte bei den Hunden, vermutlich aufgrund ihres dichten Felles. MacDougalls Schlüsse aus seinen Experimenten mit den Sterbenden auf der Waage gelten heute als wissenschaftlicher Irrtum.

Was macht es mit uns, wenn wir nicht an eine unsterbliche Seele glauben? Ausgerechnet der im Zentrum einer Weltreligion, in Jerusalem, unterrichtende Historiker Yuval Noah Harari *(Homo Deus)* malt ein düsteres Bild einer seelenlosen Menschheit: Das, was wir mit Seele verwechseln, sei lediglich der Logarithmus unseres Gehirns. Datenströme, die bald die Computer besser und schneller beherrschten. Wenn wir klüger werden, werden sie es auch. Harari zieht die unangenehme Konsequenz, dass wir zu überflüssigen, Ressourcen verschwendenden Erdparasiten werden, vermutlich irgendwann von der modernen KI entsorgt – weil die künstliche Intelligenz im Gegensatz zu uns ja auf der Erde überleben will.

Der britische Physiker und Astrophysiker Stephen Hawking (1942–2018) hinterließ der Welt kurz vor seinem Tod eine düstere Prophezeiung: Die Menschheit könne vielleicht noch einhundert Jahre auf der Erde leben, müsse sich aber jetzt schon auf einen Umzug auf andere Planeten vorbereiten. Schuld könnten Umweltzerstörung und atomare Verseuchung sein, aber auch ein Krieg der Maschinen gegen die Menschen. Hawking sagte in einem Interview der Computerzeitschrift *wired.com*, dass wir bei der Entwicklung künstlicher Intelligenz voranschreiten, aber uns auch ihrer sehr realen Gefahren bewusst sein müssten. Ein Umzug in eine neue Welt würde dann allerdings sämtliche religiösen Strukturen ins Absurde führen. Woher wüsste unsere verwirrte Seele dann, wo sie sich für die nächste Reinkarnation einzufinden hat?

5

Wie Rosenkreuzer die Freimaurerlogen kaperten

Von außen betrachtet, sind sich Freimaurer und Rosenkreuzer sehr ähnlich. Beide binden sich Schurze um, treffen sich in Tempeln, in einigen freimaurerischen Systemen gibt es sogar sogenannte Rosenkreuzer-Grade. Dennoch würden die meisten Freimaurer behaupten, mit Esoterik nichts am Hut zu haben.

Bei meinem Vortrag über die Parallelen zwischen Zauberkunst und Freimaurerei in einer Loge in Baden-Württemberg empörte sich ein älterer Zuhörer hinterher, Freimaurer hätten mit Magie ü-ber-haupt nichts zu tun. Der Mann hatte den Vortrag missverstanden. Ich hatte von der unterhaltsamen, aufgeklärten Variante der Magie referiert, der Zauberkunst. Er hatte nur Magie hören wollen und alle innerlichen Fensterläden zugeklappt. Das Beispiel lässt erahnen, wie geradezu panisch manche Freimaurer ihre »königliche Kunst« als vernunftbasiert und bürgerlich-harmlos (was sie ja wirklich ist) verteidigen. Das mag zum einen mit den lästigen Mythen zu tun haben, Freimaurer würden in den Logen Abscheuliches treiben. Es gibt aber noch ein weiteres Trauma, das die Freimaurer offensichtlich immer noch nicht verarbeitet haben.

Wie dem braven Pastor Andreae mit seiner erfundenen Geschichte von den Rosenkreuzern erging es später auch vielen Freimaurern: Dic

Welt erschien ihnen mit jeder neuen Entdeckung immer wüster und leerer. Das 17. Jahrhundert brachte eine Vielzahl gerissener Abenteurer hervor, die mit dieser Sehnsucht nach einer Rückverzauberung der Welt ein Vermögen machten. Der Bedarf war da, aufklärungsmüde Freimaurer lechzten nach Geistererscheinungen und spiritistischen Sitzungen, Magie und menschlichen Automaten.

Einer, der in diesen Bedürfnissen eine Geschäftsidee erkannte, war der in Nürnberg geborene und dort in St. Sebaldus getaufte Wirtssohn Johann Georg Schrepfer (1738–1774). Nach der Pleite seines Vaters kam Schrepfer als Soldat nach Leipzig und kaufte dort ein Kaffeehaus. Jetzt war auch er Wirt und hatte wie sein Vater Schulden. Als er entdeckte, dass er mit den Leipziger Freimaurern mehr Geld machen konnte als mit Kaffee und Kuchen, ernannte er sich einfach selbst zum Freimaurer und gründete in seinem Kaffeehaus eine eigene Loge. Da er irgendwie an die geheimen Passworte gelangte und seine Heimat Nürnberg zu weit entfernt war, um dort Nachforschungen über ihn anzustellen, verfing dieser erste Betrug, und die Brüder akzeptierten ihn als einen der ihren. Jetzt ging's darum, den reichen Kaufleuten in der ein paar Jahre zuvor gegründeten Leipziger Loge »Minerva« das Geld aus der Tasche und in seine Kaffeehausloge hinüberzuziehen.

Schrepfer beschäftigte sich mit Rosenkreuzertum, Magie und der damals aufkommenden Physik! Er prahlte damit, als rosenkreuzerischer Magier Geister beschwören und Tote erscheinen lassen zu können. Sein Geheimnis: Er schenkte starken Alkohol aus, vernebelte die Sinne der Brüder und zauberte die Geister mit einer simplen Laterna magica auf ein Tuch. Heute würde man sagen, er machte seine Zuschauer erst betrunken, dann zeigte er ihnen mit dem Beamer ein paar gruslige Bilder. Für damalige Zeiten war's ein Wunder. Die Brüder liefen reihenweise zu ihm über und zahlten Mitgliedsbeiträge, der sächsische Adel gewährte ihm Kredit. Theodor Fontane (1819–1898) schrieb über Schrepfer: »Dazu war er kühn und von einem gewissen ehrlichen Glauben an sich selbst. Es scheint, dass er inmitten all seiner Betrügereien doch ganz aufrichtig die Meinung unterhielt: Jeder Tag bringt Wunder, warum sollte am Ende nicht auch mir zuliebe ein Wunder geschehen.« Nach seinem nie ganz aufgeklärten Tod – er erschoss sich vor seinen geprellten Brüdern während einer spiritistischen Sitzung – erbte der Freimaurer und Rosenkreuzer Bischoffwerder seine Laterna magica und ließ nun seinerseits fröhlich Geister erscheinen. Wir erinnern uns: Bischoffwerder war der Günstling von Friedrich Wilhelm II. (Amulettschatz von Kaliningrad), der sich durch seine »Zauberkunst« sogar ein Ministeramt ergaunerte. Damals reichte dafür noch eine Blechlampe.

Der weitaus bekanntere Gauner ist der Bankrotteurssohn Giuseppe Balsamo (1743–1795), der unter dem falschen Namen Alessandro Graf von Cagliostro selbst die europäischen Fürstenhäuser narrte. In seiner Jugend lernte er als Gehilfe in einer Klosterapotheke in Palermo etwas Alchemie und Heilkunde, was ihm später half, als reisender Quacksalber Profit mit Wundermitteln zu machen. Irgendwann erkannte auch er, dass man mit dem Wunderglauben in den Freimaurerlogen Geld verdienen kann. Giuseppe verlieh sich selbst einen Grafentitel, gab sich als Rosenkreuzer und Alchemist aus und wurde in London 1777 tatsächlich in eine Freimaurerloge aufgenommen.

»Der Schein bestimmt das Bewusstsein.« Dieser Satz soll von ihm stammen und beschreibt ganz gut seine Vorgehensweise: Er reiste mit seiner schönen Frau, ebenfalls eine Hochstaplerin, die er als Liebeslockvogel benutzte, durch halb Europa und gab sich als Großmeister einer magischen Loge aus, deren Inhalte er im Wesentlichen aus Terrassons Roman *Sethos* zusammengeklaubt hatte. Cagliostro gab vor, den Stein der Weisen zu besitzen, damit könne er ewige Jugend zaubern. Wer zu mehrwöchigem strengem Fasten bereit war, sich Blut abnehmen ließ und ein Wunderelixier schluckte, der stellte hinterher vielleicht sogar fest, dass er ein paar Kilo (und einen Haufen Geld) weniger hatte und sich tatsächlich irgendwie »jünger« fühlte (die Methode scheint auch heute noch zu funktionieren). Selbst wenn die Behandlung den Patienten nicht überzeugen konnte: Cagliostro war dann meist schon über alle Berge.

In seine Logen nahm er nur zahlungskräftige Mitglieder auf. Und Frauen! Denn diese zahlten ja auch. Und nur darauf kam's ihm an. Weltberühmtheit erlangte Cagliostro durch seine Verwicklung in den größten Betrugsskandal der Geschichte Frankreichs, die sogenannte Halsbandaffäre. Zwei Juweliere hatten aus 647 kostbaren Diamanten ein praktisch unverkäufliches Collier gefertigt, bei dessen Preis sogar der König von

Frankreich zögerte. 1,5 Millionen Livre kostete das Schmuckstück, was dem heutigen Wert von etwa sieben Millionen Euro entspricht. Es sollte ursprünglich an die Mätresse Ludwigs XV. gehen, doch durch den Tod des Königs 1774 wurde das Collier zum Ladenhüter. Mehrmals boten die Juweliere das Schmuckstück Marie-Antoinette an, diese lehnte aber ab. Die betrügerische Gräfin de La Motte, die sich die Gunst der Königin Marie-Antoinette erschlichen hatte, sah ihre große Chance auf Reichtum: Sie kündigte den Juwelieren an, die Königin sei in Wirklichkeit begeistert von dem Collier und wünsche, es unbedingt zu besitzen. Ein hochrangiger Würdenträger werde sich bei ihnen melden. Der Würdenträger war kein Geringerer als der gutgläubige Kardinal Louis de Rohan (1734–1803), Fürstbischof von Straßburg. Er schwärmte trotz seines kirchlichen Amtes für Magie und Alchemie – und für den berühmten Magier Cagliostro. Rohan hatte dem Hochstapler in seinem Schloss in Saverne sogar einen Turm eingerichtet, in dem der Alchemist in Ruhe Wunder vollbringen und Gold kochen sollte. Rohan war in jeder Beziehung ein leichtes Opfer, auch für die Gräfin de la Motte. Sie log ihm vor, Marie-Antoinette hätte Gefallen an ihm gefunden. Nachdem er zuvor in Ungnade gefallen war, weil er ihre Verschwendungssucht kritisiert hatte, glaubte er nun, eine neue Chance zu bekommen, der Königin seine Liebe zu beweisen. Er wollte als geheimer Mittelsmann das Millionencollier erwerben. Dazu spielte die Gräfin ihm ein hollywoodreifes Rendezvous mit der vermeintlichen Königin vor. Eine weiß verschleierte Kurtisane traf Rohan um Mitternacht in den Gärten von Versailles, flüsterte ihm zu, dass sie ihm alles verzeihe. Die falsche Marie-Antoinette ließ noch eine Rose fallen und verschwand daraufhin. Rohan hatte Feuer gefangen. Selbst als die echte Königin bei offiziellen Anlässen Rohan weiterhin die kalte Schulter zeigte, spornte das den liebestollen Kardinal nur noch mehr an.

Irgendwann war Rohan emotional dort, wo die Gräfin de La Motte ihn haben wollte. Sie überbrachte ihm die vermeintliche Nachricht der Königin mit der Bitte, er möge das Collier in seinem Namen für sie bei den beiden Juwelieren kaufen. Nach mehreren Verhandlungen drängte Rohan zumindest, die Königin möge ihm einen Kaufvertrag unterschreiben. Die Gräfin de La Motte überreichte ihm prompt eine gefälschte Nachricht, einen Vertrag mit der Unterschrift: »Marie-Antoinette de France«. Rohan erwarb das Collier auf Pump mit seinem Namen und dem der Königin und übergab das Collier der Gräfin. Die beiden Juweliere sahen natürlich nie Geld.

Nach der Verhaftung von Rohan und der Gräfin gab diese Rohans Vertrautem, dem unheimlichen Magier Cagliostro, die Schuld an dem Betrug. Der Magier wurde zunächst in die Bastille gesperrt, bis bei einem Prozess am 31. Mai 1786 seine Unschuld bewiesen wurde und er freikam. Dennoch glaubten viele weiterhin an eine Mitschuld Cagliostros und der Königin. Was für ein Coup des Betrügers, sogar aus seiner Kerkerhaft noch Profit zu schlagen: Cagliostros Freilassung erschien vielen ein Indiz, wie mächtig dieser Zauberer sein muss. Marie-Antoinette machte die Affäre im Volk noch unbeliebter, als sie es durch ihre Verschwendungssucht ohnehin schon war. Napoleon hielt die Halsbandaffäre später sogar für einen von mehreren Auslösern der Französischen Revolution.

Cagliostro wurde mit der Geschichte zumindest unsterblich. Goethe (Freimaurer und Rosenkreuzer) widmete ihm sein Lustspiel *Der Groß-Cophta* und Schiller sein Romanfragment *Der Geisterseher*. Und die Netflix-Serie *Lupin* hat das Halsbandthema aufgegriffen und das seit Marie-Antoinette verschollene Collier ins moderne Paris zurückgebracht. Nach dem Cagliostro-Schock – der sagenhafte Logengründer wurde am Ende doch noch in vielen anderen Fällen als Multibetrüger entlarvt – distanzierten sich viele Freimaurerlogen von den alten Rosenkreuzern und ihrer Magie. Den Brüdern war klar geworden, dass die Gold- und Rosenkreuzer die Freimaurerlogen bewusst unterwandert hatten und sie lediglich als Nährboden betrachteten, in dem der Keim »zu höhern Wissenschaften« aufgehen sollte. Die Freimaurerei also lediglich ein Fachkräftepool für die Rekrutierung der Rosenkreuzer? »Ein eigener Wert wurde ihr nicht beigemessen«, beschreibt Harald Lamprecht in seiner Dissertation die Arroganz der Rosenkreuzer gegenüber der Freimaurerei.

Der Stachel sitzt noch heute tief. In der »Bibel« der Rosenkreuzer, der *Chymischen Hochzeit*, erhält der legendäre Christian Rosenkreutz bei seiner Einweihung in den Orden feierlich das »Goldene Vlies« überreicht. Die Freimaurer können es sich in ihrem Ritual nicht verkneifen, bei der Überreichung des Freimaurerschurzes zu behaupten, der Schurz sei »älter als das Goldene Vlies«. Übrigens: Der freimaurerische Memphis-Misraïm-Ritus, in dem Rudolf Steiner acht Jahre lang Großmeister war, arbeitet heute noch nach einer abgewandelten Form des von Cagliostro erfundenen Rituals. Er wird von den VGL (Vereinigte Großlogen von Deutschland) als irregulär, also nicht regelkonform, abgelehnt.

6

Inkubation! Die brillante Explosion der Idee

1717 gilt mit der Gründung der ersten Großloge in England als das Geburtsjahr der modernen Freimaurerei. Als Geburtshelfer waren auch hier sicher Rosenkreuzer im Spiel. Alchemie, Kabbala und das daraus amalgamierte Rosenkreuzertum waren schon im Jahrhundert zuvor eine Modeerscheinung in der englischen Gesellschaft. Mehrere frühe Mitglieder der Royal Society, der britischen Akademie der Wissenschaften, waren Rosenkreuzer oder beschäftigten sich mit Rosenkreuzertum. Robert Boyle (1626–1691) und Elias Ashmole (1617–1692) waren Alchemisten, auch bei Isaac Newton (1643–1727), dem Entdecker der Gravitationsgesetze, wurde nach dessen Tod eine rosenkreuzerische Bibliothek gefunden. Ich halte es deshalb für sehr wahrscheinlich, dass die Rosenkreuzer auch in der Gründungsphase der Freimaurerei mitmischten, viele Freimaurer waren gleichzeitig auch Rosenkreuzer.

In der Frühphase der Freimaurerei muss also ein enormes Spannungsverhältnis zwischen Aufklärungsfundis und »Obskuranten« (Knigges Schimpfwort für Rosenkreuzer) in den Logen geherrscht haben. In den meisten Gruppen siegte dann doch die *ratio*, der Glaube an Wissenschaft, Logik und Verstand. Dementsprechend eifrig säuberten die Bilderstürmer die freimaurerischen Rituale.

Kennen Sie das: Sie entrümpeln den Keller und bedauern hinterher, etwas weggeschmissen zu haben, was eigentlich noch ganz brauchbar war? Was, wenn die Freimaurer in ihrer Entrümpelungsaktion der ersten drei Grade etwas Rosenkreuzerisches weggeschmissen haben, was eigentlich den Kern der Freimaurerei ausmachte? Meine Theorie: Die Freimaurerlogen waren auch als Ideenschmieden konzipiert. Ein zutiefst aufklärerischer Gedanke. Etliche Indizien deuten für mich darauf hin.

Das Rosenkreuzertum hat sich bis heute eine Meditationsform bewahrt, die sich auf antike Formen des sogenannten Tempelschlafes beruft. Was dabei herauskommt, wird Inkubation genannt. Priester im alten Ägypten, griechische Philosophen und die Weisen im Alten Testament suchten Heiligtümer auf, um dort – so würde man es heute ausdrücken – zu meditieren. In Träumen und Wachträumen entdeckten sie Lösungen für praktische oder psychische Probleme. Dieses Phänomen fasziniert bis heute die Wissenschaft. Der Schweizer Psychologe Carl Alfred Meier (1905–1995) sprach einem solchen selbständigen Teil der Psyche, der in der Lage sei, sogar so etwas wie einen Heiltraum zu erschaffen, »allerhöchste Dignität« zu. Und Carl Gustav Jung (dessen Züricher Institut Meier als erster Präsident leitete) beschrieb bei der Inkubation eine durch die völlige Abschottung freiwerdende Energie – die würde sonst im Alltag etwa für das »Verhalten in Beziehungen« verbraucht und nicht so sehr, um Lösungen zu finden. Aristoteles schrieb ein Buch über die göttlichen Träume *(Parva Naturalia IV).* Bei den Neupythagoräern und Neuplatonikern erreichte die Inkubation dann ihren Höhepunkt. Über die italienische Renaissance kam die Technik in die europäische Esoterik und zu den Rosenkreuzern, die wegen ihrer Vorliebe für den Crossover aus Wissenschaft und Okkultem sofort Feuer fingen. Von Kekulé und seinem Schlangentraum habe ich bereits erzählt. Es gibt etliche weitere Erfindungen, die in Träumen oder Wachträumen entstanden sind. Auch dem dänischen Physiknobelpreisträger Niels Bohr (1885–1962) soll die Idee für sein Atommodel im Wachtraum gekommen sein. Sein Nobelpreisträgerkollege Albert Einstein (1879–1955) war überzeugt vom Nutzen der Inkubation (bei ihm »Intuition«) für die Wissenschaft: »Die Intuition ist ein göttliches Geschenk, der denkende Verstand ein treuer Diener. Es ist paradox, dass wir heutzutage angefangen haben, den Diener zu verehren und die göttliche Gabe zu entweihen.« Einstein (auswärtiges Mitglied der Royal Society) soll etliche Okkultisten als Freunde und immer ein Buch der Rosenkreuzerin Helena Petrovna Blavatsky griffbereit auf dem Schreibtisch liegen gehabt haben *(The Secret Doctrine).* Dem Journalisten Jack Brown erklärte Einstein während einer Homestory, dass er sogar seinem Physikerkollegen Heisenberg geraten habe, sich ein Exemplar zu besorgen und es auf seinen Schreibtisch zu legen. Er habe ihn dazu gedrängt, reinzusehen, wenn er bei einem Problem nicht weiterkomme. In diesem Fall könnte für Einstein das esoterische Buch der »Tempel« für seinen Tempelschlaf gewesen sein.

Der Nürnberger Theologieprofessor Jörg Lanckau hat über die antiken Formen des Tempelschlafes geforscht. In seinem Beitrag über Inkubation für das Online-Bibellexikon (https://www.bibelwissenschaft.de/stichwort/21814/) erklärt er das Phänomen: »Bei der Inkubation handelt es sich um eine spezielle Praxis der Divination [Anm. d. Autors: göttliche Kommunikation], bei der ein Traum nicht spontan erlebt, sondern erwünscht und aktiv herbeigeführt wird.« Lanckau fand Hinweise auf Inkubation u. a. beim magischen »Mundöffnungsritual« der alten Ägypter, das dazu diente, die Mumie für die Wiederbelebung vorzubereiten und – wie Osiris – in einen Schrein zu legen. Damit wären wir wieder mitten im Isis- und Osiriskult der Rosenkreuzer. Es dürfte kaum ein Zufall sein, dass Freimaurer (zumindest des »Grand Orient«) die sitzende Haltung der Brüder und Schwestern im Tempel »Pharaonensitz« nennen: Die Füße im rechten Winkel zu den Unterschenkeln, diese im rechten Winkel zu den Oberschenkeln, die einen 90-Grad-Winkel zum Oberkörper bilden. So, wie Pharaonen und Götter als Statuen oder auf den Malereien in den Königsgräbern dargestellt wurden.

Ein weiteres Isisindiz ist der Sternenhimmel an der Decke vieler Freimaurerlogen. Das Ritual stellt den Lauf der Sonne nach, die 24 Stunden der Nacht und des Tages, wobei »Hochmittag« der wichtigste Punkt im Ritual ist und das Ende markiert. Der höchste Stand der Sonne, die vollzogene Wiedergeburt in den ägyptischen Mysterien. In der Freimaurerei drückt diese Wiedergeburt die des eigenen neuen Geistes aus, losgelöst von den Fesseln der Unmündigkeit. Diese Einteilung des Rituals in 24 Stunden und die Besonderheit des Nacht-Tag-Unterschieds war schon im alten Ägypten bekannt. In etlichen Gräbern, u. a. bei Thutmosis I. und Sethos I., fanden sich Fragmente des Amduat (Buch von dem, was im Duat = Jenseits geschieht). In diesen Unterweltbüchern wird der Weg der Sonne durch die Unterwelt und über den Himmel beschrieben. Am Himmel wird der Sonnengott als glänzender Skarabäus, in der Unterwelt als Widder dargestellt. Die Finsternis gilt als Symbol für das Unterbewusstsein, das gleichsam mit Widderhörnern durchstoßen werden muss, um in den Zustand der Inkubation zu gelangen. Ist der hellste Moment des freimaurerischen Rituals, der »Hochmittag«, nicht einfach der Augenblick, in dem der Kreative mit dem Geistesblitz rechnen kann, der die Idee aus dem Unterbewusstsein ins Bewusstsein hinüberträgt? Im Amduat wäre dies die zwölfte Stunde, in der Sonnengott Re in die Oberwelt hinaustritt, der Moment der persönlichen Erleuchtung.

Den meisten Freimaurern ist diese Theorie unbekannt, während sie bei den Rosenkreuzern offensichtlich zur Grundausbildung gehört. Im *Einweihungsweg* von AMORC heißt es, mit anderen Worten beschrieben: »Durch die Kraft der Gedanken« werde ein Kraftfeld produziert (»Egregor«), welches die Inspiration unterstütze. Die Freimaurertempel stecken voller (auch alchemistischer) Symbole, die bei den Rosenkreuzern als praktische Werkzeuge für die Inkubation verstanden werden. Schon allein die Rosen (»Erblühen der menschlichen Seele«) scheinen mir eindeutig. Der Theologe Harald Lamprecht *(Neue Rosenkreuzer)* erläutert die Technik der Rosenkreuzer: Zunächst beginne die Meditation mit Konzentration auf einen bestimmten Gegenstand – anders als beim gewöhnlichen »Nachdenken«, bei dem »das äußere Bewusstsein eine Vielzahl von Gedanken« in Bewegung setze. Also etwa, in die Freimaurerei übertragen, der Blick auf die Rosenblüte, die Assoziationen weckt. Oder auf das Auge über dem Meister vom Stuhl (Horusauge). Oder ein Nachdenken über den »unbehauenen Stein«, der irgendwann zum »kubischen Stein« werden soll, eine alchemistische Allegorie für den Stein der Weisen.

Fortgeschrittene Rosenkreuzer bräuchten diese Gegenstände nicht mehr (»Krückstöcke«, wie sie der blinde Freimaurer Alexander Walter zu Beginn des Buches nennt). Sie visualisieren sich die Symbole im Geist. Lamprecht beschreibt dies als Versuch, in der Meditation über das Unterbewusstsein mit dem Kosmos Kontakt aufzunehmen. Bei AMORC wird oft eine Antwort auf eine vorher präzise festgelegte Frage erwartet. Die Antwort käme dann aus dem Inneren der meditierenden Person, wo diese schon längst vorhanden sei. Genau das könnte es sein, was mit *Gnosis* (= Erkenntnis) gemeint ist. Die Psychologie ist in der Frage der Inkubation weiter als die offizielle freimaurerische Lehre. Der US-amerikanische Psychologe Robert Jeffrey Sternberg hat eine Anleitung für die Inkubation erarbeitet, die ebenso wie eine Gebrauchsanweisung des Rituals im Freimaurertempel gelesen werden könnte:

- Das Vorhandensein eines gewissen Nonkonformismus ist Voraussetzung.
- Die Überzeugung vom Wert und der Bedeutung der kreativen Tätigkeit ist wichtig [Anm. d. Autors: wird durch den feierlichen Rahmen im Tempel erzeugt].
- Kritik und Abwertung durch andere Personen dürfen nicht vorhanden sein [Anm. d. Autors: der brüderliche Umgang ist in der Regel wertschätzend].
- Die Selbstkritik [Anm. d. Autors: Das »Erkenne dich selbst«] sollte den eigenen Prozess überwachen und verbessern.
- Der Einsatz von Analogien und divergentem Denken [Anm. d. Autors: Spazierendenken auf den vorhandenen Symbolen] ist hilfreich.
- Kreatives Denken berücksichtigt auch alte Traditionen – und sei es nur, um ihnen zu widersprechen [Anm. d. Autors: Ritualsprache, Zylinder und Handschuhe stammen aus dem 19. Jahrhundert].

Der Psychologe Mihály Csíkszentmihályi (1934–2021), Professor für Psychologie an der Universität von Chicago, hält einen auf die eigenen Bedürfnisse zugeschnittenen Raum für entscheidend, in dem der Denkende sich sicher und wohl fühlen kann. Einen Tempel zum Beispiel! Oder ein Buch im Falle Einsteins.

Die in einigen Tempeln dargestellte Himmelsleiter geht auf einen Traum (Inkubation?) Jakobs aus dem Alten Testament zurück. Sie wird auch Engelsleiter genannt, weil Engelwesen sie als Transportmittel zur Erde verwenden, um mit »göttlicher Eingebung« zu uns zu kommen (später mehr unter »Kabbala«). Gen 28: »… und kam an eine Stätte, da blieb er über Nacht, denn die Sonne war untergegangen. Und er nahm einen

Stein von der Stätte und legte ihn zu seinen Häupten und legte sich an der Stätte schlafen. Und ihm träumte, und siehe, eine Leiter stand auf Erden, die rührte mit der Spitze an den Himmel, und siehe, die Engel Gottes stiegen daran auf und nieder.«

Von den Engeln zurück zu Salomon. Er ist die Figur, um die sich in der Freimaurerei einfach alles zu drehen scheint. Bei ihm fanden Theologen klare Indizien für Inkubation durch einen Tempelschlaf. Vielleicht kam ihm so auch seine genialste Idee, die wir bis heute als »salomonisches Urteil« kennen. Dabei musste er im Streit von zwei Frauen um ein Kind entscheiden, wer die wahre Mutter sei. Salomon schlug, verkürzt, vor: Nehmt einfach ein Schwert und haut das Balg entzwei, dann habt ihr beide was davon. Eine der beiden Frauen trat schockiert von ihren Ansprüchen zurück, um das Leben des Kindes zu retten. Für Salomon der Beweis: Zu einem solch schmerzhaften Verzicht ist nur die leibliche Mutter in der Lage!

Der Tempel mit den beim Ritual immer wiederkehrenden Wechselgesprächen scheint mir für den kreativen »Tempelschlaf« wie geschaffen (womit nicht das gelegentliche Einnicken mancher älteren Freimaurer gemeint ist). Ich spreche von Wachträumen in solchen Situationen, die für das Bewusstsein keine Herausforderung sind und in denen deshalb das Unterbewusstsein das Steuer übernimmt. In früheren Zeiten hatten die Freimaurer für ihre Inspirationsarbeit nicht nur steinerne Tempel. In der Barockzeit entstanden etliche Gartenanlagen, die einen ähnlichen Zweck erfüllten, wie der heute noch zu besichtigende Schlosspark von Eutin (bei Kiel). Besucher hören das Schlosspersonal von einem »humanistischen« Garten sprechen. Doch er ist weitaus mehr: Er war im 18. Jahrhundert als esoterische Anlage der Freimaurer gebaut worden. Unbemerkt von anderen Besuchern, konnten sie auf dem Rundgang den Weg von der Geburt bis zum Tod meditierend nachvollziehen. Auf den, der diesen Weg zum ersten Mal geht, wartet eine Illusion: Spaziert er auf die am Ende der zentralen Allee stehende Frauenstatue zu, wird er irgendwann eine Überraschung erleben. Er wird Flora, die Göttin des Frühlings, nie erreichen. Zwischen ihm und der Figur befindet sich ein Wassergraben, der bis kurz vor Ende des Weges unsichtbar bleibt. Die Lehre der Meditation: Finde dich damit ab, dass du den Frühling nicht mehr zu fassen bekommst, der Herbst ist auch ganz schön, guck mal, ob dir was einfällt, wie du das Beste daraus machst! Das ist dann der Punkt, an dem sich manche ein Wohnmobil zulegen.

Auch im Eutiner Garten haben die Rosenkreuzer ihre Spuren hinterlassen: An einem Wasserfall öffnet sich aus dem Gestein eine kleine künstliche Grotte, ein Sinnbild für die Befreiung des Menschen aus der Dunkelheit zum Licht. »Visita interiora terrae« ist die Aufforderung der Alchemisten, den Stein der Weisen im Inneren der Erde zu finden. Kurz: Schaue in dich und erkenne dich selbst. Dann erst kannst du deine Gedanken für Neues frei machen. Die esoterischen Bezüge in Eutin sind längst vergessen. Das kleine Tempelchen im See des Schlossparks nennen Jugendliche seit Generationen den »Knutschtempel«. Der Weg hinein führt über einen gestampften Steg.

Ursprünglich stand der Tempel einmal komplett im Wasser, konnte nicht trockenen Fußes betreten werden. Im 18. Jahrhundert diente er der Aufnahme neuer Freimaurer. Mit verbundenen Augen mussten sie durchs knietiefe Wasser zum Tempel waten. Eine Prüfung, die ihr Vertrauen in die Gruppe unter Beweis stellen sollte. Und eine Illusion, die den märchenhaften Charakter der Aufnahme verstärkte. Spätere Gärtner verkannten den Sinn des vermeintlich unbetretbaren Tempels im Teich und bauten einen Weg zum Monopteros. Damit zerstörten sie die historische Absicht. Vielleicht so wie auch die Freimaurer beim Entrümpeln ihres Rituals? Streng genommen braucht's für die Inkubation weder Tempel noch aufwendig gestaltete Gartenanlagen. Wo haben Sie die besten Einfälle? Vielleicht beim Joggen oder unter der Dusche? Beides monotone Tätigkeiten in einem besonderen Umfeld, willkommen im Inkubationsclub!

Der Berliner Physiker Dr. Uwe Linke arbeitet als Agilitätscoach für große Verlagshäuser. Er brachte mich in unserem Gespräch erst auf die Idee, dass die Logen als idealer Inkubationsort funktionieren: »Inkubation kennen die Menschen intuitiv vermutlich schon, seit sie reflektieren können«, sagt er. »Spätestens seit den großen antiken Philosophen dürfte es dafür eine Wahrnehmung gegeben haben. Eine wissenschaftliche Kenntnis haben wir seit etwa einhundert Jahren, und in den letzten vier Jahrzehnten haben wir durch die Fortschritte in der analytischen Psychologie und der Hirnforschung ein vertieftes Verständnis. Frappierend ist, wie wenig Gebrauch wir davon praktisch machen.« Ist denn noch keinem aufgefallen, dass bei den spektakulärsten Fällen von Inkubation in der Geschichte oft Esoteriker im Spiel waren? Der Coach Jens-Uwe Meyer hat eine Kreativitätstechnik entwickelt *(Das Edison-Prinzip),* das sich im Wesentlichen an Robert Jeffrey Sternberg orientiert und schick in das eingängige Akronym EDISON verpackt ist. EDISON lässt sich ebenso auf die Logen projizieren:

- E: Erfolgschancen im Alltag aufnehmen (Erkenne dich selbst)
- D: Denkautobahn verlassen (Es gibt nicht nur eine Wahrheit)
- I: Inspiration (z. B. durch Symbole)
- S: Spannung wecken (z. B. zwischen Chaos und Struktur, Tag und Nacht)
- O: Ordnen und optimieren (Gespräch beim Essen hinterher mit den Brüdern)
- N: Nutzen maximieren (Ausgestaltung der Idee, welche Bedürfnisse hätten die Brüder?)

Meyer bezieht sich auf Glühbirnenerfinder Thomas Alva Edison (1847–1931). Und der besondere Raum, in dem Edison angeblich empfänglich war für seine Geistesblitze, seine »Ideeninsel«, war sein Angelsteg. Das mag sein. Aber dabei unterschlägt Meyer, dass Edison Mitglied der Theosophischen Gesellschaft war, einer esoterischen Vereinigung, die ursprünglich »Rosenkreuzerische Gesellschaft« heißen sollte. Ohne Kenntnis der Esoterik, die unsere Gesellschaft in allen Bereichen – vom 17. Jahrhundert bis heute – beeinflusst hat, sind Genies, weltverändernde politische Ereignisse, Entdeckungen, Medizin, Poesie und Literatur (*Dracula* von Bram Stoker – ja, der beschäftigte sich auch mit Rosenkreuzertum) nicht vollständig zu erfassen.

Noch ein Beispiel: Die bildende Kunst! Joseph Beuys (1921–1986) machte durch seinen erweiterten Kunstbegriff jeden kreativen Menschen zum Künstler. Johanna Gundula Eder *(Homo Creans)* interpretiert Beuys' Appell »Jeder Mensch ist ein Künstler« so, dass jeder Zugriff auf die Kreativität des Liebesprinzips habe. So könne etwa plastisches Formen konstruktive Handlungen hervorbringen, die dann wiederum die Gesellschaft formen könnten. Sie ahnen es: Beuys war Anthroposoph und beschäftigte sich mit den rosenkreuzerischen Ideen von Rudolf Steiner. Eine Formung der Gesellschaft, die Beuys für den letztendlichen Sinn der Kreativität hielt, ist auch erklärtes Ziel der Freimaurerei. Insbesondere von freimaurerischen Künstlern wie Goethe, Mozart, Mucha, Karlheinz Böhm, Otmar Alt oder Gerd Scherm: mit den Ideen der Aufklärung in die Gesellschaft hineinzuwirken.

7

Inkubation im Selbsttest! Ein sprechender Automat

Warum ich so angefixt bin von der Idee, einen Raum zu betreten, in dem die Ideen nur so herumfliegen wie Schmetterlinge in einer Voliere? Weil ich es selbst erlebt habe. Ich saß als Gast beim Ritual eines der Geheimbünde im Tempel, und ging hinaus mit einem Netz voller Schmetterlinge! Eigentlich hatte ich an dem Abend gar keine Lust. Seit Tagen beschäftigte mich ein Problem. Ich arbeitete an einem Konzept für eine Gruppe von Arbeitnehmervertretern, die ihren Vorständen in einer schwierigen Zeit die Auswirkungen ihrer Entscheidungen für die Zukunft des Unternehmens deutlich machen wollten. Allerdings sollte der Grundton der Veranstaltung der einer vertrauensvollen Zusammenarbeit sein. Eine Eskalation hätte keiner Seite geholfen, der Vorstand sollte aber auch die Kritik deutlich spüren.

Nach einiger Zeit begannen die Ritualtexte mich zu ermüden. Sie waren in einer Sprache verfasst, in der man prima vor 100 Jahren hätte Small Talk betreiben können. Meine Gedanken schweiften ab. Und die Aufgabe faltete sich in mir wieder auf. Durch die antiquierte Sprache dachte ich plötzlich ans Mittelalter. Und an einen Slapstickfilm mit dem Schauspieler Danny Kaye, in dem er einen Hofnarren spielte. Das war die Lösung! Nur einer, der beim Vorstand Narrenfreiheit genießt, konnte eine unbequeme

Nachricht überbringen. Und da es in dem Unternehmen im weitesten Sinne um die Folgen von Digitalisierung ging, könnte der Narr doch auch eine Maschine sein! Meine Gedanken nahmen Fahrt auf, überschlugen sich bald regelrecht. Ich war einige Wochen zuvor in Berlin in einem Pub am ehemaligen Checkpoint Charlie gewesen. Im Eingangsbereich des Lokals hatte ich einen faszinierenden Jahrmarktautomaten gesehen: Zoltar, einen in einer Vitrine sitzenden humanoiden Wahrsageautomaten, der einem nach Einwurf einer Euromünze die Zukunft voraussagte. So lächerlich, dass ihm keiner böse sein konnte, wenn der Blechsultan einem etwas Unangenehmes prophezeit hätte.

Das war mein Geistesblitz! Aber wie bringe ich Zoltar dazu, den Vorständen das zu sagen, was gesagt werden musste? Den antiken Automaten umzuprogrammieren erschien mir unmöglich. Dazu müsste man erst mal einen Fachmann finden, der das ganze Ding zerlegt. Und immerhin müsste es erst mal der Besitzer erlauben. Ich brauchte also einen eigenen Zoltar! Da kam mir eine historische Abbildung aus einem alten Zauberbuch aus meiner Kindheit in den Sinn, auf dem ein angeblich rein mechanischer Schachroboter zu sehen war, der gegen jeden, der ihn herausforderte, gewann. In Wirklichkeit steckte ein Mensch in dem Kasten und bediente über Hebel die Hände der Puppe. Meine Konstruktion nahm einige Tage später eine ähnliche Gestalt an.

Zuerst zimmerte ich einen hölzernen Kasten mit Plexiglasfenstern, baute eine Glaskugel, ein paar tuffige Lampen und einen Messingmünzschlitz ein, die ich bei eBay gekauft hatte. Dann das Herz des Automaten: eine uralte mechanische Bauchrednerpuppe. Ich entfernte die Beine, klebte der Puppe einen langen schwarzen Bart vom Karnevalsversand an und steckte den Torso in ein Kostüm. Durch eine Aussparung in der Tischplatte konnte eine versteckte Person im unteren Teil der Vitrine die Puppe mit der Hand bedienen: den Kopf drehen, die Augen bewegen, den Mund öffnen und schließen. Die Bewegungen sahen toll aus. Später sollte dann ein Video von meinem Zoltar an die Wand geworfen werden, das so aussah, als wäre es eine Liveübertragung der Bewegungen, mit denen der Puppenspieler die Figur im Kasten animierte. Der hatte Zoltars Texte im Video auswendig gelernt und konnte die Puppe synchron zur Stimme bewegen und sprechen lassen.

Der besondere Charme der Konfrontation der Vorstände mit dem Automaten war nun: Sie waren unvorbereitet, hatten mit allem gerechnet, aber nicht damit, dass plötzlich ein Wahrsageautomat in den Saal gerollt wurde. Und dafür, dass diese bizarre Figur sie gleich schulmeistern würde, mussten sie auch noch einen Euro lockermachen. Und taten das sogar mit Vergnügen. Wer kein Kleingeld einstecken hatte – auch darauf waren die Betriebsräte vorbereitet –, dem half einer der Mitarbeiter »großzügig« aus. Denn erst wenn die Münze in den Schlitz fiel, ging mit einem laut klackernden Geräusch im Kasten das Licht an, und das Spektakel begann.

Ich hatte noch ein paar weitere Tricks für meinen Zoltar vorbereitet, für einige Führungskräfte, von denen bekannt war, dass sie gerne mal spontan die Regie übernahmen. Dass in einer Inszenierung immer etwas Unvorhergesehenes passieren kann, lernt man als Zauberkünstler. Einer von denen sprintete auch tatsächlich vor und warf seinen Euro rein. Und wunderte sich, dass Zoltar auch für ihn eine Zukunft parat hatte und ihn sogar mit seinem Namen ansprach. Diese Idee – eine Inkubation aus einem Tempelschlaf – war ein irrer Erfolg. Wer sich hinterher bei dieser Tagung sonst an nichts erinnern konnte, Zoltar vergaß er nicht. Der Automat war später groß auf der Titelseite der Mitarbeiterzeitung und schmückt seit Jahren als Leihgabe einen der Konferenzräume des Konzerns. Ich erkannte später, als ich mich für dieses Buch mit Kreativitätstechniken auseinandersetzte, in meinem Zoltar Jens-Uwe Meyers andere Akronymregel, die GOLD-Regel, erfüllt. Und zwar völlig instinktiv.

- G – Genial (Ist die Idee wirklich herausragend?)
- O – Originell (Ist die Idee wirklich neu?)
- L – Leicht verständlich
- D – Denkbar (Sind Argumente für einen Erfolg vorhanden?)

Meditation, die bewusste Steuerung von Aufmerksamkeit, ist ein weit gefasstes Gebiet. Sie ist noch wenig erforscht; zumindest weiß man, dass bei bestimmten Meditationsarten etwas im Gehirn passiert. Im Juni 2008 statteten US-Wissenschaftler der Universität Wisconsin-Madison den buddhistischen Mönch Mathieu Ricard mit 128 Sensoren aus, über die sie die Gehirnströme beim Meditieren sichtbar machten. Das überraschende Ergebnis: In dem vermeintlichen Zustand der Ruhe lief Ricards Gehirn förmlich heiß. Dasselbe passierte bei sieben weiteren Mönchen, die der Dalai Lama für das Experiment des Hirnforschers Richard Davidson in die USA geschickt hatte. Ricards linke vordere Hirnseite war wie bei seinen Kollegen extrem aktiv. Es zeigte sich ein Dauerfeuer der hochfrequenten Gamma-Wellen. Tiefschlafphasen erzeugen die niederfrequenten Delta-Wellen. Sogenannte Alpha-Wellen charakterisieren den normalen, ruhigen Wachzustand. Gamma-Wellen dagegen zeigen ein Höchstmaß an Konzentration an.

Ich würde nicht behaupten, dass ich mich bei meiner Inkubation in tiefer geistiger Versenkung befand. Im Gegenteil. Ich war hellwach, schöpfte einfach die Ideen, die wie aus einer Konfettikanone auf mich zuschossen. Solche Zustände, hörte ich, rufen sonst nur Drogen wie Kokain hervor. Und damit sind wir schon bei einem anderen, berauschenden Thema.

8

Drogen in den Logen

Woran Sie als Freimaurer merken, dass die letzte Logensitzung irgendwie aus dem Ruder gelaufen sein muss? Wenn Sie nackt und sturzbetrunken im Gehäuse einer alten Kirchenorgel aufwachen. Denken Sie nicht, dass dies nicht schon passiert wäre. Glenn L. war vor einigen Jahren in Australien ein Star in den sozialen Netzwerken. Der Freimaurer aus Brisbane hatte eigentlich Cheeseburger an Obdachlose verteilen wollen. Doch irgendwie stand da an dem Abend eine Flasche Whisky in der Loge rum … Am nächsten Tag fand die Polizei Glenn splitterfasernackt zwischen den Pfeifen in der historischen Orgel des Masonic Memorial Center. Vor dem ruinierten Instrument lagen haufenweise Cheeseburger, eine Spielzeugmaschinenpistole und ein ferngesteuertes Polizeiauto. Glenn konnte sich keinen Reim darauf machen, was er mit dem Spielzeug vorgehabt hatte, geschweige denn, wie er nackt in die Orgel kam. Was entstehen da für Bilder im Kopf! Seine Logenbrüder trösteten sich zumindest damit, dass ihre Prachtorgel (Baujahr 1930) mit einer Million Australischer Dollar (umgerechnet über 640 000 Euro) versichert war. Glenn entschuldigte sich höflich, trat aus der Loge aus und durfte sich der Orgel auf 100 Meter nicht mehr nähern.

Reden wir über Drogen in Freimaurerlogen. Sie werden enttäuscht sein zu hören: Die Geschichte von dem Nackten in der Orgel war ein Einzelfall. Getrunken oder geraucht wird nicht mehr als anderswo, wo Männer zusammenkommen. Vielleicht nur etwas stilvoller. Ich kenne Freimaurer, die besonders edle Whiskys direkt aus Schottland importieren, oder einen Connaisseur aus Nürnberg, der zusammen mit Brüdern anderer Logen ein eigenes Raucherlabel, die »Freimaurer Zigarren Zirkel No.1«, entwickelt hat: eine Robusto mit Freimaurerbauchbinde, von der ein Euro ans Freimaurerische Hilfswerk geht. Paffen, wenn's schon ungesund ist, dann doch zumindest für den guten Zweck.

So gesittet ging es nicht immer zu. Vom 18. bis ins 20. Jahrhundert gibt es zahlreiche enthusiastische Berichte von Freimaurern und Rosenkreuzern, denen verstorbene Persönlichkeiten erschienen sein sollen. Was hatten die geraucht? Haschisch! Der Freimaurer und Spiritist Jules Doinel (1842–1902) war überzeugt, dass ihm während seiner Séancen Bischöfe der früheren Katharer begegnet seien. Als Doinel für einige Zeit zum Katholizismus übertrat, deutete er in einem Buch *(Lucifer démasqué)* den Trick an, wie so etwas funktioniert. Wobei die Rosenkreuzer meist die wilderen Sachen konsumiert haben sollen: »*Le Rose-Croix est au maçon ordinaire, ce que l'homme qui a une ivresse de haschich doit être au vulgaire buveur qui ne s'est rércréé qu'avec le sang rouge de la ligne.*« (übers.: »Der Rosenkreuzer ist für den normalen Freimaurer das, was ein vom Haschisch berauschter Mensch für einen gewöhnlichen Trinker ist, der sich nicht anders entspannt als mit dem roten Blut der Rebe.«)

Für die Alchemisten war Cannabis ein magisches Kraut, sie glaubten, dass es direkt vom Saturn beeinflusst werde. Der französische Okkultist und Freimaurer Éliphas Lévi (1810–1875) schrieb über den Arzneikoffer des Betrügers Cagliostro: »… noch berühmter war ein gewisses Lebens-Elixier, das alten Männern sofort Energie und die Kraft der Jugend gab.« Energie und Kraft der Jugend? Ein Stückchen Traubenzucker wird's kaum gewesen sein. Éliphas Lévi, der in seinen eigenen Schriften mehrmals von mit Cannabis versetztem Wein berichtet, wie ihn schon die Tempelritter im Heiligen Land kannten, deutet an, dass der ehemalige Apothekergehilfe Cagliostro Cannabis auch als Räucherwerk verwendet hat. Haschisch könnte auch eine der Drogen gewesen sein, mit denen Cagliostros Zeitgenosse Johann Georg Schrepfer die Illusionen seiner Laterna-magica-Shows verstärkte. Schrepfer, der ursprünglich in Nürnberg ein Kaffeehaus betrieb, kam sicher auch noch an andere exotische Produkte als nur Kaffee.

Wie Cagliostro behauptete er großspurig, die Urgeheimnisse der Freimaurer und Rosenkreuzer zu kennen. Wenn die beiden das Saturnkraut der Alchemisten meinten, dann hatten sie damit gar nicht so unrecht.

Der Psychologe Benny Shanon der Universität in Jerusalem glaubt sogar, dass einige der Wunder aus dem Alten Testament nur wahrgenommen wurden, weil ihre Beobachter high waren. Für besonders verdächtig hält er die Stelle im 2. Buch Mose: »Und das ganze Volk sah den Donnerschall und die Flammen und den Posaunenschall und den rauchenden Berg.« Dort wird das »Sehen« von Tönen (Donner und Posaunen) beschrieben. Ein Hinweis auf Drogen? Benny Shanon kennt sich aus. Er experimentierte im Amazonas mit pflanzlichen Drogen, berichtete hinterher von spirituellen Halluzinationen, die ihn an Visionen der Bibel erinnerten, wie den brennenden Dornbusch (2. Buch Mose 3,4). Bei orthodoxen Juden hat sich der Israeli damit Ärger eingehandelt. Gegenüber der *Jüdischen Allgemeinen* verteidigt er Moses dann zumindest kleinlaut: »Nicht jeder, der Rauschmittel nimmt, bringt uns danach die Zehn Gebote.«

Dimethyltryptamin (DMT) ist ein Stoffwechselprodukt verschiedener Pflanzen und führt beim Menschen zu Halluzinationen bis hin zu Nahtod-ähnlichen Erlebnissen. DMT ist auch ein Bestandteil vieler Akazienarten, wie sie auch in der Thora erwähnt sind. Und in der Freimaurerei. Der Akazienzweig ist das Zeichen des 3. Grades, er wird von vielen Freimaurermeistern als Erkennungszeichen am Revers getragen oder verstorbenen Freimaurern als immergrüner Zweig ins Grab geworfen. Das Sonderbare: Keiner weiß, wie die Akazie in die Freimaurerei kam. An ihrer Stelle spielte nämlich ursprünglich eine ganz andere Pflanze eine Rolle. Womöglich, mutmaßt ganz unschuldig das *Internationale Freimaurer-Lexikon*, sei Acacia in die freimaurerische Symbolik »nur durch einen Schreibfehler« geraten. Wer aber hat die freimaurerische Flora ausgetauscht? Und warum?

Der US-amerikanische Freimaurer P. D. Newman ist sich sicher, dass der Austausch zu Lebzeiten des Magiers Cagliostro in der zweiten Hälfte des 18. Jahrhunderts passiert ist. Diese These hat Newman 2017 in einem Buch veröffentlicht *(Alchemically Stoned. The Psychedelic Secret of Freemasonry).* Newman glaubt, dass seit dieser Periode der Königlichen Kunst psychoaktive Substanzen hinter vielen Symbolen und Allegorien in der

Freimaurerei stecken. Der Akazienzweig also ein Hinweis für Eingeweihte, welche Drogen in der Loge gerade angeboten werden?

Auch in früheren Schriften tauchten immer mal wieder Hinweise dazu auf. 1859 berichtete *The Freemasons's Quarterly*, Cagliostro habe seinen Anhängern durch die »acacia« neue Jugend und Unsterblichkeit versprochen. Die durch DMT hervorgerufenen Nahtod-Halluzinationen müssen eine eindrucksvolle Illusion einer Wiedergeburt bei den Brüdern und Schwestern hervorgerufen haben. Newman weist auch eine Freundschaft Cagliostros zum Freimaurer Pjotr Iwanowich Melissino nach, dem die Gewinnung eines »Salzes« aus der Akazie gelungen sein soll, das in Rauchritualen für besondere spirituelle Erfahrungen benutzt worden sei. Dies stützt die These, dass auch Cagliostro (und vielleicht auch Schrepfer) die Droge aus der Akazie für seine Zwecke einsetzte. Auch die Drogen, die der Körper selbst produziert, spielen in manchen magischen Logen bis heute eine wichtige Rolle. Das dem Kokain ähnliche Glückshormon Dopamin und das Hormon Oxytocin entstehen beim Sex. Im Orgasmus schießen die Oxytocinwerte im Körper in die Höhe und als Neurotransmitter ins Gehirn. Das Sex-Dope kann sogar süchtig machen – nach immer mehr und einem immer höheren Oxytocinspiegel. Es entsteht schon beim Streicheln, wird deshalb auch »Kuschelhormon« genannt. Und beim Singen – ein Grund, warum bei Minnesängern das Liebeslied zum Vorspiel gehörte?

Jörg Wichmann *(Die Renaissance der Esoterik)* erklärt die sogenannte Sexualmagie als eine Vielzahl von Techniken, bei denen die Erregung oder der Orgasmus als Energielieferanten für die Magie verwendet werden. »Der Energieschub wird dann in ein Symbol oder ein magisches Instrument« oder in ein gedachtes Ziel geleitet. Im Tantra-Yoga soll dieser Zustand auch ohne Sex hervorrufbar sein. Der Yogi weckt die sogenannte Kundalini-Schlange, die er sich, im Beckenbereich zusammengerollt, vorstellt. Die Kundalini-»Kraft« steigt während der Meditation an der Wirbelsäule entlang ins Gehirn und soll dort sogar Lichtblitze auslösen können.

Der Physiker, Philosoph und Friedensforscher Carl Friedrich von Weizsäcker (1912–2007) beschreibt das Gefühl als »Strom flüssigen Lichtes, tosend wie ein Wasserfall«, das über die Wirbelsäule ins Gehirn eindringe. Er habe das Gefühl wie ein Erdbeben empfunden, danach folgte ein Zustand, in dem er glaubte, völlig in Licht gehüllt, aus seinem Körper zu schlüpfen.

AMORC behauptet, dass zumindest offiziell Drogen im Lehrsystem des Ordens keine Rolle spielen. Tatsächlich aber gehörten zumindest in rosenkreuzerischen Nebenlinien bewusstseinserweiternde Mittel oft zur Grundausstattung des Zauberkastens. Eine rosenkreuzerische Leidenschaft ist das Starren in Spiegel, was vermutlich auf den englischen Magier John Dee (1527–1608 oder 1609) zurückgeht. Der betrieb Hellseherei, indem er in einen geschwärzten Spiegel oder eine spiegelnde Kristallkugel blickte. Durch die lange Fokussierung auf einen Punkt können Trugbilder entstehen. Ein rascheres Ergebnis erzielen Esoteriker bis heute unter Einfluss von Drogen.

LSD, Opium und Kokain spielten im 20. Jahrhundert vor allem bei einem Rosenkreuzer eine Hauptrolle: Aleister Crowley. Der diktierte in nur 27 Tagen (vermutlich unter Einfluss von Kokain) seiner Muse Leah Hirsig einen Roman über eine (zum Teil selbst erlebte) Drogenkarriere. *The Diary of a Drug Fiend* (übers.: »Das Tagebuch eines Drogensüchtigen«) wurde 1922 sofort zum Bestseller. Der *Sunday Express*, der das Buch rezensierte, forderte neben der Verbrennung der Auflage zugleich auch die Verhaftung des Autors. Derartige Werbung sorgte dafür, dass die Erstauflage von 3000 Stück sofort ausverkauft war.

Crowley experimentierte auch mit indianischen Rauschmitteln wie Peyote, den die amerikanischen Ureinwohner zu kultischen Zwecken einsetzten. Die kakteenartige Pflanze, die im Gebiet des Rio Grande wächst, ruft Halluzinationen hervor. Der Franziskanermönch Bernardino des Sahagún erwähnte die Wirkung von »peiotl« schon 1560 bei seinen Reisen in die Neue Welt. Großes Interesse an Crowleys Peyote-»Forschung« soll die US-Pharmafirma Parke-Davis bei einem Besuch des Rosenkreuzers 1915 in Detroit gezeigt haben. Crowley schreibt, Parke-Davis fertige »einige Präparate an, die vorherigen weit überlegen« waren. 1872 hatte das Unternehmen Expeditionen nach Zentral- und Südamerika auf der Suche nach Heilkräutern finanziert. Bis zum Verbot 1922 in den USA verkaufte es auch Kokain in allen möglichen Varianten, intravenös, zum Rauchen und Schnupfen, und pries die Droge an, weil sie »Nahrung ersetzen,

Feiglinge mutig, Stille redselig« machen könne. Dies nur als Hinweis, wie wenig skandalisiert die Verwendung von Drogen in den Logen gewesen sein muss.

PS: Aleister Crowley starb zwölf Jahre nachdem er versucht hatte, AMORC wegen seines beträchtlichen Vereinsvermögens zu übernehmen, am 1. Dezember 1947 in einer viktorianischen Pension in England. Todesursache war ein Herzleiden, offenbar eine Folge seines langen Heroinkonsums. Seine letzten Worte sollen gewesen sein: »I'm perplexed« (übers.: »Ich bin verwirrt«). Damit endete das Leben des Magiers hinter der Zimmernummer 13.

9

Was meinen die eigentlich mit Magie?

Nichts geht mehr auf der Zufahrtsstraße zur Kapelle in Unterflossing (Oberbayern). Hunderte sind gekommen. Die Heilige Jungfrau Maria hat für diesen Nachmittag ihr Erscheinen angekündigt. Warum in Gottes Namen in Unterflossing? »Das letzte Mal ist sie hier erschienen«, ist sich die ältere Dame mit einem Holzkreuz in der Hand neben mir sicher. Ich finde, der kleine Jesus auf ihrem Kruzifix ist eine Spur zu leidend. Zu viel Blut auf Brust, Bauch, Kopf, Händen, Füßen. Wie in einem Splatterfilm. Sie sieht die Skepsis in meinem Gesicht, hatte deshalb ihren Gesang mit den anderen Marien-Wallfahrern unterbrochen. Ich frage die Dame mit dem Kreuz: »Wie hat sie sich denn das letzte Mal gezeigt?« »Rosenduft«, sagt sie. »Wenn sie kommt, erkennt man es an einer Wolke Rosenduft!« Ich lasse ihre Hände nicht mehr aus den Augen, beobachte, ob sie nicht vielleicht doch einen Flakon aus der Tasche zieht … Was ist das hier? Eine Séance? Ein bevorstehendes Wunder? Magie?

Die katholische Kirche würde sich offiziell natürlich entschieden gegen jede Magie verwehren. Dabei verwandeln ihre Priester jeden Sonntag die Hostien in den stofflichen Leib Christi. Ob Magie tatsächlich funktioniere, komme aber auf das persönliche Weltbild an, gibt Jörg Wichmann *(Die Renaissance der Esoterik)* diplomatisch zu Bedenken. Bei den Rosenkreuzern ist man schnell bei der Sache. »Ja, man kann das durchaus Magie nennen«, sagt mir Großmeister Neff. Und damit ist weit mehr als nur die Veredelung des Geistes gemeint. Ihre Vorstellungen gehen von dem ganz und gar magischen Weltbild der Hermetik aus, von dem auch Paracelsus und der 1600 in Rom als »Ketzer« verbrannte Giordano Bruno (* 1548) überzeugt waren. Das Grundprinzip ist schnell erklärt: Wie oben, so unten! Der Satz stammt aus einem arabisch verfassten Zauberbuch. Die als »Smaragdtafel« bekannten zwölf Leitsätze gehen vermutlich auf ein griechisches Original zurück, das irgendwann ins Arabische und im Mittelalter ins Lateinische übersetzt wurde.

Stramme Esoteriker sind davon überzeugt, dass der Inhalt eine Offenbarung des Gottes Hermes Trismegistos (übers.: »dreimal größter Hermes«) höchstpersönlich ist. Jahrhundertelang begründeten Alchemisten und Magier die Wirksamkeit von Magie mit den in der »Tabula Smaragdina« aufgestellten Behauptungen. Eine davon: Der gesamte Kosmos bildet eine Einheit, der Mikrokosmos, etwa die Organe im menschlichen Körper, sind ein Abbild des Makrokosmos der Gestirne. Harald Lamprecht *(Neue Rosenkreuzer):* »Die meisten der neuen Rosenkreuzerorganisationen enthalten in ihren Lehrsystemen mehr oder weniger ausgeprägte Elemente der Magie.« Nach dem Prinzip Makrokosmos ist Mikrokosmos bediene sich der Innere Meister bei AMORC zum Beispiel »des Nervensystems, um kosmischen Dingen Ausdruck zu verschaffen«. Es ist die gängige Vorstellung von der Welt, wie sie schon die alten Griechen hatten. Pythagoras hielt die Planeten für Götter, deren Seelen mit den Menschen verbunden sind. Jeder Planet steht für ein seelisches Prinzip (Venus = Liebe), deshalb war es wichtig, unter welchem Planeteneinfluss ein Mensch geboren wurde. Der Beginn von Astrologie (nicht zu verwechseln mit Astronomie, die eine echte Wissenschaft ist) und den Horoskopen. Die Verbindung der menschlichen Seelen mit den Planeten wurde auch in die andere Richtung gedacht, von unten nach oben: Die Pythagoreer versuchten mit Opfern (KEINE Tiere, denn die sind ja seelenverwandt) die Götter zu beeinflussen. Das versuchen Magier noch heute.

Jedem Zauber wohnt dieselbe Idee inne: Die eigene Seele ist mit einer anderen, irgendwo auf der Welt, verbunden. Jedes Wesen trägt, wie die Rosenkreuzer glauben, einen Seelenfunken von der großen kosmischen Weltseele in sich. Und man müsse nur wie bei einem dieser Kugelpendel – ein beliebtes Beruhigungsspielzeug auf Managerschreibtischen – die erste

Kugel anheben, um die Bewegung auf die letzte Kugel irgendwo anders, in diesem Fall die letzte in der Reihe, zu übertragen. Pling – Stille – Stille – Stille – Plong! Wenn nach dem Tod eine Seele, was vorkommt, für einige Jahrzehnte obdachlos ist, dann schwirrt sie um uns Lebende herum und kann angeblich als Geist für die Magie nutzbar gemacht werden.

Der griechische Allroundgelehrte Poseidonios (135–51 v. Chr) verfasste mindestens fünf Bücher über die Kunst des Hellsehens. Bei ihm kann die Seele entweder, weil sie ja göttlichen Ursprungs ist, ohnehin in die Zukunft blicken. Oder die streunenden Seelen – oder Engel – dringen durch die Sinnesorgane des Hellsehers ein und erzählen ihm den neusten Tratsch von übermorgen. John Dee, Mathematiker und Hofastrologe der englischen Königin Elisabeth I., glaubte nicht nur fest an die Existenz von Engeln, er führte auch über ein Medium Gespräche mit ihnen. Sein Gehilfe Edward Kelley blickte dabei in eine Kristallkugel und übersetzte, was sie zu sagen hatten. Kelley war von zweifelhaftem Ruf. Der Legende nach wurden ihm seine Ohren von einem Henker wegen einer Urkundenfälschung abgeschnitten. 1598 kam es zum Bruch zwischen dem Magier Dee und seinem Medium. Kelley hatte es zu weit getrieben. Er hatte es nämlich auf die junge Frau Dees abgesehen und während einer Séance behauptet, der Engel Uriel habe gerade einen fröhlichen Dreier vorgeschlagen. John Dee als leichtgläubigen Okkultisten zu verspotten würde dem Universalgelehrten, der er tatsächlich war, nicht gerecht. Dee entwickelte die Navigation, der die Seefahrernation England etliche Entdeckungsreisen verdankt. Außerdem machte er den Ausdruck »British Empire« populär. Sein für die westliche Esoterik wichtigstes Werk allerdings ist die *Monas Hieroglyphica* (= »Verborgene Einheit«), die erstmals 1564 in Antwerpen erschien. Darin erklärt er das von ihm geschaffene gleichnamige Symbol, das mit ein paar Strichen den gesamten Kosmos in sich vereinen soll. Das Zeichen ähnelt einem Männchen mit Hörnern. Platz finden darin nicht nur sämtliche Symbole der damals sieben bekannten Planeten (der Mond wurde mitgezählt), sondern auch alle in der Alchemie bedeutenden Metalle. Und obendrauf noch die vier Elemente.

Monas-Experte Giovanni Grippo: »Im Symbol der Hieroglyphischen Monade hat John Dee durch Punkt, Linie und Kreis Verbindungen zwischen Universum, Schöpfung und Mensch aufgezeigt. Von astronomischen und mathematischen Interpretationen ausgehend, erkennt John Dee in der

Hieroglyphe die Geburt, Kreuzigung und Auferstehung Christi. Auch der antike Mithraskult findet sich in der Hieroglyphe wieder, denn Mithras wurde meistens als jugendlicher und schöner Mann, der den Himmelsstier opfert, dargestellt. Durch das Blut des Stieres sollte die Erde befruchtet werden.« Für die Rosenkreuzer sind in der *Monas Hieroglyphica* alle Werkzeuge auf engstem Raum vereint. Giovanni Grippo: »Die *Monas Hieroglyphica* wurde nach John Dee zu einem Erkennungssymbol Gleichgesinnter oder zu einem Erkennungssymbol der Rosenkreuzer, Alchemisten und Magier; ganz ähnlich wie Tattoos eine Mitgliedschaft zu einem Club darstellen können, wurde sie auf dem Körper, an Amuletten, auf Pergamenten und auf Ringen getragen und in Büchern wiedergegeben. Darum findet sich in Dees 1564 erschienenem Büchlein auch eine ganz klare Anweisung, wie die *Monas Hieroglyphica* nachzuzeichnen ist.« Die Hieroglyphe erschien später auch in Württemberg in der dritten Gründungsschrift der Rosenkreuzer, Andreaes *Chymischer Hochzeit*. 20 Jahre zuvor hatte John Dee Böhmen besucht, vermutlich hat er damit die Rosenkreuzer-Welle in Europa losgetreten.

Bei allem schlechten Ruf, den die Magie nicht zu Unrecht hat, verfügt sie doch auch über einen ganz vernünftigen Wert. Die Fokussierung auf einen bestimmten Vorgang oder eine Person oder einen Dämon kann die intuitive Seite des Menschen anregen. Wir kennen alle diese Gefühle, die einem »auf den Magen« schlagen. Im Mittelalter gab man Dämonen die Schuld, wenn etwa eine Schwermut Menschen aus der Bahn warf. Die Medizin weiß längst, welchen ungeheuren Einfluss die Psyche auf den Körper hat. Der Mediziner und Alchemist Georg Ernst Stahl (1659–1734) erkannte als einer der Ersten, dass das Unbewusste sich auf den Körper überträgt. Er setzte mit seinen Theorien den Grundstein für die moderne Psychiatrie und ihre These, dass man die »Dämonen« nur bannen kann, wenn man sich ihnen stellt. Nichts anderes macht der Magier, wenn er die Geister herbeiruft. Es sind in der Regel seine eigenen Geister, in die er das, was ihn bewegt, projiziert.

Hatten Sie nicht selbst schon mal ein magisches Erlebnis? Wie denken Sie über Musik? Erinnern Sie sich an das letzte Mal, als eine Melodie Emotionen bei Ihnen ausgelöst hat. Dabei ist es völlig egal, ob Helene Fischer oder Johann Sebastian Bach. Musik verändert bei fast allen Menschen Gemütszustände. Opa Hoppenstedt fängt beim Helenenmarsch an, enthusiastisch mit den Armen zu fuchteln, andere heulen bei *Candle in the Wind*. Definiert man Magie wie der Duden u. a. als »geheimnisvoll wirkende Kraft«, befinden wir uns schon mittendrin in der Magie. Das Prinzip kannte auch Pythagoras. Für den antiken Philosophen war nicht nur alles Zahl. Die Zahl war auch Musik. Die Musik definierte er über die Längenverhältnisse der Saiten bei einem Zupfinstrument – je kürzer, desto heller der Ton. Sein Biograf Iamblichos von Chalkis (ca . 245–320 n. Chr.) schreibt, einige Melodien seien auf Anfälle von Mutlosigkeit und Kummer zugeschnitten gewesen. Andere wirkten gegen Zorn und Gemütswallungen. Sogar gegen die Begierden hatte man eine Melodie komponiert.

Auf dieser Basis könnte man sich mit den Freimaurern einigen, dass in den Ritualen Musik mit einer bestimmten, einer magischen Absicht benutzt wird. Das Freimaurerlexikon druckst zwar bei dem Begriff herum, definiert Magie vorsichtig als Handlung, die auf »gleichnishafte Weise« ein gewünschtes Ziel zu erreichen sucht. Sie wirke lediglich »auf psychologischer Ebene«. Egal wie, die Magie ist in der Freimaurerei nicht wegzureden. Mein Freund Daniel Küblböck verstand etwas davon, eine magische Wirkung zu hinterlassen. Er hat seine gesamte Karriere darauf aufgebaut. Oder an wie viele Nichtgewinner von *Deutschland sucht den Superstar* können Sie sich heute noch erinnern? Seine durchgeknallte Art, seine Auftritte mit Badekappe sind legendär. In einer Nürnberger Kneipe offenbarte mir Daniel eine überraschende Tiefsinnigkeit. Nicht nur, dass er – ganz vernünftig – sein Vermögen gewinnbringend in Solarzellen investiert hatte. Er, der nie eine besondere Bildung erhalten hatte, schwor auf die Magie des positiven Denkens. Er brachte das auf eine ganz einfache Formel: »Wenn du echt bist und nett zu den anderen, kommt das alles irgendwann zu dir zurück.« Die Methode des positiven Denkens, wie sie auch die Rosenkreuzer praktizieren, versucht das eigene Denken zu beeinflussen und im Kern auf Positives, Konstruktives und Fröhlichkeit auszurichten. Natürlich funktioniert es, wenn der Kandidat beim Bewerbungsgespräch lächelt. Wer will schon mit einem griesgrämigen, fantasielosen Kollegen zusammenarbeiten? Und sucht nicht jeder eher den Kontakt zu fröhlichen Menschen, die einen inspirieren und beschwingen? Ich bezweifle allerdings, dass sich dieses Talent erlernen lässt, ohne aufgesetzt und bemüht zu wirken. Warum es am Ende mit Kübi so tragisch endete, dafür habe ich keine Erklärung. Ich sah ihn zuletzt Jahre vor seinem Verschwinden bei unserer Hochzeit und der Taufe unserer Tochter. Nach seinem Wegzug aus Nürnberg haben wir uns aus den Augen verloren.

Zu welchen geradezu magischen Fähigkeiten man sich aufschwingen kann, wenn man an sich selbst glaubt, zeigt uns der Multiunternehmer Elon Musk. Der ehemalige Computer-Nerd krempelte mit seinen Utopien ganze Branchen um, obwohl ihm viele Experten seine Utopien ausreden wollten, weil sie schlicht physikalisch unmöglich seien. Vor einigen Jahren noch wurde er für seine Idee ausgelacht, Raketen zu recyceln, indem er sie bei ihrer Rückkehr aus dem Orbit wieder sicher auf der Erde landen lässt. Er ignorierte die bestehenden Naturgesetze, irgendwann bestellte sogar die NASA bei ihm. 2008 stand Musk mit Tesla kurz vor dem Konkurs – 2019 war er der größte Hersteller von Elektrofahrzeugen weltweit. Ich denke, man kann Elon Musk als größeren Magier bezeichnen, als es John Dee je gewesen ist. Und zum Schluss noch der wohl überzeugendste Beweis für die Existenz von Magie. Der Moment, in dem wir uns verlieben. Man sagt, man könne den anderen dann »gut riechen«. Die Botenstoffe sind unsichtbar, und dennoch haben wir in solchen Momenten das Gefühl, »ganz verzaubert« zu sein.

Der Psychologe Geoffrey Miller von der Universität New Mexico wies anhand einer Studie unter Stripperinnen nach, dass die Frauen an ihren fruchtbaren Tagen anziehender auf das Publikum wirkten und deshalb deutlich mehr Trinkgeld einsteckten als sonst. In einem anderen Experiment mehr als zehn Jahre zuvor durften Männer drei Tage lang weder duschen noch Deo oder Parfum verwenden und sollten über den gesamten Zeitraum nicht ihr T-Shirt wechseln. Die muffigen Shirts wurden hinterher einer Testgruppe von Frauen vorgelegt. Diejenigen, die über bestimmte Proteine verfügten, fanden den Geruch attraktiv. Der Schweizer Biologe Claus Wedekind machte Leukozyten-Antigene als Ursache aus. Die sogenannten HLA bilden die Immunabwehr. Menschen mit unterschiedlichen HLA-Arten zogen sich eher an. Grund: Bei der Fortpflanzung schützen verschiedene HLA-Arten den Nachwuchs besser vor Krankheiten. Wenn Sie so wollen: In uns spielt sich eine Vielzahl magischer Prozesse ab. Es kommt nur darauf ab, wie wir Magie definieren.

10

Die Verehrung des Hermaphroditen

Eine der wenigen Kreaturen, die kein Problem mit der Geschlechterrolle kennen, ist der Clownfisch. Ihm ist es egal, ob er heute mal als Männchen oder als Weibchen durchs Great Barrier Reef schwimmt. Nemo kann nämlich, wenn nötig, sein Geschlecht wechseln. Zuerst kommen alle Clownfische männlich zur Welt. Meistens umschwärmen sie dann mit ihren männlichen Kumpels als Toyboy-Harem den größten Fisch in der Gruppe – das Weibchen. Stirbt das Weibchen in der Gruppe, übernimmt das größte männliche Tier die Rolle des Weibchens und wechselt sein Geschlecht.

Mein Bekannter, der badische Zoologe Mario Ludwig, hat ein großartiges Buch geschrieben, in dem er ausführlich die Transsexualität im Tierreich beschreibt *(Fearless Females)*. Die Australische Gespenstschrecke und die Große Anakonda hätten sogar die Möglichkeit, wenn gar kein Geschlechtspartner in der Nähe ist, sich selbst zu befruchten und fortzupflanzen. In der Natur ist also die Veranlagung eines Wesens zu beiden Geschlechtern nichts Ungewöhnliches. Es gibt Hinweise, dass intergeschlechtliche Menschen in der Antike hoch angesehen waren. Auf Zypern wurde »Hermaphroditos« als männliche Version der Aphrodite verehrt. Spätere Dichter machten ihn zu einem Sohn von Aphrodite und Hermes, der Liebesgöttin und des Gottes der Magie. Die Ursache für seine Zweigeschlechtlichkeit war die Nymphe Salmakis. Sie war eine Stalkerin, die dem jungen Schönen nachstellte. Bei einem Überfall auf den badenden Hermaphroditos schmiegte sie sich so eng an ihn, dass die Götter sie zu Mann und Frau in einer Person vereinten. Ovid (43 v. Chr.–17 n. Chr.) beschrieb die Szene in seinen Metamorphosen:

> »Sie drängt und spricht, wie sie dicht an den Jüngling
> Sich mit dem Leibe gefügt: Wie sehr, Grausamer, du wehrest,
> Doch entkommst Du mir nicht. So möge, verhängt es, ihr Götter,
> Jenen von mir kein Tag, kein Tag mich trennen von jenem.«

Auch Platon (ca. 428–348 v. Chr.) muss die Idee der Zweigeschlechtlichkeit fasziniert haben. Er erfand die vielleicht schönste aller antiken Liebesgeschichten: die des Kugelmenschen. Die Menschen waren demnach ursprünglich ganz andere Geschöpfe: Kugelrund – wie der Name schon sagt, mit zwei Köpfen, vier Beinen, vier Armen. Und viele von ihnen zur Hälfte Mann, zur Hälfte Frau. Die Kugelmenschen waren unwahrscheinlich flink, konnten sich wie Räder rasend schnell fortbewegen. Aber irgendwann stieg ihnen dieses Talent so sehr in beide Köpfe, dass sie übermütig wurden und die Götter angriffen, um den Himmel zu erobern. Da entschied Zeus, jeden der aufständischen Doppelwesen mit dem Schwert in zwei Hälften zu teilen. Seither aber sucht jede Hälfte ihr Gegenstück. Daher kommt wohl auch in Paarbeziehungen der Ausdruck von der »besseren Hälfte«.

Viele Rosenkreuzer glauben fest an ihre Version der Schöpfungsgeschichte: dass Adam und Eva im Paradies ein und dasselbe zweigeschlechtliche Wesen waren, das erst durch den Sündenfall geteilt wurde. Alchemistische Abbildungen aus dem 17. Jahrhundert zeigen die Herstellung des Steins der Weisen, zu dessen Herstellung die beiden Geschlechter zuvor wieder zu einer Einheit zusammengefügt werden müssen. Es ist vermutlich kein Zufall, dass die Symbole des männlichen Planeten Merkur (in der Alchemie: Quecksilber) und der weiblichen Venus (Kupfer) fast identisch sind. Die Vereinigung der Gegensätze weiblich/männlich ist auch eine der Interpretationen des freimaurerischen Winkel-und-Zirkel-Symbols (neben der Bedeutung der vier Elemente). Hier hatten die Alchemisten offensichtlich auch ihre Hand im Spiel.

Der Alchemist Wagner aus Goethes *Faust II* stellt einen Hermaphroditen im Labor her. Ein kleines Menschlein, den Homunculus, der nur in seiner Glasphiole überleben kann. Die Zweigeschlechtlichkeit des Homunculus wird bei Goethe in den Worten Thales' deutlich:

> »Auch scheint es mir von andrer Seite kritisch,
> Er ist, mich dünkt, hermaphroditisch.«

Der Arzt und Alchemist Paracelsus beschreibt für seine Kollegen die Herstellung des künstlichen Menschen in seinem Werk *De natura rerum*. Er empfiehlt die Verwendung menschlicher Spermien. Vierzig Tage lang sollten diese in einem Glas mit Pferdemist aufbewahrt werden. Nach Ablauf dieser Zeit würde sich dann ein durchsichtiges Menschlein rühren, das man weitere vierzig Wochen bei konstanter Wärme bebrüten und mit menschlichem Blut ernähren müsse, bis ein kleines Kind entstünde (ich nehme an, dass Paracelsus dieses Experiment vor der Niederschrift nie selbst ausprobiert hat, sonst wüsste er es besser).

Die Rosenkreuzer sehnen sich danach, irgendwann in diesen Urzustand der Einheit zurückzukehren, wieder mit allem eins zu sein. Jedes Unrecht, das der Rosenkreuzer in seinem Leben einem anderen Menschen zufügt, zieht eine weitere Inkarnation nach sich, bis die Rechnungen irgendwann vollständig beglichen sind. Das Leben als Seelenschule. *Im Einweihungsweg* von AMORC (1996) heißt es, ein Leben reiche nicht, um alle nötigen Erfahrungen zu sammeln, um »wieder EINS zu werden mit der Schöpfung.« Ein einziger Erdenaufenthalt sei demnach zu wenig, um die »kosmischen Gesetzmäßigkeiten« zu erfüllen, um als Mensch gottgleich zu werden. Es wartet also viel Arbeit auf Sie, wenn Sie die Rosenknospe Ihrer Seele erblühen lassen wollen. Nehmen Sie sich besser für die nächsten paar Hundert Jahre nichts vor.

TEIL III

Kabbala

1

Was tragen Kabbalisten eigentlich drunter?

Ich hatte mir die Kabbalisten betagter vorgestellt. Fröhliche ältere Männer, Chassidim, Ostjuden, die für ihr Faible für Mystik bekannt sind. Denn die Kabbala entstammt der jüdischen Mystik. Stattdessen treffe ich an diesem Abend in Regensburg-Königswiesen junge Frauen und Männer, einige davon Studenten, die mich mit »Hi!« begrüßen. Wir schleppen Klappkisten mit Requisiten nach oben in leer stehende Büroräume. Eine ungewöhnliche Kulisse, die aussieht, als hätten hier kürzlich noch Vertreter am Telefon Finanzprodukte verkauft.

»Unsere Gruppe sitzt in Frankfurt«, sagt Ayesha (Name geändert), meine Verbindungskabbalistin. »Dort haben wir einen richtigen Tempel, das hier ist nur ein Provisorium.« Ich liebe Provisorien. Ich mag es, wenn Dinge anders laufen als erwartet. Die Gruppe aus sieben Leuten hat heute in diesen leeren Büroräumen eine Verabredung mit Engeln. Sie sind alle sehr offen und sympathisch. Nur ihre Identitäten behalten sie für sich. Ich bin mir nicht einmal sicher, ob die Vornamen stimmen.

Ich und meine Kamera dürfen bei einem Ritual dabei sein. Mein Versprechen: Die Gesichter werden nicht zu erkennen sein. »Die Leute draußen haben Ängste, wenn sie von rituellen Handlungen hören«, sagt Ayesha. Sie wird mir jeden Schritt erklären, hinterher in der Doku werden nur ihre Lippen zu sehen sein. Mir fällt auf, dass keines der Logenmitglieder dieses rote Bändchen am Handgelenk trägt, wie es viele Stars tun. Madonna, David Bowie, Leonardo DiCaprio, David Beckham, Gwyneth Paltrow, Demi Moore, sie alle demonstrierten mit dem Bändchen ihre Verbundenheit mit der Kabbala und lösten einen regelrechten Boom in Los Angeles aus. Ayesha: »Das kann gerne jemand tragen, wenn er sich damit wohlfühlt. Es ist nicht notwendig, um Kabbalist zu sein.«

Orthodoxe Kabbalisten belächeln die Hollywood-Kabbala, halten Sprachkenntnisse des Hebräischen für eine wesentliche Voraussetzung, um sich mit der Kabbala beschäftigen zu können, und Kabbala-Light-Gruppen bestenfalls für eine Form von Seelenwellness. Ayesha widerspricht: »Man muss nicht geborener Jude sein, um sich mit der Kabbala zu beschäftigen. Alles, was innerhalb der Naturgesetze steht, ist von jedem veränderbar.« Ich möchte die Gruppe von oben filmen, aus der Engelsperspektive. Während ich meinen Kamerakran zusammenschraube, ziehen sich die Kabbalisten und Ayesha, ihre »Priesterin«, in einem Nebenraum um. Sie entkleiden sich, schlüpfen nackt in weiße Roben mit Kapuze. Die Kleidung erinnert mich an das, was ich über Pythagoras gelesen hatte. Dass seine Schüler bei rituellen Arbeiten weiße Gewänder aus reinem Leinen tragen mussten. Als äußeres Symbol für die Seele. »Der Tempel ist für uns geheiligt. Wir legen alles ab, was in die irdische Welt gehört«, sagt Ayesha. »Es ist das Gewand, das man als Priester trägt, sozusagen unsere Arbeitskleidung. Die Sandalen symbolisieren, dass man jetzt einen anderen Weg beschreitet.« Selbst die Straßenschuhe dürfen nicht mit in den Tempel. Einige haben Schläppchen dabei, andere Sandalen, einige laufen barfuß. Alle Gegenstände, die ins Ritual mitgenommen werden, sind für diesen Zweck geweiht. Ihr Ritualsystem geht auf die walisische Rosenkreuzerin Violet Mary Firth (1890–1946) zurück, die unter ihrem Pseudonym Dion Fortune populäre Bücher über Kabbala und Magie veröffentlicht hat. Das Verwandtschaftsverhältnis von Rosenkreuzern zu Kabbalisten ist sehr nah. Rosenkreuzer haben vieles von der kabbalistischen Magie übernommen.

In ihren Roben schreitet die Gruppe auf eine Tür zu. Die Hohepriesterin (diejenige, die das Ritual leitet) klopft an. Ein junger Mann, ebenfalls in weißer Robe und mit einem riesigen Schwert bewaffnet, öffnet die Tür. Am Schwertknauf ist ein Hexagramm zu sehen, der sechszackige Stern,

Symbol für die vier Elemente und vieles mehr. Ayesha: »Vor jedem Tempel steht immer ein Wächter, der dafür sorgt, dass niemand das Ritual stört. Wir öffnen uns bei dieser magischen Arbeit für die Kräfte des Universums, empfangen Liebe, Weisheit, Wissen – Dinge, die mit dem Höchsten im Einklang stehen.« Die Szene erinnert sehr an die Art, wie Freimaurer ihre Tempel betreten. Zunächst muss jedes Mitglied der Loge dem Wächter das geheime Passwort zuflüstern. Die kleine Gruppe scheint sich untereinander gut zu kennen. Dennoch: Keiner kommt ohne Passwort rein.

Ich rolle meinen Kamerakran am Ende der Prozession in den Tempel, der Wächter nickt mir zu. Er macht heute eine Ausnahme. Im Tempel steht ein Altar mit verschiedenen Gegenständen darauf. »Jeder Magier hat seine Werkzeuge«, sagt Ayesha. »So wie der Wächter sein Schwert. Der magische Stab ist dazu da, die Kraft zu bündeln und zu lenken.« Vor dem Ritual benetzen sich die Kabbalisten mit dem Element Wasser, das sie wie Weihwasser verwenden. Das Salz steht für die Erde, das Rauchwerk für die Luft. Ayesha: »Es fördert den Trancezustand, man findet dadurch schneller in die Meditation. Und außerdem freuen sich die da oben über kleine Geschenke.«

Die Konstellation der Sterne ist heute günstig. Astrologie spielt in der Kabbala eine wichtige Rolle. Ayesha: »Wenn man etwa den Seelenpartner sucht, wäre es sinnvoll, einen Tag auszusuchen, an dem die Venus am stärksten ist. Auf den Mars kommt es an, wenn's um den Kraftaspekt geht.« Das Ritual beginnt. Ayesha segnet den Kelch. Danach macht er die Runde. Jedes Logenmitglied trinkt einen Schluck und gibt den Kelch weiter. Ayesha: »Der geweihte Wein ist ein Symbol dafür, Wissen und Liebe in sich aufzunehmen. Es ist aber auch ein Akt der Selbsterkenntnis, weil man sich beim Trinken in der Oberfläche des Weines spiegelt.« Aber wie stellt man nun den Kontakt zu Engeln her? Das sei eine Frage des Trainings. »Man nimmt sie auf einer inneren Ebene wahr«, sagt Ayesha. In Form von Licht oder auch Worten. Sprechen Engel Deutsch? Ayesha (lacht): »Die kommen dann schon in der Sprache, die man versteht. Manchmal schicken sie auch Bilder oder Farben.«

Die Priester glauben, sich auf eine höhere Ebene bewegen zu müssen, um dort die Aufmerksamkeit der Engel zu gewinnen. Ayesha: »Wenn sie sehen, dass da jemand mit ihnen sprechen will, kommen sie uns ein

Stückchen entgegen.« Eine der Anfängerzeremonien nennt sich »Pentagramm-Ritual«, benannt nach dem fünfzackigen Stern. Sie diene dazu, »Energie-Wesen«, gemeint sind natürlich Engel, in einen vorher festgelegten Kreis zu rufen. Die Magier schreiten in dieser Zeremonie mit geradem Rücken langsam im Uhrzeigersinn den Tempel ab. In jeder der vier Himmelsrichtungen zeichnen sie mit ausgestrecktem rechtem Arm ein Pentagramm in die Luft, oben beginnend, hinunter zum linken Fuß. Das Pentagramm stellen sie sich aus bläulich leuchtendem Feuer vor. Dann zeigen sie mit dem Arm in die Mitte jedes Pentagramms und sprechen Zauberworte. Diese sind u. a. hebräische Gottesnamen, deren lang gezogene Vokale sie mit vibrierender Stimme sprechen. Im Süden etwa den Gottesnamen ADONAI: »AAAAADOOOONAIIIII«.

Danach stellen sie sich in den Kreis und rufen mit ausgestreckten und gekreuzten Armen die vier Erzengel an. Etwa so: »Vor mir: RAAAAFAAAAEEEEEEL!« So sollen nacheinander Rafael, Gabriel (»Gavriel«), Michael und Uriel erscheinen. Uriel (= »Licht Gottes«) kennen die christlichen Kirchen nicht. Der Name taucht in rabbinischen Schriften und biblischen Texten auf, die nicht zum offiziellen biblischen Kanon gehören. Der Kreis soll die Magier vor den herbeigerufenen Kräften schützen. Am Ende muss das Ritual wieder geschlossen werden, indem die Pentagramme in umgekehrter Richtung in die Luft gezeichnet werden. Für den skeptischen Beobachter wirkt dies alles bizarr. Andererseits: Ähnlich fremd mag es für Urvölker ausgesehen haben, wenn sich christliche Missionare bekreuzigten oder ihre Litaneien wiederholten, wie das »Kyrie eleison«.

Viele Meditationsformen in Buddhismus, Hinduismus und im Yoga bedienen sich ähnlicher Laute wie die lang gezogenen Vokale der Kabbalisten. Die Schwingungen, die bei den vibrierenden Vokalen entstehen, sollen die Meditation erleichtern. Und ob der Kabbalist jetzt vier Engel landen sieht oder die innere Sammlung für etwas anderes nutzt – es geht immer ums Loslassen. Andere haben solche Erlebnisse eben beim Puzzeln oder Kuchenbacken.

2

Die Sefiroth, das Navi der Kabbalisten

Mit Geheimnissen ist es wie mit Stille. Man muss sie aushalten. Und beides kann Britney Spears vermutlich nicht besonders gut. Die Sängerin fiel kürzlich auf, weil sie wieder mal auf Instagram eines ihrer vielen verborgenen Tattoos enthüllt hatte. *Oops! … I did it again.* Rätselhaft, warum jemand ein Geheimnis im Nacken unterm Pferdeschwanz versteckt, wenn es hinterher dann doch alle Welt sehen soll – ob die Welt das nun will oder nicht. Aber Geheimnisse machen interessant. Sie ahnen schon: Auch Britney Spears ist Anhängerin der Pop-Kabbala, die Rabbiner für so authentisch halten wie das Kölner Dreigestirn. Und Britneys verborgenes Wort ist – natürlich – ein magisches Wort aus der kabbalistischen Tradition, von rechts nach links gelesen: »Hem Hey Shin«, was einer der vielen Namen Gottes ist und so viel heißt wie »heilen«.

Es ist richtig, dass Kabbalisten vor allem den Gottesnamen Zauberkräfte nachsagen. Schon die neuplatonischen Philosophen (ca. 250 n. Chr.) waren der festen Überzeugung, dass religiöse Texte eine verborgene Bedeutung besitzen, die nur Eingeweihte verstehen können. Und auf dieser Theorie basiert die Kabbala, deren älteste Texte aus dem Buch Jezirah stammen. Die Juden hatten ein Handicap: Sie durften keine Bilder anfertigen, das hatte ihnen Gott über Moses ausrichten lassen: »Du sollst dir kein Gottesbild machen und keine Darstellung von irgendetwas am Himmel droben, auf der Erde unten oder im Wasser unter der Erde« (Ex 20, 1–6). Einige von ihnen, die Kabbalisten, griffen zu einem Trick: Wenn das Wort göttlich ist, müssen es auch die Wörter selbst sein. Und wenn die Schrift göttlich ist, ist sie die Brücke zwischen Gott, den Engeln, Dämonen und den Menschen. Es würde schon reichen, bestimmte Wörter auszusprechen oder nur zu denken, um ihre magische Kraft zu aktivieren (siehe »Pentagramm-Ritual« im Kapitel zuvor).

Der Vollständigkeit halber: Zu den Techniken der Kabbalisten kommen u. a. noch die Gematria und die Temura hinzu. Gematria ist das, was sich viele unter Zahlenmagie vorstellen. Jeder der 22 Konsonanten im Hebräischen, die ohne Vokale gesprochen werden, ist einem Zahlenwert zugeordnet. Ein Beispiel. Folgende vier Wörter werden im Hebräischen mit je drei Buchstaben geschrieben, deren Zahlenwert jeweils immer 70 ergibt:

- SOD (60+6+4) heißt Geheimnis
- YAYIN (10+10+50) heißt Wein
- LEIL (30+10+30) ist die Nacht
- HASSEH (5+60+5) heißt Schweigen

Die Auslegung für den Kabbalisten: Das Geheimnis (gemeint ist die Kabbala) ist berauschend wie Wein, dunkel wie die Nacht, und es gehört sich, die Sache für sich zu behalten – Frau Spears macht gerade das Gegenteil.

Sollten die Zahlenexperimente überhaupt keinen Sinn ergeben, behilft sich der Kabbalist mit der Temura, die besagt, dass man einzelne Buchstaben eines Wortes austauschen darf. Aus dem Erzengel Michael kann so der Prophet »Malachi« werden. »Die Kabbala diente ursprünglich dazu, Alltagsfragen zu klären«, sagt der deutsche Autor und Kabbalist Giovanni Grippo *(Die Kabbalah)*. »So ging etwa eine Schwangere zum Rabbi, und der erstellte eine Zukunftsprognose für die Frau aus irgendeiner Bibelstelle. Die Bibel galt als die höchste Form der Sicherheit.« Erstmals aufgetaucht ist das Wort Kabbala (hebr. »Überlieferung«) um 1200 in Südfrankreich. Verbreitung fand sie ein paar Jahrzehnte später im damals noch arabischen Südspanien, wo der Islam, das Christentum und das Judentum in der Kabbala amalgamierten. Dazu kamen Einflüsse arabischer Übersetzungen von Plato und Aristoteles, vor allem Prinzipien wie Seelenwanderung und

Wiedergeburt. Und schließlich Ideen aus dem Yoga, die der Kabbalist Abraham Abulafia (1240–1291) von seinen Reisen nach Fernost mitbrachte.

Als das katholische Königspaar Isabella von Kastilien und Ferdinand von Aragonien Spanien 1492 von den Arabern zurückeroberten, vertrieben sie die Juden aus dem Land. Das Ende der religiösen Toleranz. Mehr als 100 000 Juden verteilten sich im Mittelmeerraum. Und stießen in Italien plötzlich auf offene Ohren. In Florenz blühte gerade die Renaissance – die Wiederentdeckung der Antike –, in der der gemeinsame Ursprung aller Religionen gesucht wurde. Der Philosoph Giovanni Pico della Mirandola (1463–1494) hatte Hebräisch, Arabisch und Aramäisch gelernt und sich bereits vor der Vertreibung der Juden aus Spanien mit der Kabbala beschäftigt. Ihn faszinierte der Pantheismus, der Gott in allen Dingen und eine Einheit von allem sieht, wie es der *Sohar* beschreibt, das wichtigste Werk der Kabbala: »Was auf der Erde ist, ist auch in der Höhe. Es ist kein noch so geringes Ding in dieser Welt, das nicht abhängig wäre von einem Wesen, das darüber gesetzt ist. Und wird das untere Ding in Bewegung gebracht, dann auch jedes obere, das darüber gesetzt ist, denn alles ist wechselweise miteinander verbunden und geeinigt.« Diese Vorstellung stieß später bei vielen aufgeklärten Juden im 19. Jahrhundert auf Ablehnung, sie sahen darin einen Widerspruch zum Monotheismus, empfanden diese magische Vorstellung gar als intellektuellen Rückschritt und hielten es stattdessen mit Hegel (1770–1831): Gott herrscht über die Natur, ist aber nicht die Natur. Heute ist die Kabbala vor allem noch im Chassidismus verbreitet – im Ostjudentum.

Kennen Sie Zimzum? Das Wort ist leicht zu merken, weil es lustig klingt. Vermutlich geht der Begriff auf die Tradition des Kabbalisten Isaak Luria (1534–1572) zurück, der damit die Entstehung des Universums beschreibt. Gott, in der Vorstellung wie ein runder Ball, hatte sich in der Hülle plötzlich komprimiert, auf seinen Mittelpunkt zurückgezogen, bis er im Zentrum nur noch ein Punkt war. Mit seinem Zurücknehmen, dem Zimzum (hebr. »Kontraktion«), hat er Platz gemacht für die Schöpfung, die sich in dem gewonnenen Raum ausbreiten konnte. Der liebe Gott zog einfach nur den Bauch ein! Erstaunlich, dass die Big-Bang-Theorie von genau so einer Verdichtung des Universums auf einen winzigen Punkt ausgeht, bevor das Ganze wie ein unter Wasser gedrückter Luftballon zurückschnellte und den heutigen Kosmos entstehen ließ. Bang!

Eine zweite wichtige Strömung ist die christliche Kabbala. Das »christlich« passt für Sie irgendwie vom Gefühl her nicht, weil die Kabbala doch aus der jüdischen Mystik kommt? Renaissancephilosoph Giovanni Pico della Mirandola machte es einfach passend. Er hielt die Kabbala für keine exklusiv jüdische Angelegenheit, über Moses habe Gott sie schließlich auch anderen Gelehrten offenbart. Der christliche Kabbalist Jacob Böhme (1575–1624) ging noch einen Schritt weiter: Er ersetzte das Hebräische durch seine deutsche Muttersprache, suchte dort die Zauberworte. »Denn verstehe nur deine Muttersprache recht, du hast so tiefen Grund.« Plötzlich sollten die ganzen Zahlen- und Buchstabentricks auch im Deutschen funktionieren.

Kommen wir zum schönsten Symbol der Kabbala, eigentlich einem Werkzeug, ähnlich der *Monas Hieroglyphica* von John Dee (siehe Kapitel über Magie). Mythische Bäume gab es zu allen Zeiten auf allen Kontinenten. *Ez Chajim* nennen die Kabbalisten ihren Lebensbaum mit seinen göttlichen Wirkmächten, den zehn Sefiroth. »Am Anfang der Zeit gab es einen Baum, der im Garten Eden wuchs«, so erzählt die amerikanische Rabbinerin Shoni Labowitz die Geschichte. Dieser Baum habe zehn Äste gehabt, von denen jeder mit einer besonderen Kraft Gottes ausgestattet gewesen sei. Die alten Mystiker hätten bei der Beschäftigung mit den Symbolen erkannt, dass jeder der zehn Äste zu einem anderen himmlischen Tor führe. Hinter jedem Tor sei ein Weg verborgen, der die Mächte des Himmels mit denen der Erde und Gott mit jedem einzelnen Menschen verbinde. Der Lebensbaum lehre laut Labowitz, dass der Mensch eins sei mit Gott und allem Lebendigen. Es ist für den Kabbalisten das Navi durchs Leben.

Grafisch ist der Lebensbaum meist mit zehn Kugeln abgebildet, eine an der Spitze und eine ganz unten, was ihn aussehen lässt wie ein Brettspiel. Es ist die Meditationsvorlage schlechthin für den Kabbalisten, ein Adapter zwischen Mikro- und Makrokosmos. Manche beschreiten den Pfad von oben nach unten, wenn sie die Schöpfung nachvollziehen wollen. Umgekehrt, von unten nach oben, wenn sie sich bei der Meditation ihrer eigenen Göttlichkeit bewusst werden wollen. Für Aleister Crowley brachte die Beschäftigung mit den zehn Sefiroth Unterbewusstes an die Oberfläche (siehe Kapitel »Inkubation«): »So ist es mit allen anderen Phänomenen. Es gibt keine Wirkung, die wahrhaft und notwendigerweise wunderbar wäre.«

Der Lebensbaum soll Verständnis für die eigene Psyche schaffen. In der unteren Sefira Malchut vereinen sich in der kabbalistischen Vorstellung sämtliche anderen Sefiroth. Malchut ist das Ende, Keter, die Sefira ganz oben, ist der Anfang, das Göttliche. In Malchut sind auch die vier Elemente verborgen. Das Materielle (Erde), die Gefühle (Wasser), die Ideen (Luft) und das Feuer für die persönliche Energie. Ziel ist es zunächst in Malchut, diese Elemente auszugleichen. Dann geht's weiter nach oben. Jede einzelne Pforte soll die Intuition aktivieren.

Die Sefiroth sind das, was durch Zimzum, das Zurückziehen Gottes, in dem gewonnenen Raum entstanden ist. In der Tradition des *Sohar* ist die oberste Sefira, Keter, Gott selbst. In der lurianischen Kabbala ist sie nur der wertvollste Teil seiner Schöpfung. Die obersten drei »Kugeln« Keter (Krone), Binah (links) und Chochmah (rechts) bilden eine Einheit. In Keter sind Mann (Chochmah) und Frau (Binah) noch eins wie bei Platons Kugelmenschen (siehe Kapitel »Die Verehrung des Hermaphroditen«). Geometrisch gedacht ist Keter ganz oben ein Punkt. Verbunden mit einer weiteren Sefira entsteht eine Linie. Alle drei oberen Sefiroth beschreiben eine Fläche (Dreieck). Und eine Verbindung der oberen neun Sefiroth ergibt einen räumlichen Körper.

Einige Kabbalisten brüten über der waagrechten Struktur des Lebensbaums: Magier verwenden die Sefiroth zum Herbeirufen von Engeln. Der Lebensbaum erstreckt sich nämlich über die vier Stufen des kabbalistischen Weltenbaus, den wir bei dem Ritual der Frankfurter Gruppe kennengelernt haben: die irdische Ebene Asija (unten), Jeziora (Engelwelt), Briah (Welt der Schöpfung) und Azilut, die Welt des Göttlichen. Aus der Anordnung der Sefiroth ergibt sich senkrecht links und rechts jeweils eine gedachte Säule. Die linke »Säule« steht für die Sinne und das Weibliche, die rechte für Stärke und das Männliche. Sie symbolisieren die beiden Säulen vor dem Tempel Salomons, wie sie auch bei den Freimaurern verehrt werden.

Fast hätte ich die Pointe zu Britney Spears vergessen. Hätte sie mal, statt sich tätowieren zu lassen, lieber in der Thora geblättert! Dort steht nämlich ausdrücklich, Gott habe den Menschen zu seinem Ebenbild gemacht, er dulde deshalb keine Tätowierten in seiner Gesellschaft. Wortwörtlich sollen Gläubige nämlich »(…) auch keine eingedrungene Schrift« an sich machen lassen (3. Buch Mose, 19,28). Autsch!

3

Kabbala in der Kirche

Die Idee war für die damalige Zeit ungeheuerlich. Eine Dreistigkeit, wie man sie sich nur leisten kann, wenn man die Schwester des Herzogs ist. Zwar geschah es in einem kleinen unbedeutenden Dorf im Nordschwarzwald, mehrere Tage mit der Kutsche vom Hof in Stuttgart entfernt. Aber direkt unter den Augen der protestantischen Geistlichkeit. Mehr noch, mitten in einer ihrer Kirchen.

Für die einen ist das Altarbild heute eine spirituelle Kuriosität. Andere sehen darin einen frühen Beleg für die Emanzipation im 17. Jahrhundert. Auf alle Fälle haben die Bad Teinacher heute erkannt, welchen Schatz sie da in ihrer Dreifaltigkeitskirche hängen haben.

Die kabbalistische Lehrtafel der Prinzessin Antonia von Württemberg (1613–1679), eine der wichtigsten Touristenattraktionen, die der Kurort bietet, wird nur selten geöffnet. Von April bis Oktober nur einmal die Woche, gegen Eintritt. Die Leinwand ist im Laufe der Jahrhunderte brüchig geworden. Außerdem erhöht künstliche Verknappung die Attraktivität. Prinzessin Antonia, wegen ihrer Bildung »Württembergische Minerva« (Minerva = Göttin der Weisheit) genannt, hatte 1652 die Gemälde für die Türen und die Innenseite des Triptychons in Auftrag gegeben. Es sind darauf Motive einer Mystik dargestellt, die die meisten Geistlichen damals für Aberglauben hielten. Vielleicht ist die Lehrtafel auch deswegen so versteckt. Man muss erst an allen Kirchenbänken vorbei, bis man hinter dem Altar, rechts an der Wand, das Kunstwerk entdeckt.

Schon das geschlossene Andachtsbild muss für den strenggläubigen Protestanten und vor allem für Männer eine Provokation gewesen sein: Abgebildet ist ein Zug der Seelen, bestehend nur aus Frauen, allen voran die Prinzessin, die sich am Ende von Jesus Christus krönen lässt. Unter den Frauen befindet sich, abgesehen von Jesus, nur ein einziger Mann oder zumindest ein Teil davon: der abgeschlagene Kopf des Scheba. Eine Frau hatte laut Bibel mit typisch weiblicher Raffinesse den aufständischen Scheba töten lassen, um die Stadt Abel-Bet-Maacha zu retten (2. Samuel 20).

Prinzessin Antonia war unverheiratet, vermutlich weil sie wegen des Dreißigjährigen Krieges keine ordentliche Mitgift vorweisen konnte. Tod, Hunger und Gewalt hatten auch beim Adel Spuren hinterlassen. Antonia beschäftigte sich viel mit dem Tod, schrieb Gebete, lernte Hebräisch und stieß dabei irgendwann auf die Kabbala. Und so taucht in ihrer Lebensgeschichte ein Name wieder auf, den wir von den Anfängen der Rosenkreuzer-Bewegung her kennen: Johann Valentin Andreae, der Verfasser mindestens einer der drei ersten Rosenkreuzer-Schriften. Antonia von Württemberg und der Okkultist pflegten eine Brieffreundschaft. Schon Andreaes Vater beschäftigte sich mit Alchemie, die christliche Kabbala hatte es dann auch seinem Sohn angetan. Vieles aus der Kabbala floss in das Rosenkreuzertum.

Andreaes Urgroßmutter Katharina Hiller war eine Begine, das sind Frauen, die ein selbstständiges, religiöses Leben führten, ohne einem Orden anzugehören. Sie unterhielt in ihrem Haus eine Krankenstation, unterrichtete ihre Enkelin, Andreaes Mutter, in Arznei- und Heilkunde. Diese wurde dank ihrer Ausbildung später Chefin der Hofapotheke in Stuttgart und schrieb sogar ein Buch über Heilkräuter. Andreae war also immer umgeben von starken, klugen Frauen. Es wäre arg übertrieben, die Rosenkreuzer zu Vordenkern der Emanzipationsbewegung zu machen. Aber immerhin waren im rosenkreuzerischen Weltbild Frau und Mann früher eine Einheit, getrennt in zwei gleichwertige Hälften – die Frau war mehr als nur das Rippenstück des Mannes.

Der Einfluss Andreaes, der zu der Zeit Hofprediger war, auf die intellektuelle Prinzessin muss groß gewesen sein. Antonia ließ ihn als

Prophet Jesaja im Innenteil des Triptychons verewigen. Dieses innen liegende Gemälde trägt ein Geheimnis, das sich dem Betrachter nicht sofort erschließt. Zentrale Figuren sind so angeordnet, dass sie den Sefiroth des Lebensbaums entsprechen. Nur: Die Geschlechterrollen sind vertauscht! Die unterste Sefira, Malkut, die normalerweise weiblich mit dem Prinzip des Empfangens assoziiert wird, ist in der Gestalt von Jesus plötzlich männlich. Auch die anderen Figuren zeigen Frauen dort, wo die Stationen sonst männlich gedeutet werden. Selbst die Sefira 9, die zweite von unten, der »Phallus«, ist eine Frau! Die männlichen Figuren sind clever inszeniert. Neben ihrem Mathematiklehrer hatte Antonia auch ihren Bruder, Herzog Eberhard, als Juda hineinmalen lassen. Eberhard durfte den mächtigsten israelitischen Stammesfürsten darstellen – und die Rechnungen für die Herstellung der Lehrtafel zahlen. Eine frühe Form des Sponsorings.

Die weibliche Dominanz in dem esoterischen Wimmelbild wird nicht der einzige Grund gewesen sein, warum Pfarrer Balthasar Raith bei der Einweihungspredigt die dahinter verborgene Lehre als »unmässig gerühmte« verspottete. Gleichzeitig heuchelte er Mitleid mit den Betrachtern, die »einen müden Kopff« beim Anblick der vielen Szenen bekämen. Noch deutlicher durfte seine Kritik am »Aberglauben« der Prinzessin nicht werden, schließlich war die Stifterin die Schwester des Herzogs. Aber wer eine kabbalistische Lehrtafel in einer Kirche aufhängen lässt, muss ein so ausgeprägtes Selbstbewusstsein besitzen, dass ihm/ihr die Meinung eines Predigers schlicht egal sein dürfte.

Da die Astrologie eine der Säulen der Kabbala ist, tummeln sich im Garten im unteren Bereich des Gemäldes die Tierkreiszeichen. An der Spitze des Tempels stehen, ganz unbescheiden, die Initialen Antonias verschlungen mit dem »A« und »O« für Jesus Christus (»Ich bin das Alpha und das Omega, der Erste und der Letzte, der Anfang und das Ende«). Die Prinzessin sah ihr eigenes Leben direkt mit Jesus verknüpft. Die Gematria, die kabbalistische Zahlenmagie, brachte ihr diese Erkenntnis. In ihrem privaten Nachlass tauchten Zahlenspiele auf, in denen sie jedem Buchstaben des Alphabets eine Zahl zuordnete. 1 bis 24 für die Buchstaben A bis Z, wobei in zwei Ausnahmen eine Zahl für zwei Buchstaben stand, I/J für 9, U/V für 20. Antonia errechnete so, dass Jesus (9+5+18+20+18 =

70) denselben Zahlenwert wie Antonia (1+13+19+14+13+9+1 = 70) besaß. Also Antonia = Jesus, mehr Selbstbewusstsein geht nun wirklich nicht.

Und noch ein geheimnisvolles Detail steckt in dem Bild. Prinzessin Antonia verfügte, dass nach ihrem Tod ihr Herz in einem Gefäß in der Nähe der kabbalistischen Lehrtafel bestattet werden sollte. Auf dem äußeren Gemälde hält Antonia eine Hand auf die Brust, die andere deutet in die Kirche. Zeigt sie damit auf ihr bestattetes Herz?

TEIL IV

Weitere Geheimbünde

1

Die Logen-Druiden

Bei Asterix klettert der greise Miraculix mit seinem roten Umhang zum Mistelnschneiden in den Bäumen herum, als wär er ein junger Hüpfer. Vermutlich eine Nebenwirkung des Zaubertranks, den der gallische Druide für die Bewohner seines Dorfes braut, um sie unbesiegbar gegen die Weltmacht des römischen Imperiums zu machen. Das ist das Bild, das wohl die meisten von uns von den Druiden haben. Alt, weise, aber ausgestorben. Doch es gibt sie noch heute. Mitten im niedersächsischen Peine steht die mächtige Druidenburg. Riesige Säulen tragen das Dach, die Fenster sind bleiverglast, alles hier atmet Geschichte. »Miraculix heißt im französischen Original Panoramix, der ›Umsichschauende‹«, erklärt Druide Claus. »Genau das wollen wir sein, Menschen mit Weitblick für die Dinge und die Natur um uns herum.«

Es geht hier also im Wesentlichen um Ökologie. Die Ordensgeschichte der Druiden begann 1781 mit einem Streit in der englischen Freimaurerei. Der Logenbruder Henry Hurle hatte offensichtlich die Nase voll von den Konflikten in den Londoner Großlogen und gründete in einem Wirtshaus im Stadtteil Soho mit Brüdern und Freunden seinen eigenen freimaurerähnlichen Verein. Eine Tafel in der Poland Street 23 erinnert heute an das Ereignis. Hurle schlug die Bezeichnung »Druiden« vor, denn »es gab einst Männer, die das Volk ihrer Zeit zu belehren und nützliche und schöne Dinge einzuführen wussten. Es waren die Druiden.« Laut dem römischen

Gelehrten Plinius, der beim Ausbruch des Vesuvs 79 n. Chr. ums Leben kam, leitet sich das Wort Druide vom griechischen *drys*, Eiche, ab. Durch die auf ihr wachsenden Misteln wurde die Eiche von den Kelten als heiliger Baum verehrt. Auch in den historischen Fenstern des Peiner Druidenhauses ist eine Eiche zentrales Motiv.

Anders als die Freimaurer haben die Druiden ihre Symbole nicht von der Legende des salomonischen Tempelbaus aus dem Alten Testament übernommen, sondern aus den Vorstellungen, die man sich in der Epoche der Romantik von den weisen keltischen Gelehrten, den Druiden, machte – ohne aber ihre Religiosität zu übernehmen. Gott oder Götter spielen hier keine Rolle. Etwa 1400 Mitglieder hat der Druidenorden in Deutschland. Weltweit sind die berühmtesten Druiden Winston Churchill (der auch Freimaurer war), Queen Elizabeth II. sowie Prince Charles.

An dem Abend, an dem ich beim Ritual des Druidenordens in Peine dabei sein darf, steht in der Mitte des Raumes ein grober Zeremonienstein, auf dem tatsächlich ein Bund Misteln und eine goldene Sichel liegen. Der geflochtene Mistelzweig symbolisiert das Verhältnis der Druiden zur Natur, die Sichel die Ernte. »Die Mistel ist uns innere Kraft und Mahnung, die Natur zu achten«, heißt es im Ritualtext. »Wir allein können die Welt nicht retten«, sagt Claus. »Aber unser Lebensziel ist es, allen Nachkommen einen Planeten zu übergeben, auf dem ein Leben in Würde möglich bleibt.« Seit etwas mehr als hundert Jahren gibt es die Druiden in Deutschland. Wie sehr die deutschen Druiden schon damals ihrer Zeit voraus waren, zeigen die Herausforderungen, vor die uns die Natur stellt. CO_2-Ausstoß, Klimaerwärmung, immer häufiger werdende Naturkatastrophen.

Zwar steht längst auch bei den Kirchen die »Bewahrung der Schöpfung« auf der Agenda, sie haben aber ein Glaubwürdigkeitsproblem. Die Deutsche Umwelthilfe kritisiert seit Jahren die klimaschädlichen Dienstwagen deutscher Bischöfe. Der Bericht von 2021 bescheinigt nur drei von 47 Kirchenführern eine umweltfreundliche Flotte. Die Protestanten fahren sauberer als die Katholiken, der katholische Bischof von Limburg verursache mit seinem Audi A8 gar 258 Gramm CO_2. Der EU-weite Flottengrenzwert liegt bei 95 Gramm. Dabei fährt doch selbst der Papst mittlerweile elektrisch.

Bei den Druiden fällt die Bewahrung der Natur wohl in die Kategorie Menschenliebe, eine der sieben Ordenstugenden, zu denen auch noch Einigkeit, Frieden, Eintracht, Brüderlichkeit, die Wahrung der Menschenrechte und die Toleranz gehören. Sieben Zacken hat deshalb auch der Druidenstern, den die Logenmitglieder als Erkennungszeichen am Revers tragen. Auch der Leuchter trägt sieben Kerzen, die einer der Brüder kurz vor Ritualbeginn entzündet.

Dann wird der schwere Riegel an der Tür zur Seite geschoben, und die Brüder und Schwestern betreten den Raum, bewacht von einem Druiden mit einer traditionellen Lanze. Der Wächter ist also bewaffnet, eine Anlehnung offensichtlich an das Freimaurerschwert. »Das Ritual in der sogenannten Innenloge gibt dem Ganzen einen feierlichen Rahmen«, sagt Claus. »Und es hat auch eine psychologische Wirkung. Es wirkt auf die Mitglieder, dass sie insgesamt ausgeglichener werden und ausgesprochen zurückhaltend argumentieren, ohne Aggression.« Die Druidenleitsätze hören sich ganz vernünftig an, etwa: »Ist dir Macht verliehen, übe sie mit Vernunft und bedenke, dass sie auch wieder aufhören wird.« Das gilt im Job wie in der Kindererziehung.

Im Schein der Kerzen, zu ruhiger Musik, erinnern sich während des Rituals die Brüder in einem Wechselgespräch ihrer Ordensziele. Der Leiter der Zeremonie fragt einen Bruder am anderen Ende des Saals feierlich: »Dich als meinen Vertreter frag ich nun nach unseren Ordens Sinn und Ziel.« Der antwortet darauf: »Im Bruderkreis gilt unser Wollen der Einigkeit, denn sie gibt Stärke. Der Frieden mahnt zur Achtung voreinander. In Eintracht wollen wir gemeinsam handeln. Und über allem steht als Ordensziel Humanität.« Was die Druiden unter Humanität verstehen, zählt ein weiterer Bruder auf: »Brüderlichkeit aller Menschen. Die Nächstenliebe sei uns Pflicht zur Tat. Das Menschenrecht sei jedes Menschen Anspruch. Des anderen Meinung sei mit Toleranz geachtet.« Am Ende stehen die Logenmitglieder rund um den Druidenstein, bilden wie die Freimaurer eine Kette, indem sie sich an den Händen fassen, und bedanken sich untereinander für das Erlebnis des Rituals.

Es gibt noch eine zweite, völlig andere Spielart der Druiden, die mit den Ordensdruiden bis auf den Namen nicht viel gemeinsam hat. Die sogenannten paganen Druiden und Hexen.

2

Die modernen Hexen

In dem Laden für Magiebedarf am Sendlinger Tor in München zeigt mir die Hexe Surja, wie man »richtig« zaubert. Surja ist eine ältere, schlanke, feingliedrige Frau mit sehr langen blonden Haaren. Bei einem Ritual, das man bei ihr kaufen kann, löst eine rote Peniskerze einen Liebeszauber bei einer Person aus. Und die schwarze? »Na ja, die macht ihn impotent«, sagt die Hexe so sachlich, als würde sie Versicherungen verkaufen.

So geht's: Name und Geburtsdatum der Zielperson ins Wachs ritzen, dreizehn Nadeln durch die Eichel stechen, die Kerze anzünden und brennen lassen, bis die Nadeln abfallen. Den Peniszauber gibt es als Set mit Kerze, Nadeln und ausgedrucktem Ritual in einer Plastiktüte für 32 Euro. Nur die gewünschte Kerzenfarbe sollte man sich vorher gründlich überlegen.

Beim Neopaganismus – oder Neuheidentum – denkt mancher an moderne Hexen, die in der Walpurgisnacht ums Feuer tanzen. Auch die Hexen denken so, und genau das ist das Problem. Diese Vorstellung ist ein Relikt aus der Romantik. Heute nennt sich schon Hexe, wer aus einem Pfefferminzsträußchen aus dem Garten mal einen Tee aufgebrüht hat. Tatsächlich schießen die Mitglieder des modernen Hexenkultes meist völlig übers Ziel hinaus, was ihren eigenen Mythos angeht. Geheimnisvoll erzählt mir eine Münchnerin, die ich in dem Laden treffe und die sich ebenfalls als Hexe vorstellt, sie sei die Wiedergeburt einer Zauberin, die bei der großen

Hexenverfolgung im Mittelalter auf dem Scheiterhaufen verbrannt wurde. Damit fangen bereits die Irrtümer der modernen Hexenreligion »Wicca« an, die in den letzten Jahrzehnten stark an Mitgliedern zugenommen hat. Nach einer Untersuchung des US-Soziologen Barry Kosmin zählte die Bewegung im Jahr 2008 weltweit 134 000 Hexen und Hexer.

Die sieben größten Irrtümer im Hexenglauben:

1. **Im Mittelalter wurden Hexen verfolgt.**
   In Europa wurden Hexen tatsächlich verfolgt, nur eben nicht im Mittelalter. Es war vor allem die Zeit zwischen dem 15. und 18. Jahrhundert.
2. **Durch die Hexenverfolgung starben 9 Millionen Menschen.**
   Auch die in neuheidnischen und feministischen Kreisen kolportierte Zahl von 9 Millionen (sogar bis zu 30 Millionen) verbrannten Hexen und Hexern hat mit der historischen Wirklichkeit nichts zu tun. Die habilitierte Historikerin Rita Voltmer von der Uni Trier geht bestenfalls von 60 000 Hinrichtungen aus.
3. **Die katholische Kirche hat die Hexen verbrannt.**
   Das ist nur zum Teil richtig. Rita Voltmer *(Hexenverfolgung in historischer Perspektive)*: »Hexereiverfahren sind in der absoluten Mehrzahl von weltlichen Gerichten (...) geführt worden.« Lediglich in Spanien, Portugal und Italien habe die Inquisition die vermeintlichen Hexen verfolgt. Die Protestanten waren übrigens in der Hexenfrage auch nicht vernünftiger. Und viele Verdächtige, die den Gerichtsprozess heil überstanden hatten, wurden hinterher bei der Rückkehr ins Dorf von den Nachbarn gelyncht.
4. **Hebammen und Heilerinnen wurden verbrannt.**
   Sie gehörten nicht zu den Hauptverdächtigen. Im Gegenteil, oft halfen diese Berufsgruppen als Sachverständige mit, eine vermeintliche Hexe vor der Inhaftierung zu untersuchen. Eine festgestellte Schwangerschaft war oft der Grund für die Verschonung von der Folter. Übrigens waren es oft Frauen, die ihre Geschlechtsgenossinnen der Hexerei anklagten.
5. **Hexen waren Hüterinnen eines heidnischen Geheimwissens.**
   Historikerin und Hexenprofessorin Rita Voltmer führt diesen Mythos auf eine Fantasie des 19. Jahrhunderts zurück. Der französische Autor

und »Historiker« Jules Michelet (1798–1874) schuf einen Typ Rebellin, der die heidnische Heilkunst gegen die Vertreter der mittelalterlichen (!) Kirche verteidigte und deshalb verfolgt wurde.

6. **Hexen waren meist rothaarig.**
   Dieser Irrtum stammt aus der Rassenideologie der Nazis, wonach Germanen blond und blauäugig und keltische Druidinnen rothaarig zu sein hatten. Heinrich Himmler ließ ein knappes Dutzend SS-Angehöriger nach Spuren einer 1629 in Mergentheim als Hexe ermordeten Mergret Himbler suchen, die Himmler für seine Ururgroßmutter hielt.
7. **Der Hexenkult hat im Untergrund bis heute überlebt.**
   Tatsächlich finden in Afrika, Südamerika und Südostasien heute noch immer Hexenverfolgungen statt, die für die Verdächtigten oft tödlich enden. Das Problem ist so dramatisch, dass Missio, das katholische Missionswerk, den 10. August 2020 erstmals als Internationalen Tag gegen den Hexenwahn ausrief.
   Zynisch, wenn aus demselben Aberglauben heraus Wohlstandshexen und -hexer sich selbst als unverstandene und gegen Kirche und Establishment rebellierende Spezies feiern.
   Der populäre Mythos, der Hexenkult habe sich in Europa im Geheimen über Jahrtausende gehalten, ist eine längst widerlegte Idee von Okkultisten und Satanisten, die sich u. a. auf die Literatur der englischen Ägyptologin Margaret Alice Murray (1863–1963) berufen. Diese behauptete 1921 *(The Witch-Cult in Western Europe)*, dass ein Hexenkult bis in die Gegenwart einen gehörnten Gott verehre. Historiker warfen ihr unwissenschaftliches Arbeiten bis hin zur plumpen Urkundenfälschung vor.

Einer, der Murrays These dennoch glaubte, war Gerald B. Gardner (1884–1964). Der englische Teeplantagenbesitzer und Okkultist begann seine Karriere, als er sich von dem Rosenkreuzer und Freimaurer Aleister Crowley in dessen OTO (in dem auch Scientology-Gründer Hubbard zeitweise mitmischte) aufnehmen ließ. Gardner gründete 1954 die Hexenreligion Wicca. Das Absurde: Nachdem Gardner bei Murray abgeschrieben hatte, sah Murray sich wiederum durch Gardner in dessen Texten bestätigt.

3

Die heidnischen Druiden

Gardners Wiccakult beeinflusste maßgeblich eine Bewegung, die man heute als pagane oder heidnische Druiden kennt. Der englische Künstler Ross Nichols (1902–1975) war ein guter Freund von Gardner. Doch während er die Hexenidee weiterspонn, hatten es seinem Kumpel Nichols die Druiden angetan. In seinem Weltbild gewannen die keltischen Feste wieder an Bedeutung. 1964 erfand er aus dem ursprünglich von Freimaurern gegründeten »Ancient Druid Order« heraus den auch in Deutschland aktiven »Orden der Barden, Ovaten und Druiden« (OBOD).

Das steinzeitliche Stonehenge wird von den neuzeitlichen Druiden besonders verehrt. Die als UNESCO-Weltkulturerbe geschützte, über 11 000 Jahre alte rituelle Stätte im Südwesten Englands ist eines ihrer wichtigsten Heiligtümer. Die OBOD-Druiden bevorzugen allerdings Glastonbury, wo sie den mystischen Ort Avalon vermuten. OBOD ist nicht zu verwechseln mit rechten Gruppen, die sich häufig auch Druiden nennen. Die Bezeichnung Druide ist nicht geschützt. Im Januar 2022 stand in Baden-Württemberg ein selbst ernannter Druide als mutmaßliches Mitglied der Reichsbürgerszene vor Gericht. Die Polizei hatte bei »Nazi-Gandalf«, wie er von seinen Gesinnungsgenossen genannt wurde, Waffen und antisemitische Hetzschriften entdeckt.

Der Orden stellt u. a. deshalb auf seiner Internetseite unmissverständlich klar, dass eine Haltung, die andere aufgrund ihrer Herkunft, Hautfarbe oder geschlechtlichen Orientierung abwerte, nicht toleriert werde. Druiden seien schließlich »Friedensstifter und Weisheitssuchende in einer gleichberechtigten Welt.« Kernanliegen von OBOD ist ein spiritueller Weg, bei dem ein friedvoller Umgang miteinander und der Schutz der Umwelt im Mittelpunkt stehen.

»Seit Bestehen des Ordens ermutigen wir die Leute, herauszufinden, wo ihre Neigungen liegen«, sagt der fröhlich wirkende langjährige Oberdruide, Psychotherapeut und Nichols-Zögling Philip Carr-Gomm in einem seiner Videoblogs (übers. aus: »Tea with a Druid«, YouTube). »Ob es eine spezielle Tierart ist oder ein bestimmtes Element, wie etwa das Wasser oder die Reinheit der Luft. Was immer es auch sein mag, das dich bewegt, arbeite in diesem Bereich. Spende dafür, wenn du die körperlichen Möglichkeiten nicht hast, selbst zu helfen. Wenn du das auch nicht kannst, engagiere dich in Umweltschutzprojekten. Das ist es, was wir als ökologische Verantwortung bezeichnen.« Viele Umweltaktivisten waren ursprünglich in der esoterischen Szene unterwegs, wie etwa frühe Mitglieder von Greenpeace. Deshalb nannten sie ihr erstes Schiff *Rainbow Warrior*, nach einer Überlieferung amerikanischer Ureinwohner, wonach in der Zukunft Regenbogenkrieger kämen, um die Erde vor der Zerstörung zu retten.

Vielleicht rührt aus der folgenden Geschichte auch das tiefe Misstrauen der alternativen Szene gegenüber den Regierungen: Das Greenpeace-Schiff, das öffentlichkeitswirksam gegen Atomtests, Schleppnetzfischerei, Robbenschlachtung und Giftmüllverklappung im Einsatz war, explodierte am 10. Juli 1985 durch einen feigen Bombenanschlag französischer Agenten vor der Küste Aucklands (Neuseeland). Ein Besatzungsmitglied ertrank bei der Versenkung der *Rainbow Warrior*. Nach der Enthüllung der Geheimdienstoperation »Satanique« durch die Tageszeitung *Le Monde* zahlte Frankreich 1987 über acht Millionen US-Dollar Schadenersatz an Greenpeace. Auch Präsident Mitterrand soll von der Operation gewusst haben. Die Familie des getöteten Aktivisten Fernando Pereira erhielt von Frankreich umgerechnet nur 300 000 Euro. Die Verantwortlichen wurden nie zur Rechenschaft gezogen.

Auch OBOD-Mitglieder sind politisch aktiv, engagieren sich gegen Frackingpläne, pflanzen Streuobstwiesen, unterstützen Baumbesetzer beim Protest gegen Rodungspläne, so geschehen u. a. 2018 im Hambacher Forst. Die Druiden dürften nach den Bestsellern des Försters Peter Wohlleben, der Bäume als komplexe Wesen schildert, die sogar miteinander kommunizieren, weiteren Zulauf bekommen. Allein Wohllebens Buch *Das geheime Leben der Bäume* verkaufte sich weltweit millionenfach und inspirierte die US-Sängerin Tori Amos zu ihrem Hit *Speaking With Trees*, in dem sie den Tod ihrer Mutter verarbeitet.

Wie alle Neudruiden reichen auch die Wurzeln von OBOD nur bis in die Romantik mit ihren Vorstellungen eines keltischen Druidentums. OBOD versucht jedoch nicht, zwanghaft die keltische Religiosität zu rekonstruieren. In der Spiritualität des Ordens finden sich Einflüsse aus der Freimaurerei, aus dem Christentum, des antiken Reinkarnationsglaubens sowie moderne Vorstellungen eines weltweit vernetzten Ökosystems. Dabei ist es den Mitgliedern überlassen, sich auch eigene religiöse Vorstellungen zu machen – oder auch einer der bestehenden Religionsgemeinschaften anzugehören.

Am aktivsten sind die Druiden zu den acht alten heidnischen Hauptfesten, von denen das Christentum unter neuem Namen viele übernommen hat. Eines davon ist Samhain, aus dem Allerheiligen wurde. In der Nacht auf den 1. November sollen sich nach Ansicht der Neudruiden die Tore zur Anderswelt öffnen, wodurch Menschen, Feen und andere mystische Wesen zueinander in Kontakt treten könnten. So ist aus Samhain Halloween entstanden.

Feenglaube war in England weit verbreitet. Der schottische *Sherlock-Holmes*-Autor Arthur Conan Doyle (1859–1930) gab horrende Summen aus für Fotos, auf denen vermeintlich echte Feen abgebildet waren. Doyles Wunderglaube führte schließlich sogar zum Bruch mit seinem Freund und Freimaurerbruder, dem Meistermagier Harry Houdini. Dieser hatte Doyle immer wieder mit seinen Illusionen zu überzeugen versucht, dass die meisten Wunder auf einfachen Tricks beruhen. Doch Doyle wollte die Wissenschaft als Ursache der Illusionen nicht akzeptieren und glaubte unbeirrt weiter an echte magische Kräfte seines Freundes. Die bizarre Beziehung zwischen Houdini und Doyle zeigt, wie nah Wissenschaft und Aberglaube, Licht und Schatten in der Geschichte der Aufklärung beieinander waren.

Beim Sommersonnwendfest Alban Hefin wird des Feuers gedacht. Eine Druidin (und ehemalige Greenpeace-Aktivistin) nahm mich mit zu ihrem Ritual, das idyllisch in einem historischen Bootshaus mit Blick auf den Starnberger See gefeiert wurde. Mit einem Kranz aus Eichenlaub auf dem Kopf kam ich mir mehr als albern vor. Aber das Ritual hatte tatsächlich etwas Magisches. Auf einer Decke auf dem Boden des Bootshauses, dem »Altar«, standen eine Kerze, Weihrauch, eine Schale Wasser und ein Schwert. Die das Ritual leitende Druidin zündete Kerze und Weihrauch an. »Man könnte bei diesem Ritual eine weiße Robe tragen, muss man aber nicht«, erklärte sie. Die Druiden standen auf die vier Himmelsrichtungen verteilt. Einer von ihnen eröffnete im Westen die Zeremonie: »Lasst uns drei Atemzüge nehmen, zusammen mit der Erde unter uns, zusammen mit dem Himmel über uns, zusammen mit dem Wasser um uns herum.« Der Druide im Norden ergänzte: »Mit dem Segen der Erde, des Wassers und des Himmels möge unsere Zeremonie beginnen.« Dann drehte sich die Druidin gegen Osten und begrüßte die Geisterwesen: »Große Göttin, wir grüßen dich, wir ehren dich und bitten um deinen Segen.« Gleich darauf drehte sie sich wieder den anderen im Kreis zu: »Oh, Geister dieses Ortes, oh, Geister dieses Kreises, wir bitten um euren Segen, euren Schutz und eure Inspiration für diese unsere Zeremonie.« »Bei diesem Fest feiern wir, wie die Sonne die Erde befruchtet«, erklärt mir die Druidin hinterher. In einer hübschen Szene des Rituals küsst sich ein Paar, als Zeichen der Befruchtung penetriert die Klinge des Schwertes einen Eichenkranz. »Gleichzeitig erinnert uns das Fest am längsten Tag des Jahres daran, dass in jedem Zenit schon das Gegenteil, der Nadir, steckt, in jeder Geburt schon der Tod und in jedem Tod eine neue Geburt. Wie die Blätter, die im Spätherbst von den Eichen fallen, den Baum nähren, der dann im Frühjahr wieder kleine neue Blätter treibt. Ein einziger Kreislauf!« Es folgten mehrere Preisungen der Himmelsrichtungen und der mit ihnen verbundenen Elemente, etwa nach Osten: »Mit dem Segen des Falkens der Morgendämmerung, der in die klare Luft aufsteigt, rufen wir die Kräfte des Ostens.« Im Süden ist es der Hirsch für das Feuer, im Westen der Lachs für das Wasser und im Norden der Bär für die Erde, gemeint ist das Sternbild des Großen Bären. Nach einigen Gebeten, unter anderem für die Sonne, die an diesem längsten Tag des Jahres die größte

Mittagshöhe am Horizont erreicht hatte, endete die Zeremonie mit dem englischen Druidengelübde, das dreimal gesprochen wird und in dem sich die Druiden gegenseitige Treue versprechen:

> »We swear by peace and love to stand
> heart to heart and hand in hand (…)«

Ich bin Ihnen noch eine Erklärung schuldig, was ich so magisch an diesem Ritual fand. Mitten in der Zeremonie verdunkelte sich plötzlich der Himmel, und ein wirklich beeindruckendes Sommergewitter zog auf. Man könnte meinen, den Geistern habe meine Anwesenheit als Hilfsdruide nicht gepasst. Der einsetzende Hagel donnerte wie Hunderte Gewehrschüsse gegen das Dach des Toyotas meiner Frau, hinterließ ein gleichmäßiges Muster von Dellen. Unter allen Brücken versuchten Autofahrer, ihre Fahrzeuge in Sicherheit zu bringen. Unserem Wagen blieb nur die Abwicklung bei der Versicherung. Und noch etwas Erstaunliches hatte dieses Ritual. Es erinnerte mich sehr stark an die Zeremonie der Kabbalisten; der Moment nämlich, als die Gruppe dreimal das Wort »Awen« intonierte, und zwar so lang gezogen, wie jüdische Mystiker ihre magischen Gottesnamen. »Ahh-oooo-en!« Das Wort, das ähnlich klingt wie das »Amen«, ist angeblich ein keltischer Begriff für eine Inspiration, die aus dem Unterbewussten kommen soll … Schon wieder begegnet mir diese Inspiration, die nichts anderes zu sein scheint als Inkubation. Das stützt meine These, dass es in allen esoterischen Systemen, die ich kennengelernt habe, egal, ob bei den Freimaurern, Rosenkreuzern oder Kabbalisten, immer darum geht, die Steuerung der Gedanken für die Ideenernte dem Unterbewussten zu überlassen.

Das ist die eigentliche Macht der Geheimbünde: die kreative Quelle anzuzapfen, um die Lösungen sprudeln zu lassen, wie auch immer man sie nennen mag: Magie, göttliche Eingebung oder einfach nur: Geistesblitz. Genau solche Geistesblitze gehören auch zum Wesen des nächsten Bundes, den Schlaraffen!

4

Die Schlaraffen

m-vg.de/link/dmdg05

Diese Männer nehmen in ihrem Spiel gar nichts ernst. Nicht das Leben, nicht den Tod, und die Freimaurerei schon gar nicht. Das *Internationale Freimaurer-Lexikon* (Lennhoff/Posner/Binder) behauptet, dass der Schlaraffenbund »fälschlich mit der Freimaurerei in Verbindung gebracht« wird. Doch es gibt sogar eine sehr wichtige Verbindung: Die sogenannte Schlaraffia war zumindest in ihrer Gründungsphase im 19. Jahrhundert als Persiflage auf die Freimaurerei entstanden. Ihr Spiel ist ein einziger Spott auf das Gehabe elitärer Clubs, und da diente die Freimaurerei zu der Zeit wohl als Musterbeispiel eines distinguierten Bundes.

Es soll alles am 10. Oktober 1859 mit einer Trotzreaktion begonnen haben. Der Prager Theaterdirektor Franz Thomé wollte einen seiner Opernsänger in die noble Künstlergesellschaft Arcadia einführen, benannt nach Arkadien, dem verlorenen Garten Eden. Doch der eigene Club lehnte nicht nur Thomés Empfehlung des noch jungen Sängers Albert Eilers ab, die Ablehnung muss auch vernichtend formuliert worden sein. Thomés Sänger soll, so der Gründungsmythos, hochnäsig als »Proletarier« beschimpft worden sein. Aus Wut darüber gründete der Theaterdirektor, der selbst mit einer Sängerin verheiratet war, zusammen mit Eilers und anderen Künstlern aus der Arcadia in der Prager Neustadt einen

Konkurrenzverein, den sie »Proletarier-Club« nannten. Daraus entstand die Schlaraffia, die 1865 in Deutschland Fuß zu fassen begann und heute weltweit etwa 10 000 Mitglieder hat (allein in Deutschland über 6 500).

Die Gründerväter verfügten offensichtlich über genug Humor, der Zurückweisung durch die vornehme Arcadia mit feinem Spott zu begegnen. So wollten sie nicht sein, die »Proletarier« verstanden sich als Gegenmodell zu der wichtigtuerischen Arcadia. Und so entwickelten sie diebische Freude daran, das Ritual des im 19. Jahrhundert elitären Bundes schlechthin, der Freimaurer, zu veralbern. Diese Freude ist heute noch zu spüren. Sie beginnt schon beim Betreten der Burg, wie die Schlaraffen ihre Loge nennen. Wie die Freimaurer beim Eintreten in den Tempel mit einem Kopfnicken in den Osten grüßen, wo der Meister vom Stuhl sitzt, verbeugen sich die Schlaraffen tief vor einem – ausgerechnet – ausgestopften Uhu an der Wand.

Statt Schurz und Zylinder tragen die Schlaraffen Rittermantel und eine Art Narrenkappe, ihren »Helm«, der schwer mit Blechabzeichen behängt ist; ähnlich überdekoriert mit Bijou, Schärpe, Beamten- und Ehrenzeichen treten manchmal auch Freimaurer auf. Im traditionellen Abendlied der Schlaraffen bezeichnen sie ihr Spiel als »Arbeit«; bei Freimaurern bedeutet das Ritual auch Arbeit, und zwar am rauen Stein.

Wenn Gäste aus anderen »Reychen« zu Besuch sind, laufen diese zu Beginn der Versammlung unter einem Dach aus gekreuzten Holzschwertern ein. Solche Spaliere aus den Degen der anwesenden Brüder, das »Stahldach«, ist noch heute beim Einzug von Ehrengästen u. a. in französische freimaurerische Logen als »Voûte d'acier« üblich. Pilger (in der Freimaurerei heißen sie »Suchende«) werden durch das auch in Maurerlogen übliche Verfahren der Kugelung gewählt und durchlaufen ebenfalls drei Grade: Knappe – Junker – Ritter (Lehrling – Geselle – Meister).

Wie die Freimaurer haben sich die Schlaraffen auch eine eigene Zeitrechnung gegeben, beginnend mit ihrem Gründungsjahr 1859 als Jahr »0«. Bei Freimaurern ist es u. a. Anno Lucis, weil sie in früheren Zeiten annahmen, dass die Welt 4000 Jahre vor Christi Geburt erschaffen worden sei. Schlaraffen erkennen sich gegenseitig an einem in der Öffentlichkeit kaum bekannten Zeichen, der kleinen weißen Perle am Revers (»Rolandnadel«). Bei ihren Treffen begrüßen sie sich mit der Formel »Lulu!«, vermutlich eine Abkürzung für die Aufforderung: »Spielt das Spiel!« *(Ludum ludite!)* Wie der Meister vom Stuhl seinen Hammer, führt der Oberschlaraffe an der Stirnseite des Raumes während des Rituals ein hölzernes Zepter, mit dem Griff klopft er hin und wieder auf die Tischplatte, um so seinen Anweisungen mehr Nachdruck zu verleihen.

Zu den Mitgliedern der Schlaraffen gehörten zahlreiche prominente Künstler und Kulturschaffende: die Schauspieler Gustl Bayrhammer (»Meister Eder«, 1922–1993,) und Paul Hörbiger (1894–1981), Comedian Harmonist Erwin Bootz (1907–1982), die Komponisten Gustav Mahler (1860–1911), Nico Dostal (*Geierwally*, 1895–1981), Franz Lehár (1870–1948) und die Puppentheaterdirektoren Walter Oehmichen (1901–1977) und Hanns-Joachim Marschall (1927–1999, beide »Augsburger Puppenkiste«).

Wenn sie sich auch bemühen, einen Geheimbund nachzuspielen, so sind sie doch in vielen Städten sehr sichtbar. Mitten im Kurpark von Bad Säckingen (Baden-Württemberg) steht eine alte herrschaftliche Villa. Sie ist der Sitz der Schlaraffen. Die Türen sind schwer vergittert, der Knauf am Eingang ein großer Bronzeuhu. Ich bin angemeldet, betätige den altmodischen Klingelzug. Ritter Compari, der Kanzler der Loge, öffnet mir in Ornat und Spitzenkragen die Tür. Die Ritter sprechen sich mit Fantasienamen an, kennen die richtigen Namen der anderen oft gar nicht. In seinem Fall – er betreibt eine Computerfirma – ist es ein Mix aus seinem Beruf und seinem Lieblingsaperitif. »Lulu und herzlich willkommen in der Sacrodunum«, begrüßt mich der Kanzler des südbadischen »Reychs«.

Viele der Mitglieder sind erfolgreiche Geschäftsleute, Juristen, Manager. Warum schlüpfen sie einmal in der Woche in Kostüme und benehmen sich wie Kinder? »Viele genießen es, nach einem Tag voller Verantwortung albern zu sein«, sagt Ritter Compari. »Wer über sich selbst lachen kann, nimmt die Welt nicht mehr so ernst.« Das leuchtet mir ein. Und so tauche ich ein in eine Welt aus Ritterspiel und Männerbund.

Zwei Oberschlaraffen warten schon in der Burg auf mich. Wir haben noch ein paar Stunden, bis das eigentliche Spiel beginnt. »Unsere Waffe ist das Wort«, erklärt mir Ritter Drill, ein Krisenmanager aus der benachbarten Schweiz. Er ist während meiner Recherchen gerade Allschlaraffen-Rat, Chef aller Schlaraffen weltweit. Neben ihm steht sein für

Deutschland zuständiger Kollege Ritter Dunderblitz, ein pensionierter Schuldirektor. Mir fallen sofort der überdimensionierte Orden auf seiner Brust und die zwei etwa einen Meter langen Ketten auf, die links und rechts von seiner Mütze herabhängen. Eine davon besteht aus Dutzenden kleiner Messingblitze. Hat er etwa ein Hobby, das mit Elektrizität zu tun hat? Er schüttelt den Kopf. »Nein, wenn man sich beim Spiel mit einem plötzlichen Geistesblitz beteiligt, etwa mit einem Gedicht, das einem spontan eingefallen ist, dann bekommt man einen solchen Blitz«, erzählt er. »Vielleicht heiße ich ja auch gerade deswegen Dunderblitz.« Die andere Kette besteht aus vielen kleinen Medaillen. »Die Schlaraffen bekommen für alles, was sie tun, einen Lohn, der sie dazu animiert, immer wieder etwas Neues zu bringen, weil das einfach Freude macht,« sagt Ritter Dunderblitz. »Unser Spiel läuft vom 1. Oktober bis zum 30. April auf der Nordhalbkugel und umgekehrt dann auf der anderen Seite des Globus. Und wenn man während dieser Winterung, wie wir das nennen, in einer Woche mindestens ein Schlaraffenreych besucht, dann bekommt man am Ende des Jahres eine solche Plakette.« 39 Plättchen sind an der Kette, Dunderblitz ist also schon mehr als die Hälfte seines Lebens ein Schlaraffe.

In den Schlaraffenbund kann man nicht einfach aus eigenem Antrieb eintreten, man muss von einem Ritter eingeladen werden. Dann darf man dreimal als »Pilger« eine sogenannte Sippung besuchen, bevor man sich entscheiden muss, ob man Schlaraffe werden will oder nicht. Denn dann beginnt die Phase, in der die anderen Ritter den Kandidaten besser kennenlernen wollen, um nach einiger Zeit zu entscheiden, ob er in die Gruppe passt. Auch hier: Es ist ein reiner Männerbund.

Eine der wichtigsten Qualifikationen der Bewerber: Sie müssen in der Lage sein, ihren Alltag draußen zu lassen. Die Verfremdung, die Kostüme, die Fantasienamen und sogar eine eigene Sprache helfen dabei, ins Spiel zu kommen. Wer, wie ich, zum ersten Mal bei einer Sippung dabei ist, versteht zunächst kaum etwas. Die Ritter verabschieden sich zu Hause vom Tross (Familie), reisen mit Benzinross (Auto), Benzinelefant (Bus) oder Dampfross (Zug) an, prosten sich mit »Ehé!« zu, trinken Lethe statt Wein, Schaumlethe statt Sekt und Quell statt Bier. Wenn sie miteinander »fechsen«, tragen sie selbst gereimte Spottgedichte, oft auf einen anderen

Ritter, vor. Ab und zu rauchen einige von ihnen draußen vor der Tür eine Lunte (Zigarre) oder eine Lunette (Zigarette). Einige der Ausdrücke aus dem Schlaraffenlatein haben es sogar in unsere Umgangssprache geschafft: die Quasselstrippe ist das Telefon, der Schwalbenschwanz ein Frack.

Viele der Brüder sind musikalisch, spielen Kniewinsel (Cello), Minneholz (Gitarre) oder Clavicimbel (Klavier). »Hier kann sich jeder ausprobieren, dichten, singen, spielen, auch wenn's furchtbar klingt«, sagt Ritter Drill. Und weil die Burgfrau (Ehefrau) nicht mitdarf, kann man getrost den einen oder anderen Witz machen über den Burgschrecken, das ist die – richtig! – Schwiegermutter. Es muss aber nicht jeder ein Künstler oder Musiker sein. Es gibt auch andere Talente, mit denen man sich einbringen kann. Die Burg instand halten, als Küchen- und Kellerwart für die anderen kochen oder einfach nur ein verlässlicher Freund sein. »Unsere Ideale sind Kunst, Freundschaft und Humor«, sagt Ritter Drill, der Schweizer. Humor ist sicher hilfreich, wenn man sich vor einem Uhu verbeugt, oder? Ritter Drill: »Der Uhu ist unser aller Vorbild, er ist das Tier der Weisheit, auch der Kriegskunst. Wir verehren ihn, er verteilt an uns seine Weisheit durch die Erleuchtung.« Da war er wieder, der Hinweis auf die Inkubation!

Mit der Verbeugung vor dem Uhu betritt nämlich jeder der Ritter den für die Kreativität benötigten Raum, am Uhu wird alles Profane abgeschüttelt, und beruflicher Ärger oder Streitthemen wie Politik und Religion werden abgelegt. Jeder von ihnen tritt ein in eine heile Welt, in das Schlaraffenland des Geistes! Hier interessiert sich niemand für die beruflichen Hierarchien, hier zählt nur die schlaraffische. »Kein Schlaraffe weiß, was ihn am Abend erwartet«, sagt Ritter Dunderblitz. »Er weiß nicht, wer kommt, es ist jedes Mal eine Wundertüte. Ich habe über tausend Abende erlebt und könnte nicht sagen, dass sich etwas wiederholt hätte.«

Die ersten Schlaraffenfreunde kommen, noch sind alle in Zivil. An diesem Abend gibt es Hausmannskost, Spaghetti Bolognese, ein Bier dazu – besser als bei den meisten Geschäftsessen. Eine Gruppe wärmt vor mit einer Runde Schnaps. Es wird nicht die einzige bleiben. Viele sind aus gutem Grund in Fahrgemeinschaften da. Dann beginnen sie, in ihre Rittermäntel zu schlüpfen und ihre Hotzenkragen anzulegen, so nennt man die altertümlichen Spitzendeckchen über den Schultern. Der Spielleiter hat hinter seinem Pult Platz genommen und wird von je zwei Schlaraffen auf beiden Seiten flankiert. Die Situation müsste ihm vertraut sein, er ist Richter an einem Amtsgericht, und die Beisitzer wirken wie Schöffen. Er eröffnet das Spiel mit den Worten an einen der Beisitzer: »Ritter Marschall, rühre das Tamtam!« Sofort schlägt der einen Gong, so groß wie ein Wagenrad. Dann heißt es Lulu und Ehé, und es wird erst mal ein Schluck getrunken. Denn: »Vergesst das Laben nicht, so viel Zeit muss sein.«

Jede Ankündigung fängt an mit: »Schlaraffen hört!« Zunächst setzt sich ein Ritter ans Klavier, und die etwa fünfzig anwesenden Schlaraffen singen ihr fröhliches Abendlied zur Eröffnung:

»Schon wieder ist der Abend da,
Die Arbeit kann geschehen –
Ein Abend in Schlaraffia
Muss das Gemüt erhöhen!
Dem Uhu gilt der erste Gruß,
Den Aha man verehren muss,
Oho, Ihi dazu! Uhu! Uhu!«

Bei der Stelle »Dem Uhu gilt der erste Gruß« stehen alle auf und verneigen sich noch mal vor dem ausgestopften Uhu. Dann drehen sie sich zum Spielleiter und winken ihm zu. Es ist Zeit, die Gäste aus anderen Reychen zu begrüßen. Ein Ritter schlägt die große Trommel, zwei andere blasen in die Posaunen, die anderen stehen in zwei Reihen und klappern mit den Schwertern. Tatatata! Und dann »reiten« die Gäste Ritter Drill und Ritter Dunderblitz ein und entzünden feierlich die blaue Kerze der Freundschaft. Und wieder eine Runde Schnaps.

Der Spielleiter, von den anderen »Ihre Herrlichkeit« genannt, fordert die Ritter mit den Worten »Das Reych werde sesshaft«, auf, Platz zu nehmen. Ritter Sisinga hat ein Liedchen gedichtet, in dem er einige Ritter auf die Schippe nimmt. Gelächter, Applaus, ein Orden vom Spielleiter – und wieder eine Runde Schnaps. Die Emotionen im Spiel können auch schlagartig wechseln. In einem Moment herrscht ausgelassene Fröhlichkeit, im nächsten Ernst. Denn auch wenn sie das Leben lautstark feiern, einer, der zum Leben dazugehört, wird nicht ausgegrenzt: der Tod. Hier in der Burg hat er nur einen anderen Namen. Wenn ein Schlaraffe stirbt, reitet er gen »Ahall«. Der Abend endet, Ritter Drill verabschiedet sich von mir mit den Worten: »Und wenn Sie jetzt denken, wir spinnen – dann stimmt das.«

5

Die Niederländter

Das Haus Scholastika ist nur einen Steinwurf vom Münchner Hofbräuhaus entfernt. An heißen Sommerabenden dringen Musik und Gelächter bis hinunter auf die Straße. Doch es sind weder Wirtshausgäste, die den Lärm verursachen, noch ist es eine Studentenverbindung. Es sind die Niederländter – mit »dt«. Auf den seltsamen Club aufmerksam wurde ich durch den Besuch bei meinem Freund Saverio, einem Opernsänger, der in den Vereinsräumen tagsüber seinen Schülern am Klavier Gesangsunterricht gibt. Von der Decke hing ein Pappmaschee-Drache, an der Wand standen Hellebarden und ein großes Kasperltheater, über den Fenstern glotzte mich ein Ensemble merkwürdiger Handpuppen an, und im Eck stand eine Garderobe wie ein Barockkostümfundus aus dem Stadttheater. Was in aller Welt passiert in diesen Räumen? Es soll sich um eine Art Freimaurerloge handeln, erzählte Saverio. Ich schüttelte den Kopf, Freimaurer, die Kasperltheater spielen? Glaub ich nicht!

Auf meine E-Mail an den Verein bekomme ich von einem Niederländter namens Letterkund van Bonthandig gleich eine Einladung zu einem Clubabend. Dort angekommen, werden mir die Clubfreunde Aartis van Wakkeschudder und Erasmus Jong van Schyt vorgestellt. »Ihr habt ja alle holländische Namen«, bemerke ich und ernte schallendes Gelächter. Wie bei den Schlaraffen haben die 32 Mitglieder der Niederländter, die sogenannten Mynheern, alle Fantasienamen. Sie tragen Wams, und auch ich als Gast muss einen Häkelkragen anlegen, der aussieht wie das Deckchen damals auf dem Fensterbrett meiner Oma.

Die Bruderschaft stammt aus der Zeit der Romantik, sie wurde 1870 von dem Rittmeister und Pferdemaler Ludwig von Nagel in Bayreuth gegründet – elf Jahre nach Entstehung der Schlaraffen. Mit großer Wahrscheinlichkeit orientierte sich von Nagel auch an den Schlaraffen, bei denen Humor, Geselligkeit, Kunst und Kostümierung ebenfalls im Mittelpunkt stehen.

Zur Eröffnung nimmt jeder an der langen Tafel eine Glocke und ein kleines Messinghämmerchen. Der Pianist spielt los, die anderen machen mit ihrem Schlagwerk ein Höllenspektakel. Hauptsache laut, schräg, lustig. Plötzlich rufen alle zusammen »VAN!«, das wie alles hier niederländisch klingen soll und die Abkürzung für »*Vivat amicitia nostra*« (Es lebe unsere Freundschaft) ist. Danach gibt es erst mal eine Runde Schnaps auf den Drachen an der Decke, den Lindlingswurm, Schutzgeist der Niederländter. Doch, wirklich, hier erinnert tatsächlich alles sehr an die Schlaraffen. »Man lässt bei uns durch die Kleidung und die niederländischen Namen den Alltag hinter sich«, sagt der Krughalter (Vorsitzender) Erasmus Jong van Schyt, der im wirklichen Leben Dr. Elmar Schieder heißt. »Einer unserer Wesenszüge ist, dass wir albern und kindisch sind.« Und das kann so richtig Spaß machen, denn hier gibt's keine Konkurrenz. Und jedes noch so schräg vorgetragene Lied klingt mit jedem Schnaps schöner.

Das Niederlandt entstand zunächst in den bayerischen Garnisonsstädten. »Ursprünglich war die Idee, dass die Soldaten, die oft von einem Standort zum anderen zogen, Freunde mit ähnlicher Gesinnung finden«, erzählt van Schyt. Ein Buch über die Malergilde St. Lukas im flämischen Antwerpen, das einst zu den Niederlanden gehörte, hatte Ludwig von Nagel inspiriert. Deshalb die Kostümierung. Die Fantasienamen, die sich die Mynheern geben, holen sie sich heute ganz profan aus dem Amsterdamer Telefonbuch. Wie die Schlaraffen haben sich die Niederländter auch eine eigene Sprache zugelegt. Das Wämbslyn ist die Tracht, Würmlyn sind die Kinder der Mynheern, Winsulholz ist die Geige. Wenn die Niederländter von Plackschiß reden, geht's meist um unangenehme Aufgaben. Das Wort stammt wie ein paar weitere aus dem Fundus des deutschen Barockschriftstellers Grimmelshausen (1622–1676, *Simlicissimus*).

Krughalter Jong van Schyt ist an der Reihe, er trägt ein selbst gereimtes Spottgedicht vor. Wieder Gelächter, »VAN!« und eine Runde Schnaps. Kleine improvisierte Spontan-Konzerte wechseln sich ab, einmal spielen drei Männer gemeinsam Bach auf Klavier, Cello und Querflöte. Am Ende spielen wir alle gemeinsam Kasperltheater. Was für eine ausgelassene Gaudi! Ein Grund für die gute Stimmung ist vermutlich wie bei den meisten anderen Bünden auch: Politik, Job und Religion sind hier tabu.

6

Die Guglmänner

Ich treffe drei schwarz vermummte Gestalten an der Todesstelle König Ludwigs II. am Ufer des Starnberger Sees. Selbst während des Interviews tragen die Guglmänner ihre Hauben, mit denen sie aussehen wie der Ku-Klux-Klan in Dunkel. Ihr ursprüngliches Geschäft war der Tod. Selten treten sie in der Öffentlichkeit auf. Doch wo sie auftauchen, hinterlassen sie ein Gefühl von Unbehagen.

Es gibt sicherlich Bedeutenderes, für das man sich mit diesem Aufwand einsetzen könnte, als die Aufklärung der mysteriösen Todesumstände eines Monarchen vor über 165 Jahren. Darum geht es ihnen eigentlich. Angesichts von Klimademos und Aufmärschen von Querdenkern wirkt das Vereinsziel der Guglmänner geradezu rührend. Die Guglmänner, ihre Mitgliederzahl geben sie selbst vage als »im dreistelligen Bereich« an, sind eine Geheimgesellschaft, die es nur in Oberbayern gibt. Dieser Männerbund tritt in schaurigem schwarzem Habit auf. Meist führen seine Mitglieder brennende Fackeln und drei brusthohe Schilde mit sich, auf denen sie vom Ableben des bayerischen »Märchenkönigs« Ludwigs II. (1864–1886) behaupten: ES – WAR – MORD! Tatsächlich gibt die genaue Todesursache Ludwigs bis heute Rätsel auf, was wohl auch daran liegt, dass der Obduktionsbericht Ludwigs nie vollständig veröffentlicht wurde. Nach der offiziellen Version soll König Ludwig II. zuerst seinen Arzt Bernhard von Gudden, der ihn angeblich vom Selbstmord abhalten wollte, erwürgt und sich dann selbst im Starnberger ertränkt haben. In einer anderen Theorie des Tathergangs spielt eine Windbüchse, eine Art Luftgewehr, eine Rolle, mit der Ludwig von der preußischen Geheimpolizei ermordet worden sein soll. Der geräuschlose Schuss ist ein bayerischer Mythos, denn angeblich wurde auch der Wildschütz Georg Jennerwein (1848–1877) mit einer solchen durchschlagskräftigen Windbüchse in den Bergen bei Schliersee »leise« in den Rücken geschossen und seine Leiche deshalb erst Tage später gefunden. Eine solche Waffe existierte wirklich, sie war jahrelang im Jagdmuseum in München ausgestellt. »Ältere Münchner erzählen, das sei die Mordwaffe Ludwigs gewesen«, sagen die Guglmänner.

Der Geheimbund, der, aus der Zeit gefallen, wie ein Guerilla-Marketinggag für das seit Jahren bei Neuschwanstein gespielte *Ludwig*-Musical wirkt, ist tatsächlich eine harmlose, uralte Tradition in Bayern. Die Guglmänner, die geheime Leibgarde der bayerischen Könige, schritten den Trauerzügen der verstorbenen Wittelsbacher voran. Meist 25 Männer mit gekreuzten Fackeln, unkenntlich gemacht durch eine schaurige Henkersmütze. Das letzte Mal liefen sie beim Zug des toten Ludwig II. durch München. Und das im katholischen Bayern! Hier waren die Geheimbünde mehr als in den preußischen Ländern den Anfeindungen durch Kirche, Bevölkerung und Politik ausgesetzt. Kurfürst Maximilian Joseph (1756–1825), der spätere König Max von Bayern, verbot aus Angst vor den umstürzlerischen Ingolstädter Illuminaten 1785 die Freimaurer und andere Bünde. Und das, obwohl er selbst acht Jahre zuvor Freimaurer geworden und sein Minister Maximilian von Montgelas (1759–1838) sogar dem Illuminatenorden beigetreten war. 1807 wurde das Verbot wieder aufgehoben, und die Bayerische Verfassung von 1818 legte fest, dass die Guglmänner fortan den Begräbniszug der Könige begleiten sollen.

Eine hübsche Legende erzählt, dass die Spitzhauben, von denen sich der Name der Guglmänner ableitet (Gugl = mittelalterliche Haube), den Zweck hatte, die engsten Diener des Königs zu tarnen. Die hätten nämlich aufgrund ihres niederen Standes im Trauerkondukt nicht mit den Adligen mitlaufen dürfen. Ein Beispiel der den Bayern oft nachgesagten Bauernschläue. »Die Guglmänner verfolgen das Ziel, das Andenken an König Ludwig wachzuhalten«, erklärt mir der Chef der Guglmänner. »Er war das Beispiel einer gigantischen Geschichtsfälschung. Bei einer Ausstellung wird gerade die Uhr des Königs ausgestellt. Wir fordern vom Ministerpräsidenten, dass daneben auch die Uhr des Dr. Gudden gezeigt wird. Denn diese ist 70 Minuten nach der Uhr des Königs stehen geblieben. Das wäre der Beweis dafür, dass die Täter erst den König erschossen und Gudden an Land erwürgt und dann nach 70-minütiger Beratung die Leiche Guddens ins Wasser gezogen haben. Der Nichtschwimmer Gudden wäre nie so weit in den Starnberger See hineingegangen.« Die offizielle Erklärung des Zeitunterschieds bei den Taschenuhren ist die unterschiedliche Dichtigkeit der Gehäuse – die Uhr Dr. Guddens hätte einfach dem Wasserdruck länger standgehalten. »Eine Lügengeschichte! Der König hätte es gar nicht nötig gehabt, den Doktor zu erwürgen. Der 1,95 Meter große König war ein Riese gegen den im Vergleich zwergwüchsigen Dr. Gudden.« Der Chef-Guglmann beruft sich auf Aussagen von Polizisten, die sich damals in der Nähe aufgehalten hatten. Derjenige, der nah dran war, hatte einen Schuss gehört, der andere, der etwas weiter weg war, nicht, weil es eben nur ein leises Ploppen der Windbüchse gewesen sei. Der Guglmann glaubt, die Auftraggeber eines solchen Mordes zu kennen: »Der Arzt, der Ludwig hinterher untersuchte, unterschrieb das Protokoll mit ›ergebendst‹ und ›gehorsamst‹. Das zeigt schon, dass er nicht seiner medizinischen Expertise gefolgt war, sondern offenbar dem Wunsch des Prinzregenten und damit Bismarcks, für den Ludwig ein unsicherer Kantonist war, der Bayern aus dem damaligen Deutschen Kaiserreich herauslösen wollte. Damit wäre das gesamte Reich zusammengebrochen. Bismarck hatte also jeden Grund, Ludwig beseitigen zu lassen.«

Auch der bayerische CSU-Politiker und Anwalt Dr. Peter Gauweiler beschäftigte sich ernsthaft mit der Mordversion und vertrat die Theorie, der depressive König könnte zum Selbstmord gedrängt worden sein. In einem Interview behauptete er: »Der tote König erschien dem Regime weitaus ungefährlicher.« Die Guglmänner lieben Gauweiler für solch markige Sprüche. Als sie einen ordentlichen Lehrstuhl für »Ludwigologie« an der Ludwig-Maximilians-Universität in München forderten, schlugen sie Gauweiler als Professor vor. Einer, den manche für einen Guglmann hielten, war der bayerische Schauspieler, Regisseur und Autor Georg Lohmeier (1926–2015, *Königlich Bayerisches Amtsgericht*). Der enge Freund des späteren Papstes Benedikt XVI. fiel zumindest durch seine öffentliche

Bewunderung für den Geheimbund auf. Nach seinem Tod ehrten die Guglmänner Lohmeier mit einem Ritual an dessen Gab am Münchner Nordfriedhof.

Ein Mountainbiker schießt ums Eck, bremst scharf und flüchtet in die Gegenrichtung, als wäre der Teufel hinter ihm her. Ich finde die Situation urkomisch. Ich kann nicht erkennen, ob die drei Guglmänner unter ihren Hauben lachen, zumindest scheinen sie an solche Ereignisse gewöhnt zu sein. Vielleicht glaubte der Radler, in ein Treffen des Ku-Klux-Klan hineingestolpert zu sein. »Mit dieser rassistischen Organisation haben wir nichts am Hut. Es gibt weltweit mehrere Gruppen, die so wie wir auftreten. Denken Sie nur an die Semana Santa, da gehen die Prozessionsteilnehmer auch in langen Gewändern mit spitzen Hauben.« Die spanischen Nazarenos, Mitglieder einer katholischen Bruderschaft, tragen in der Karwoche vor Ostern bei den Umzügen eine Carocha, ähnlich der Ketzermitra, die den Angeklagten von den Henkern der Inquisition auf dem Weg zur Hinrichtung aufgesetzt wurde. Die Guglmänner seien, wie sie betonen, »wie der König dem Humanismus« verpflichtet. Ludwig II. sicherte etwa den Juden in Bayern, nachdem er die Synagoge in Fürth besucht hatte, die Gleichstellung zu und stellte 1882 ein Grundstück für den Bau einer Hauptsynagoge in München zur Verfügung. »Nach unseren Grundsätzen sind alle Menschen gleich, wir lehnen Rassenunterschiede ab. Wir sind zwar keine Freimaurer, aber unsere Ziele sind ähnlich, was die Einschätzung des Menschen auf Erden betrifft.«

Wozu braucht's denn eigentlich den Habit? Als Fan von Ludwig II. müsste man sich doch nicht hinter einer Kapuze verbergen. »Das gehört zu unserer Tradition«, sagt der Guglmann. »Der Habit kommt aus der Pestzeit, in der die Guglmänner die Toten zu Grabe getragen haben. Die bodenlange Kleidung und das verhüllte Gesicht boten einen gewissen Schutz vor Ansteckung, sie ist aber auch ein Symbol für die Vergänglichkeit alles Irdischen.« Der Wahlspruch der Guglmänner: *Media vita in morte sumus* (Mitten im Leben sind wir vom Tod umgeben). »Im Übrigen sind wir auch schon mit Mord bedroht worden.«

Da es keinen Versandhandel für Guglmannbedarf gibt, nähen ihre Ehefrauen die Gewänder. Besonders stolz macht es die Guglmänner, wenn sie mit ihrem Aussehen Wirkung erzielen. Wie bei einem Auftritt vor den

Münchner Kammerspielen in der Maximilianstraße, wo sie vor dem Theater gegen eine Musicalinszenierung des Kabarettisten Georg Ringsgwandl *(Ludwig II. – Die volle Wahrheit)* protestierten, in der sie ihr Idol zu albern dargestellt sahen. Ringsgwandl hüpfte als grell geschminkte Ludwig-Karikatur über die Bühne und hielt Monologe über seine Spitzenunterwäsche. »Wir sind in voller Montur in der Straßenbahn dorthin gefahren«, erzählt einer der Guglmänner. »Da war dann sofort die Polizei verständigt worden, und wir saßen im Streifenwagen. Als der Beamte mich nach dem Namen fragte, antwortete ich: ›Guglmann!‹ Der hat das tatsächlich notiert, und wir hätten uns fast totgelacht, als er dann auch noch meinen Vornamen wissen wollte.« Auch wenn die Guglmänner mittlerweile sogar eine eigene Homepage betreiben, hier kann man sich nicht bewerben, sondern der Geheimbund spricht Männer an, die durch ihre Verehrung des Königs auffallen. Das kann jeder sein, »wir haben vom Friseur bis zum Professor alles dabei.«

Ihre Hauptforderung richtet sich an die Familie der Wittelsbacher: »Öffnet endlich den Sarkophag Ludwigs!« Der steht in der Gruft der Münchner Michaelskirche, einem ehemaligen Zentrum der Gegenreformation in Bayern. »Mit heutigen Mitteln würde schon eine kleine Öffnung reichen, durch die man eine Endoskopkamera schieben könnte. Das würde alle Fragen lösen. Aber das Haus Wittelsbach verweigert die Untersuchungen. Das Argument, man würde die Totenruhe stören, können wir so nicht gelten lassen. Die katholische Kirche hat oft ihre Heiligen umgebettet, der Heilige Pater Pio liegt mittlerweile in einem Glassarg. Keiner würde auf die Idee kommen zu sagen, das sei eine Störung der Totenruhe.«

Nachtrag

Interview mit einem Vampir

Falls Sie noch nie etwas von den blutsaugenden Eliten gehört haben, werden Sie jetzt denken, die Geschichte sei frei erfunden. Ich hoffe sogar, dass Sie das denken. Sie ist es nämlich und dazu noch blanker Unsinn. Und dennoch glauben Tausende US-Amerikaner das Märchen von den teuflischen Bankern, Wirtschaftsbossen und Stars, die Kinder in unterirdische Stollen verschleppen, gefangen halten und ihr Blut abzapfen, um daraus ein Serum für ihre eigene ewige Jugend herzustellen. Auch in Deutschland finden solche Mythen Anhänger, zu erkennen bei Aufmärschen an einem großen »Q« auf T-Shirt oder Transparenten.

Die sogenannte QAnon-Bewegung (sprich: Kju-Änon), die diesen und anderen Blödsinn verbreitet, entstand 2016 im Präsidentschaftswahlkampf von Donald Trump und fand ihren vorläufigen Höhepunkt am 6. Januar 2021 in Washington, D. C., als 800 Randalierer das Kapitol stürmten. Es waren bizarre Bilder, einer der Aufrührer trug eine schräge Kriegsbemalung im Gesicht, ein Kojotenfell um die Schultern und Büffelhörner auf dem Kopf; Jake A. wurde später als »QAnon-Schamane« zu fast dreieinhalb Jahren Haft verurteilt.

- Faktencheck 1: Gib es wirklich Fälle, in denen Kinder verschwinden und jahrelang unterirdisch von abscheulichen Sadisten gequält werden? Ja, die gibt es. Es sind erschütternde Einzelfälle. Aber die Täter sitzen in der Regel nicht in den Vorstandsetagen von Banken und

DAX-Unternehmen, sondern wie der Österreicher Josef Fritzl in einer Haftanstalt.

- Faktencheck 2: Gibt es in Europa Menschen, die das Blut ihrer Artgenossen trinken? Nnnnnnja, doch. Auch davon gibt es ein paar, Insider schätzen die Zahl in Deutschland im niedrigen dreistelligen Bereich. Wir sprechen von Vampiren. Oder »Vampyren«, wie sich die Bluttrinker selbst nennen. Denis und Ilaria sind Vampyre. Die beiden Artisten treten in Horrorshows auf. Und ihr Leben selbst ist eine Hommage ans Horrorgenre. Ich traf die Italiener in ihrem Wohnwagen, gleich bei ihrem Lächeln fiel mir auf: Die meinen das ernst. Beide hatten sich von einem Zahnarzt dauerhafte Reißzähne einsetzen lassen. »Es hat lange gedauert, bis wir einen gefunden haben, der dazu bereit war«, sagt Ilaria. »Die meisten hatten ethische Bedenken, weigerten sich.« Ein gut aussehendes junges Pärchen, doch wenn sie lachen, ist es, als würden sie ein Messer zücken. Übrigens ist es nicht Knoblauch, der den beiden Angst macht. Es sind Äpfel – sie fürchten, beim Zubeißen könnten ihnen die Eckzähne herausbrechen.

Für meine Kamera demonstrierten sie ihr merkwürdiges Ritual – mit einem Zubehör, das ich bei Vampiren/Vampyren nicht erwartet hätte. Denis Alberto desinfiziert seine Finger, zieht medizinische Einmalhandschuhe an, nimmt die Nadel eines Venenkatheters aus der Verpackung und sticht sie sich in einer flüssigen Bewegung in den Unterarm. Durch den Katheterschlauch zieht er dann mit einer Spritze ca. 4 cl Blut auf, füllt es in ein Glasröhrchen und reicht es Ilaria. Die freut sich, klimpert etwas mit ihrem Zungenpiercing am Gläschen und: Zum Wohlsein, oder »Saluti«, wie die Italiener sagen, Kopf in' Nacken, weg das Zeug. Wer jetzt denkt, dies alles sei Show, die beiden treten schließlich als »Mago Denis« und »Pretty Pistol« in bizarren Vorstellungen auf, der irrt. Denis: »Blut ist ein mythologischer Körpersaft, er bedeutet für uns Leben. Wir trinken unser Blut zur Erneuerung unserer Liebe, als Zeichen unseres Bündnisses, so wie Ehepaare Ringe tauschen.«

Etwas weniger romantisch ging es einige Jahre zuvor in der Oberpfalz, im Norden von Bayern, zu. Eine Polizeimeldung aus Regensburg: Auf einem Stadtfest überfielen zwei Männer einen Betrunkenen, schnitten ihn in den Arm und tranken von seinem Blut. Doch im Gegensatz zu den Vampiren aus dem Kino konnten diese Blutsauger nicht wegfliegen. Die Polizei erwischte sie. Im Streifenwagen erzählten sie den erstaunten bayerischen Beamten, sie seien Vampire und hätten Durst gehabt. Auch wenn Durst in Bayern als echte Notlage gilt, wurden die beiden später wegen Körperverletzung verurteilt. Zu Sozialstunden an einem besonders makabren Ort. Das Urteil des Richters zeigte einen gewissen Humor der bayerischen Justiz. Aber dazu gleich die Details.

Ich hatte als Reporter im wahrsten Sinne Blut geleckt. Ich MUSSTE einfach einen dieser Vampire finden und ihn zum Reden bringen. In den 90er-Jahren kam ein Film in die Kinos, der später für mehrere Oscars nominiert wurde: *Interview mit einem Vampir*. Ein solches wollte ich führen. Ich machte mich also auf die Jagd nach einem Vampir, nicht mit Holzpflock und Kruzifix, sondern mit Taschendiktiergerät (daran merken Sie, dass es schon ein paar Jahre her ist) und Kamera. Nächtelang streifte ich durch die Kneipen, in denen in Regensburg die bizarren Typen rumhängen. Ich erlebte die merkwürdigsten Szenen. In einer stieg plötzlich ein Mann, nur mit einer Damenstrumpfhose bekleidet, auf eine Leiter, um eine Glühbirne zu wechseln. Heute bin ich davon überzeugt, dass er kein Elektriker war. Plötzlich gab es einen lauten Knall – und die Kneipe war stockdunkel. Gleich darauf das Scheppern einer umstürzenden Leiter. Ich konnte die Bierflasche vor mir (eine der Kneipen, in der man Bier nur aus der Flasche trinken sollte) nicht mehr sehen. Als irgendjemand nach ein paar Minuten mit seinem Handy leuchtete, saß der Hobbyhausmeister auf seinem Strumpfhosenboden und hielt sich den schmerzenden Arm. Die beiden Vampire aber kannte hier keiner.

Doch der Zufall half mir weiter. Ich hatte aus der Polizeimeldung von dem Vampirvorfall ein paar Zeilen veröffentlicht. Ein Freund, der das gelesen hatte, rief mich an. Oli, ein bekannter Rockmusiker, Kneipenbetreiber und Strafverteidiger aus Regensburg, erzählte mir, dass einer der Vampire bei einer seiner Mandantinnen die Homepage betreue. Allerdings unregelmäßig, da er seine Sozialstunden ableisten müsse. Ich telefonierte mit der Lady und: Ich hatte ihn tatsächlich gefunden! »Soll ich ihm sagen, dass du angerufen hast?« »Bitte bloß nicht! Vampire überrumpelt man. Wann arbeitet er wieder bei dir?« Meine Gesprächspartnerin hatte einen Riesenspaß an dem bevorstehenden Schauspiel in ihrem Apartment. Sie mixte uns (kein Witz) mehrere Bloody Mary, und nach dem dritten war Rafaels Zunge gelöst. Mein erstes Interview mit einem Vampir.

Es sollte nicht bei diesem einen bleiben, einige Jahre später sprach ich noch einmal mit ihm, hier ein Mitschnitt unseres zweiten Gesprächs:

Hast du heute schon gegessen?
»Nein … außer einem Kaffee.«
Müsste ich Angst haben?
»Eigentlich nicht. Abgesehen davon, dass ich doch so anständig bin, dass ich mir nicht einfach etwas nehme, müsstest du's mir schon anbieten.«
Du nennst dich Bluttrinker, bist du ein Vampir?
»Im weitesten Sinne ja. Nicht im literarischen Sinne, ich kann mich nicht in eine Fledermaus verwandeln, ich bin auch nicht unsterblich. Aber wenn man Vampire mit Bluttrinkern gleichsetzen will, dann ja.«
Warum trinkst du Menschenblut?
»Ich denke, das könnte man erklären mit der (…) Energie und der Kraft, die im menschlichen Blut stecken. Das ist jetzt keine neumodische Spinnerei, die erst durch Bram Stokers *Dracula* aufgetaucht ist. Wenn man mal die Massai in Afrika nimmt, die trinken auch Blut, und die haben noch nie was von Vampiren gehört.« [Anmerkung: Manche Hirten der Massai sollen tatsächlich das Blut ihrer Rinder trinken.]
Tät's nicht auch Schweineblut?
»Theoretisch ja. Es ist ebenfalls Lebensenergie.«
Aber du magst Menschenblut lieber.
»Ich find's vom Geschmack her schöner. Auch wenn es so ähnlich schmeckt wie Schweineblut. Es [Schweineblut] ist sehr viel fetthaltiger, es ist aber auch sehr viel leichter zu besorgen, wenn man einen Metzger seines Vertrauens hat. Menschenblut schmeckt mir besser, und ehrlich gesagt ist es ein bisschen würdevoller.«
Gibt's eine Idealtemperatur?
»Körperwarm.«
Und wie trinkt …

(Unterbricht mich) »Ich kenne aber auch welche, die kaltes But aufbewahren und es sich dann in der Mikrowelle warm machen. Aber ein frisch Gezapftes schmeckt immer besser.«

Das muss wohl auch frisch sein, weil es sonst gerinnt, oder?

»Deshalb muss man es auch schnell trinken. Ich hab es nie aufbewahrt. Das war nie so mein Ding.«

Und man trinkt aus dem Weinglas?

»Nee, man trinkt direkt aus der Wunde. Es gibt auch welche, die tröpfeln sich dann noch was in ein Glas mit Wein oder Absinth. Aber die traditionelle Methode ist direkt aus der Wunde.«

Sind das … deine eigenen Wunden?

»Wunden von anderen. Es gibt genug sogenannte Donors, die einem freiwillig But geben. Es sind freiwillige Spenden, man sollte es nicht glauben, aber es gibt genug Leute, die einem freiwillig was geben.«

Beißt ihr euch da in den Hals?

»Nein. Es ist so, dass man eine relativ unauffällige Stelle aussucht, meistens am Unterarm, eher im Bereich der Armbeuge. Möglichst weit oben, dass man auch mal ein T-Shirt tragen kann, und dann schneidet man dort. Teilweise aber auch in den Kniekehlen, wo sich das Blut hinten in der Kehle sammelt, dass man von dort aus bequem trinken kann. Da beißt man auch nicht, da nimmt man meistens eine Rasierklinge.«

Und wie lernt ihr euch kennen, im Chat?

»Man … sieht sich einfach. Es ist schwer zu erklären, ich hab solche Leute zum Beispiel erst mal durch normalen Briefkontakt kennengelernt. Also schon Mitte der 90er-Jahre. Bis man irgendwann mal gefragt hat: ›Sag mal, trinkst du eigentlich?‹ Über solche Fragen findet man zueinander. Und über solche Leute hab ich wieder andere getroffen. Übers Internet ist das schwer, eigentlich so gut wie unmöglich. Heute treiben sich da sehr viele Faker rum.«

Habt ihr ein Erkennungszeichen?

»Man erkennt sich an den Narben, die man am Unterarm hat. Die unterscheiden sich von denen der normalen Cutter, also von den Emo-Depressiven. Die schneiden sich einfach nur am Oberarm, und zwar an der Oberseite, um sich wehzutun. Während so ein Depri sich niemals am Unterarm schneiden würde, da, wo die Adern laufen. Da hätte er einfach viel zu viel Angst zu verbluten. Und dann reicht schon so eine Frage: ›Cuttest du noch oder trinkst du schon?‹ Und wenn da ein Grinsen ist, dann weißt du: Ah, okay.«

Wie lang sind diese Narben?

»Oh, die sind schon ganz ordentlich. Dadurch, dass ich sehr dickflüssig bin. Andere bluten sehr leicht, da muss man aufpassen, das muss dann schon jeder selber wissen. Meine längste, die hatte ich von Hand bis Oberarm geschnitten. Schon gute 15 Zentimeter.«

Von welchen Mengen Blut reden wir denn da?

»Man trinkt so viel, bis sich die Wunde von selbst wieder schließt, es ist noch nicht vorgekommen, dass einer einen Schwächeanfall erlebt hätte. Deshalb nimmt man ja auch eine Rasierklinge, da schließen sich die Wunden leichter wieder. Dazu kommt, wenn man direkt von der Wunde trinkt, dass im Speichel diverse Enzyme vorhanden sind, die für Wundheilung zuständig sind. Im Prinzip muss man schnell trinken, weil sich solche Wunden auch schnell schließen. Man trinkt, bis man satt ist. Das dürften von der Menge her, wenn es eine gute Wunde ist, etwa ein bis zwei Gläser Wein sein.«

Trinkst du dann auch an mehreren Wunden gleichzeitig?

»Selten.«

Gibt's Geschmacksunterschiede bei Menschenblut?

»Auf jeden Fall. Man kann sehr viel an (der) Ernährung festmachen. Ich und andere, wir könnten tatsächlich bei *Wetten, dass..?* Blutgruppen am Geschmack unterscheiden.«

Welche schmeckt am besten?

»Das sind die seltenen, AB und B. Blutgruppe 0 ist die häufigste, die erkennt man an dem metallischen Geschmack. Das ist die Blutgruppe, die bei Menschen, die aus Versehen Blut trinken, diese Übelkeit hervorruft. Wenn ein normaler Mensch etwa Nasenbluten hat oder der Zahn blutet und er davon etwas schluckt, wird ihm häufig schlecht.«

Und du bist auch schon an 0 gewöhnt?

»Ich bin nicht trainiert, das war bei mir eigentlich schon immer so. Das ist nicht etwa wie beim Rauchen, dass man am Anfang hustet, und dann geht's irgendwann.«

Wie viele von euch gibt es?

»Ich würde sagen, deutschlandweit etwa 150 echte Vampyre.«

Gar nicht so leicht, sich zu finden …

»Nein, ist es nicht. Es gibt sehr viele, die da einfach nur faken. Oder sich für einen Vampyr halten. Da gab es eine sehr schöne Anekdote aus der Banane [Anmerkung: ehemalige Regensburger Gothic-Bar, mittlerweile umgezogen]. Hinter mir am Stammtisch hatte einer rumgetönt, er habe vom Regensburger Vampyr gehört, und er wär ja selbst auch einer. Hat mich etwas genervt, da hab ich mich zu ihm umgedreht. ›Du bist ein Vampyr?‹ Da hab ich mir in den Arm geschnitten, richtig schöne Wunde, ihm hingehalten und gesagt: ›Na, du Vampir, willste was trinken?‹ Er war völlig entsetzt. Dann hab ich halt selbst getrunken. Und zu ihm: ›Siehste, so geht das!‹«

Das Phänomen gibt's also vor allem in der Gothic-Szene?

»Kann man so nicht sagen. Bluttrinker halten sich aber vor allem in der Gothic-Szene auf, weil sie da am unauffälligsten sind.«

Wie oft hast du denn Durst?

»Früher war das mehr, so alle zwei Wochen, heute vielleicht so alle zwei Monate.«

Was sagt deine Familie dazu? Freunde?

»Sie sehen's mit Argwohn, tolerieren's aber. Die Freunde halten mich einfach für einen Spinner, mehr erzähl ich (denen) auch nicht.«

Wie schützt ihr euch vor Krankheiten?

»Wir gehen regelmäßig zum Arzt, machen Tests.«

Hat ja schon etwas Spießiges, sich erst die Atteste zu zeigen, bevor man zur Sache kommt.

(Lacht) »Ja, aber lieber fünf Minuten spießig als ein Leben lang krank. Auch wir passen uns an. Es gibt zu viele, die mit Krankheiten rumlaufen.«

Wenn ihr jetzt ganz offiziell einen Vampyrclub gründen würdet. Wäre das legal?

»Grundsätzlich wäre das legal. Rein rechtlich würde man es bewerten wie einen SM-Club. Da peitschen sich die Leute gegenseitig aus, und keiner sagt was dagegen, wenn alle damit einverstanden sind. Bei uns wär wahrscheinlich die Endstation Klapse.«

Was hältst du von Knoblauch?

»Ich mag ihn eigentlich recht gern.«

Kreuze?

»Schau ich mir auch sehr gerne an. Sonst müsste ich ja auch was gegen andere religiöse Symbole haben.«

Weihwasser sorgt nicht für allergische Reaktionen?

»Überhaupt nicht.«

Und du schläfst zu Hause nicht im Sarg?

»Ich hätte gerne einen. Manchmal ist Klischee alles, ich hab Bekannte, die haben sich auch einen Sarg zugelegt.«

Treibst du dich manchmal auf Friedhöfen rum?

»Ja!«

Was machst du da?

(Lange Pause) »Ich genieße die Ruhe und lausche den Stimmen.«

Aber ohne Klappspaten.

»Ohne Klappspaten. Ich leg mich auch nicht auf Grabsteine, so viel Respekt hab ich dann doch vor den Toten und den Hinterbliebenen.«

Lass uns doch mal von deiner Jugendsünde reden. Es gab ja auch schon Augenblicke, in denen du mit dem Gesetz in Konflikt geraten bist. Kannst du mal erzählen, was da passiert ist?

(Atmet tief ein) »Das ist saudumm gelaufen. Da wollte ich mir ein Schlückchen genehmigen. Hab dann einen Jugendlichen, der da total besoffen am Baum gesessen hatte, in den Oberarm geritzt und einen Schluck getrunken.

Ein Kumpel von mir hat das mitbekommen und dann davon auch noch getrunken, obwohl ich ihn davon abhalten wollte: ›Hallo, das ist nicht dein Ding!‹ Der hat dann rumkrakeelt, wodurch andere auf uns aufmerksam geworden sind. Ich sagte, lass uns verschwinden, das sollte eigentlich gar keiner mitkriegen.

Wir sind weggelaufen, später aber noch einmal dorthin zurückgekehrt, da hatten die Bekannten (des Opfers) bereits die Polizei gerufen, und die hat uns festgenommen. Wir haben dann eine Nacht im Bezirkskrankenhaus verbracht, wo ich von einem Psychologen befragt wurde, was das denn eigentlich war. (…) Ich wurde entlassen, während mein Bekannter noch eine Weile angeschnallt im Bett lag, weil er rumbrüllte, dass er ein Vampyr sei und alle austrinken würde.«

Du wurdest damals wegen Körperverletzung angezeigt und musstest Sozialstunden leisten.

»Ja.« (Lacht) »Auf dem Friedhof. Am 31.12. hab ich da meinen Sozialdienst angefangen und die Wege gestreut. Und weil mir schnell zu kalt wurde, hab ich meist den Rest des Tages unten im Keller im Krematorium verbracht und sauber gemacht. Da hab ich mir echt gedacht, wie kann man mir so eine Stelle geben, wie genial! Friedhof fand ich richtig toll.«

Mark Benecke ist Deutschlands bekanntester Kriminal-Biologe und Forensiker. Berühmt wurde er unter anderem, als er 2001 in Moskau Hitlers Zähne und Schädeldecke im Staatsarchiv der Russischen Föderation untersuchte. Benecke ist Spezialist für angeblich übersinnliche Fälle und hat das Phänomen der Bluttrinker erforscht.

Woher kommt der Durst nach Blut?

»Das ist eine Persönlichkeitseigenschaft. Sowohl bei unserer Studie (»Vampyres among us!«) als auch bei den US-Kolleg:innen kamen dazu deutliche Gründe zutage. Mir scheint es der Wunsch nach einer zuverlässigen Vereinigung oder Verbindung – also einer Bindung – zu sein, der sehr wörtlich bzw. blutig genommen ist.«

Wie gefährlich ist Menschenblut im Magen?

»Wenn die spendende Person keine Krankheiten hat: nicht gefährlich. Manche Menschen essen ja auch blutige Steaks, rohes Hackfleisch, Blutwurst, Leber und Ähnliches, in Finnland habe ich sogar schon Blut im Supermarktregal stehen sehen …«

Muss man vor diesen Vampyren Angst haben?

»Nein, warum?«

Wo ist der Unterschied zu Rollenspielern?

»Vampyre fühlen sich immer wie Vampyre, Rollenspieler:innen wenn, dann nur ein paar Stunden pro Woche oder gar nicht.«

Siehst du eine erotische Komponente bei den Vampyren?

»Nein, das haben wir in allen Studien ausgeschlossen. Natürlich kann es wie bei jeder Art der Nähe, Kuscheln im Zelt, Sonnenuntergang am Strand, Candle-Light-Dinner, auch zu sexuell gefärbten Momenten kommen, aber anders als angeblich normale Menschen verwechseln Vampyr:innen fast nie Nähe, Bindung und Beziehung mit Sex.«

Benecke ist Chef der »Transsylvanian Society of Dracula« und räumt mit romantischen Irrtümern auf. Einer davon ist, dass das Vorbild für die Romanfigur, der historische slawische Herrscher Vlad der Pfähler (ca. 1431–1477), etwas mit Bram Stokers *Dracula* zu tun hätte. Benecke: »Eigentlich war es dessen Vater, der den Beinamen Dracul führte. Dracul stand auch nicht für den in der Walachei mit einem Drachen verbundenen Teufel, sondern war ein Ordenstitel, den Vlad senior erhalten hatte, als er 1431 in Nürnberg durch Sigismund von Luxemburg, den Herrscher des Heiligen Römischen Reiches, in den Ritterorden aufgenommen wurde. Als Mitglied des Drachenordens verpflichtete er sich vor allem zum Kampf gegen Nichtchristen, war also so ziemlich das Gegenteil alles Teuflischen.«

Die neue rechte Esoterik

Erinnern Sie sich an den ersten Satz? »Vorhang auf im Theater des Absurden«, mit dem Vorhang öffnete sich die Bühne dieses Buches. Für den österreichischen Soziologen Alfred Schütz (1899–1959) ist der Theatervorhang die Grenze zwischen Wirklichkeit und Illusion, die in der Vorstellung eine Weile zur Wirklichkeit wird. Wenn der Vorhang fällt und im Saal die Lichter wieder angehen, kehrt man nach und nach in die reale Welt zurück. Wer diesen Schritt nicht schafft, für den kann die Illusion zum Problem werden, dasselbe gilt auch für esoterische Systeme.

Tatsächlich habe ich die Jahre der Recherche nie als Arbeit empfunden, eher wie einen Besuch einer solchen Theatervorstellung. In den Pausen der Vorstellung nutzte ich die Zeit, über das Erlebte nachzudenken. Und vieles, was mir zunächst absurd erschien, gewann plötzlich eine Bedeutung, die mir half, den nächsten Akt, der nach jeder Pause folgte, besser zu verstehen. An dieser Stelle beginnt sich der Vorhang nun langsam zu schließen. Was jetzt noch kommt, gehört nicht auf die große Bühne, sondern eher ins Foyer. Es endet mit meinem ganz persönliches Fazit, einer Art Theaterkritik, die das Buch abschließt und ganz am Ende sogar noch einen Höhepunkt bereithält. Das Beste zum Schluss, nur damit Sie weiterlesen. Zuvor möchte ich aber noch einen Einschub machen.

Die Bedeutung einiger Wörter hat sich in den letzten Jahren verändert. Das ist ein natürlicher Prozess, zunächst einmal also gar nichts Schlimmes. Wer in den 70ern zur Welt kam, für den wurde über Nacht aus einem Stück Seife (»An meine Haut lasse ich nur Wasser und CD«) ein Datenträger. Das ist noch gut zu verkraften. Aber in den vergangenen Jahren haben sich auch einige Wörter, die ich früher mochte, in ihrer Bedeutung verändert. Das eine ist »Querdenker«. Bis etwa 2019 verstand ich darunter einen bewundernden Ausdruck für Menschen mit ungewöhnlichen Lösungsansätzen. Ein anderes ist Esoterik, das mittlerweile häufig die Zugabe »Spinner« bekommen hat. Und, ganz nebenbei, Corona hatte zwar früher auch schon nichts mit dem Reinheitsgebot zu tun, aber es war zumindest ein Bier, in das man eine Zitronenscheibe quetschte. Wirklich sehr gute und langjährige Freunde, von denen ich dachte, ich würde sie kennen, fingen in dieser Zeit der Veränderung an, sich selbst zu verändern und an eine große Verschwörung zu glauben. Die Presse, »das wisse man ja, lüge ohnehin wie gedruckt (zwei Zwinkersmileys)«, und die Meinungsfreiheit in Deutschland sei »schlimmer als unter Hitler«. Ich wollte wissen, woher solcher Unsinn kommt.

Im Mai 2020 traf ich die Organisatorin einer Demo, die am Tag zuvor auf dem Münchner Marienplatz trotz Maskenauflage und mit Genehmigung für nur 80 Teilnehmer mit 3000 unmaskierten Infektionsschutzgegnern stattfand. So konnte Petra K. ihre Thesen von angeblichen Verstößen gegen das Grundgesetz verbreiten und ihre Botschaften hinterher in den Tageszeitungen nachlesen. Die Meinungsfreiheit ist also gefährdet, ernsthaft? Petra K. (damals 62) arbeitete als vegane Ernährungsberaterin und Yogatrainerin und war entrüstet, dass man sie mit Rechtsradikalen in einen Topf warf. Dabei waren Plakate von Rechtsesoterikern und solche mit dem Symbol der QAnon-Bewegung zu sehen, die Polizei hatte auch etliche Teilnehmer aus dem rechten Spektrum festgestellt und überprüft. Wie kommen Rechte auf eine Demo für Grundrechte?

Dr. Matthias Pöhlmann schildert in seinem Buch *(Rechte Esoterik)*: »Die Berufung auf die Grund- und Freiheitsrechte wird dort lautstark proklamiert.« Allerdings werde häufig nur ein Fragment von Artikel 2 im

Grundgesetz zitiert, wonach jeder das Recht auf freie Entfaltung seiner Persönlichkeit habe. Der im Zusammenhang mit den Demonstrationen gegen die Coronaeinschränkungen völlig ignorierte Schutz anderer steckt nämlich im Zusatz »soweit er nicht die Rechte anderer verletzt« oder gegen die verfassungsmäßige Ordnung oder das Sittengesetz verstößt. Ausgeblendet werden also Begriffe wie Rücksichtnahme und Solidarität mit Schwächeren, etwa Alten und Kranken. Im persönlichen Gespräch erklärte mir Pöhlmann: »Verschwörungsmythen stellen für die Demokratie eine große Gefahr dar. Verschwörungsgläubige polarisieren und sind oft empfänglich für rechtsextremistische und antidemokratische Gedanken.« Er habe bei seinen Recherchen festgestellt, dass es sich bei einigen esoterischen Ausprägungen und den Verschwörungserzählungen um ein »Zwillingspaar« handle. »Die Esoterik vertritt einen absoluten höheren Erkenntnisanspruch, es geht um ein Wissen, das sich nur sensitiven, sensiblen und besonders vorbereiteten Menschen erschließt. Und bei Verschwörungsideologen geht es auch um ein Wissen, das der Masse versagt bleibt.« Seine These: Während der Pandemie sind diese Verbindungslinien zwischen Esoterikern und Rechten, die schon zuvor bestanden haben, erst richtig sichtbar geworden. Rechte verwenden jetzt die Esoterik verstärkt als »trojanisches Pferd«, um die sonst eher unpolitische alternative Szene wie etwa die Anthroposophen mit ihrer Ideologie zu beeinflussen, bis hin zu dem Ziel, das System zu stürzen. »Mir ist aufgefallen, dass besonders die Anastasia-Bewegung anschlussfähig ist für rechte Ideen. Etliche, die sich für sie engagieren, entstammen dem rechtsextremen Spektrum«, sagt Pöhlmann. Die Anastasia-Bewegung geht auf eine russische zehnteilige Romanserie zurück. Ihre Anhänger verfolgen die Idee, Grundstücke auf dem Land zu erwerben, um dort als Selbstversorger in einer eigenen Community den Klimawandel zu bekämpfen. Pöhlmann: »Nach außen hin werden schöne, farbenfrohe Bilder vermittelt, sodass der Eindruck entsteht, ihre Anliegen seien doch positiv. In den Büchern der Anastasia-Bewegung findet man jedoch antidemokratisches, antisemitisches und rassistisches Gedankengut.« Die Sehnsucht nach einer ökologisch nachhaltigen Familiengemeinschaft in Verbindung mit einer eigenen Spiritualität und der Wunsch nach Befreiung von staatlicher Bevormundung klingen offenbar für viele ansprechend. Das sogenannte freie Lernen ist ein Pfeiler der

Anastasia-Anhänger, von denen viele das staatliche Schulsystem ablehnen. Die Polizei ermittelte schon mehrmals gegen Betreiber solcher ungenehmigter Schulen, die die Erziehung der Kinder eigenmächtig in die Hand genommen hatten.

Eine weitere von Pöhlmann als gefährlich eingestufte Gruppe sind die Anhänger der »Germanischen Neuen Medizin« im niederbayerischen Regen, einem ihrer zentralen Umschlagplätze. Pöhlmann: »Ursprünglich als Ufo-Treff gegründet, vertreten die Anhänger von Ryke Geerd Hamer die Auffassung, Krankheiten wie Krebs würden monokausal durch Schockerlebnisse ausgelöst und die herkömmliche wissenschaftsbasierte Medizin sei in der Hand von Juden, und nur deshalb könne sich die Germanische Neue Medizin nicht durchsetzen.« Dass Antisemitismus während der Pandemie immer mehr aus dem Internet auf die Straße getragen wird, haben die Recherche- und Informationsstellen Antisemitismus (RIAS) längst bemerkt. 51 der im ersten Halbjahr 2020 allein in Bayern festgestellten 166 antisemitischen Vorfälle hätten einen Corona-Zusammenhang. Auf einer Demo in München zeigten »Corona-Rebellen« Fotomontagen, auf denen Uniformierte wehrlose Menschen zwangsimpfen, die einem Davidstern ähnelnde Symbole mit der Aufschrift »ZION« trugen. Oft reichen bei den Demos Schlagworte wie »New World Order«, »Zionisten« oder »Rothschilds«, und jeder weiß, dass Juden gemeint sind. Bei vielen Veranstaltungen trugen Teilnehmer selbst Judensterne mit der Aufschrift »Ungeimpft« oder weiße Rosen und stellten damit einen vermeintlichen Zusammenhang zur Weißen Rose her, den Widerstandskämpfern gegen den Nationalsozialismus wie Hans und Sophie Scholl.

Aus einer Pressemitteilung von RIAS: »Die von uns beobachteten Verharmlosungen der Schoah sind ein Schlag ins Gesicht der jüdischen Bevölkerung Bayerns, für die die Schoah Familiengeschichte ist.« »Die Geschwister Scholl sind wegen ihrer Überzeugungen geköpft worden«, sagt Sektenexperte Pöhlmann. »Querdenker, die auf offener Bühne sprechen, haben Rede- und Demonstrationsfreiheit, das ist also sehr geschmacklos. Historische Ereignisse sollen hier offenbar instrumentalisiert und der Eindruck erweckt werden, wir leben jetzt in einer Diktatur. Da tut man den Widerstandskämpfern gegen den Nationalsozialismus tiefes Unrecht.« Die wirren Thesen der militanten Impfgegner ließen sich leicht auf eine Handvoll bekannter rechtsextremistischer esoterischer Autoren zurückführen. Und diese Strömung gehe bis in die politische Ebene, wie der Hamburger Sozialwissenschaftler Holger Marcks in einer Veröffentlichung der Hanns-Seidel-Stiftung (»Aktuelle Analysen, 85«) feststellt: »Auch hier finden wir Abgeordnete – namentlich der Alternative für Deutschland (AfD) –, die sich mit Verschwörungsideologen verbrüdern. Auch hier finden wir Kräfte, die die demokratische Repräsentation des deutschen Volkes – das Parlament eben – nicht nur symbolisch gestürmt sehen wollen.« Wenn tatsächlich so etwas wie eine Verschwörung stattfindet, nicht dann eher auf der Seite der Verschwörungsgläubigen?

Fazit

Die bizarre Beerdigung des Meistermagiers Marvelli

»Und so lang du das nicht hast,
Dieses: Stirb und werde!
Bist du nur ein trüber Gast
Auf der dunklen Erde.«

GOETHE

Kehren wir im Kreis des Ouroborus zum Ausgangspunkt zurück. Dieser Abend in der Freimaurerloge an der Nürnberger Hallerwiese hatte für mich als Gast etwas Bedrückendes. Es lag an dem Ultraschallfoto, das Hubert, der Chef der Loge, seinen Brüdern und mir gezeigt hatte. Der Krebs war bereits in die Leber gewandert. Hubert sperrte nach dem Abend die Tür zum Logenhaus zu. Wir waren die Letzten. »Hast du Angst?«, fragte ich ihn draußen auf der Straße. Seine Antwort geht mir bis heute, auch nach seinem Tod, nicht aus dem Sinn: »Als Freimaurer hat man keine Angst davor.« Heute, Jahre später, habe ich eine Vermutung, was Hubert gemeint haben könnte. Seit zwei Millionen Jahren, seit es Menschen gibt, wird sehr erfolgreich gestorben. Wäre es anders nicht sogar schlimm? Als eine Freundin sehr jung an Brustkrebs erkrankte, wollten meine Frau und ich den Tod verstehen lernen. In einem Do-it-yourself-Buch für Sterbende fanden wir diesen beeindruckenden Satz: »Keine Panik, Sie sterben nur.« Wer sterben gelernt hat, für den soll das Leben kein Übel mehr haben, war der französische Renaissancehumanist Michel de

Montaigne (1533–1592) überzeugt. Er hatte 59 Jahre Zeit, die Furcht vor seiner allerletzten Aufgabe zu verlieren.

Werfen wir noch mal einen kurzen Blick auf die beschriebenen Bünde, was sie uns zu diesem Thema zu bieten haben. Die Freimaurerei kann dem zu Selbstoptimierung und Erfolg neigenden Menschen die Selbstüberschätzung nehmen; wer sich selbst wahnsinnig wichtig nimmt, denke ich, tut sich mit dem Loslassen schwer. Immerhin üben die Freimaurer sogar im dritten Grad das Sterben wie andere bei einem Rotkreuzkurs die stabile Seitenlage. Rosenkreuzer und Kabbalisten haben einen optimistischeren Ansatz, aber der braucht Fantasie: Der Tod ist schnell vorüber, lass dir davon bloß nicht das nächste Leben versauen! In ihrer Vorstellung gibt man den Köper ab und nimmt sich im nächsten Leben einfach einen neuen, wie einen Anzug, den man wechselt. Bei den Druiden gilt das Energieerhaltungsgesetz: Der Körper fließt wieder in den ewigen Kreislauf zurück. Und alles ist eins. Ein Beweis dafür, wie alles miteinander zusammenhängt, sind die ökologischen Systeme. Vielleicht müssen wir alle wie Druiden werden. Ansonsten könnte die Party hier, wie uns Stephen Hawking droht, in einhundert Jahren vorbei sein.

Was aber können wir von den Schlaraffen lernen? Ich glaube, sehr viel. Etwas, was wir bisher völlig außer Acht gelassen haben: Wie füllen wir die Zeit, die wir zur Verfügung haben, mit Freude? Die katholische Kirche ist, zugegeben, bisher hier nicht besonders gut weggekommen. Aber eines kann man ihr nicht nachsagen, nämlich dass sie spaßbefreit wäre. Seit dem Spätmittelalter schätzen Katholiken das Lachen als spirituelles Erlebnis. Das Osterlachen gehört seit dem 14. Jahrhundert zum Brauchtum, der Pfarrer bringt im Gottesdienst seine Gemeinde zum Lachen. Das waren nicht immer die Witze, die man von einem Pfarrer erwartet, manchmal waren es ziemliche Zoten.

Als junger Zauberer und Reporter hatte ich in Regensburg einen Kollegen. Wir arbeiteten fürs Lokalradio. Und er trat wie ich nebenbei als Kleinkünstler in Shows auf. Ich hatte als Illusionist immer großes Gepäck dabei, benötigte lange Vorbereitungszeit und beneidete den Jongleur-Clown Stefan bei unseren gemeinsamen Auftritten. Seine Requisiten passten in einen kleinen Koffer, etwas Farbe ins Gesicht, und das Publikum lachte sich eine Viertelstunde lang scheckig. Trotz seines Unterhaltungstalents ließ er einige Jahre später sein weltliches Leben hinter sich, trat einem katholischen Orden bei und wurde Jugendseelsorger.

Humor ist für mich die größte aller magischen Künste. Mich hat er, glaube ich, weitergebracht. Stefan brachte er noch weiter. Er wurde Bischof von Passau. Einmal Clown, immer Clown: Jedes Jahr erzählt Bischof Stefan Oster (!) im Passauer Dom dem Publikum einen Osterwitz. Einer handelte von Josef von Arimathäa, einem Jünger Jesu. Der soll für die Bestattung von Jesus sein eigenes Felsengrab, das er eigentlich für sich selbst vorgesehen hatte, zur Verfügung gestellt haben. Dieser Josef kommt nach Hause zu seinem Eheweib und berichtet vom Sterben Jesu, von der Kreuzabnahme und eben auch davon, dass er den Leichnam in sein neues Felsengrab legen ließ. Seine Frau schimpft: »In das neue teure Felsengrab, das du erst hast anfertigen lassen?« Josef kontert: »Ja, aber reg dich nicht auf, es ist ja nur für ein Wochenende.«

Auch Stephan Rauscher, ein Pfarrer aus Attenkirchen (bei Freising), hat dieses seltene Talent Humor. Bei einem Ostergottesdienst erzählte er von dem jungen Mädchen, das zu seiner Mutter ging, um ihr von einer neuen Liebe zu erzählen, das Problem sei nur, dass der junge Mann nicht katholisch sei. Darauf tröstet die Mama die Tochter, sie soll ihm doch erzählen, wie schön der katholische Glaube sei. Da gibt's die Sakramente, die Beichte, in der man alles loswerden kann, die Osterfreude. »Du wirst schon sehen, mein Kind, der lässt sich taufen.« Ein paar Wochen später hat die Tochter verheulte Augen, die Mutter fragt sie, was geschehen sei, ob denn der Plan nicht funktioniert habe. Die Tochter: »Doch. Jetzt will er Pfarrer werden!«

Beide Witze haben eines gemeinsam: Sie sind Beispiele von Selbstironie. Der erste handelt vom Unverständnis, das christliches Handeln hervorrufen kann, und das zweite vom spleenigen Verhalten katholischer Priester, die dem Zölibat den Vorrang geben.

Genauso paradox ist doch auch die Geschichte Jesu, der sich freiwillig dem Spott, der Erniedrigung und schließlich der Kreuzigung ausgesetzt haben soll. Die Kirche kennt diese göttliche Selbsterniedrigung als »Kenose«. Jesus legt für einige Zeit seine göttlichen Attribute ab, genauso lässt der Schlaraffe oder Niederländter Mynheer seine Titel und seinen Rang an der Garderobe zurück, um sich selbst kleiner oder gleich zu machen.

Witze haben esoterische Qualitäten. Freud vergleicht den Witz mit dem Traum. In beiden Fällen werden komplizierte Vorgänge vereinfacht.

Beide können helfen, Komplexes in der Welt zu verstehen, hinter vielem einen Sinn zu entdecken. Freud: »Ein vorbewußter Gedanke wird für einen Augenblick der unbewußten Bearbeitung überlassen, und deren Ergebnis wird alsbald von der bewußten Wahrnehmung erfaßt.«

Ein Beispiel: Ein Mann klettert auf den Himalaya, um einen Weisen zu treffen, der dort lebt und von dem es heißt, er kenne den Sinn des Lebens. Der Tourist friert sich fast die Zehen ab, ist mehrmals versucht umzukehren. Am Ende bleibt er doch bei seinem Plan und stellt sich dem Guru vor, der im Schneidersitz im Schnee hockt. »Guten Tag, mein Name ist Klaus-Dieter, ich komme aus Deutschland und suche bei Ihnen den Sinn des Lebens.« Der Weise blickt weiter abwesend auf den Gipfel in der Ferne, ohne den Wanderer anzublicken. Nach einer Weile sagt er mit großem Pathos: »Das Leben ist wie … eine Lotusblüte!« Der Wanderer staunt, sitzt still da und denkt über den großen Satz nach. Nach einer Weile dreht sich der Weise zum Wanderer um, guckt ihn unsicher an und fragt: »Haben Sie eine bessere Idee?«

Wie nähert man sich dem Sinn des Lebens? Wenn Sie einen Rosenkreuzer und einen Schlaraffen dazu befragen, werden Sie zwei zu 100 Prozent verschiedene Antworten erhalten. Beim Rosenkreuzer ist es der Traum oder die Meditation, durch die er den Sinn zu finden erhofft. Beim Schlaraffen ist es vielleicht das Lachen, so befreiend, dass es sogar kurz die Atmung unterbricht. Doch beides könnten Losbriefchen in derselben Lotterie sein. Der Hauptgewinn: Ein Geistesblitz durch Inkubation!

Den Nationalsozialisten waren die Logen suspekt; bei den Freimaurern hatten sie Sorge, auf Widerstand zu stoßen, bei Schlaraffen vielleicht, ausgelacht zu werden. Die Logen konnten sie verbieten, doch das Bedürfnis zu lachen, auch wenn es einem im Halse stecken bleibt, war zu mächtiger. Es überlebte als Flüsterwitz wie dieser:

Treffen sich ein Psychiater und ein Internist.
Der Psychiater: »Heil Hitler!«
Der Internist: »Sie sind doch der Psychiater!«

Wie im Traum folgt auch der Witz meist keiner Logik. Aber unserem Verstand ist das egal. Es ist, um noch einmal das Beispiel des Wissenschaftlers

Kekulé heranzuziehen, wie der Traum vom Ouroboros. Ein eigentlich paradoxes Reptil schlängelt sich über unser Unterbewusstsein ins Bewusstsein und führt dort zu einer neuen Lösung. Freud ging davon aus, dass während des Witzes eine Infantilisierung stattfindet, dass man kurz in seine Kindheit zurückschaltet, in der die Welt noch ein magisches Spiel, oft ein Wortspiel, war. Ich finde, dass jetzt der Moment gekommen ist, uns von Marvelli zu verabschieden.

Ich erhielt am 21. April 2008 einen Anruf von seiner Putzfrau. Sie war am Vormittag gekommen, hatte die Tür zu seinem Einzimmerapartment am Münchner Viktualienmarkt geöffnet und Marvelli auf seinem Bett sitzend vorgefunden. Ein Aneurysma war geplatzt, der Magier innerlich verblutet. Er hatte noch den Teller mit dem Abendbrot auf dem Schoß. Die Frau telefonierte Marvellis Notfallliste ab, ich war der Erste, der ans Telefon ging. Ich erinnerte mich an seine Geschichte und wusste, dass Marvelli Schlaraffe war. Offenbar aber waren die Münchner Schlaraffenfreunde nachtragend, ich weiß nicht, was da passierte, ich kann es mir aber vorstellen. Jedenfalls lehnten sie eine Verabschiedung am Grab ab. Zumal Marvelli auch in Dresden beigesetzt werden wollte. Nicht weil sich der gebürtige Rendsburger der Stadt verbunden fühlte. Er wollte einfach so nah wie möglich bei dem berühmten Zauberkünstler Bartolomeo Bosco liegen, dem Erfinder der »ehrlichen« Magie, der dort sein Grab hatte; und in der Nähe des Dresdner Zauberschlosses Schönfeld, dem der 76-jährige Marvelli kurz vor seinem Tod seine Zauberrequisiten vermacht hatte.

Die Urnenbeisetzung fand am 2. Juni um 10 Uhr auf dem Alten Katholischen Friedhof statt. Und wir, eine Handvoll junger Zauberkünstler und Wegbegleiter, wie der damalige Pressesprecher des Circus Krone, begleiteten ihn auf seinem letzten Weg. Aus meiner Lautsprecherbox erklang seine Stimme mit seinen legendären Abschiedsworten nach der Show: »Das Schönste im Leben, das Allerschönste, ist doch nur eine Illusion. Und somit will ich hoffen, dass ich Ihnen eine himmlische Freude mit meinen höllischen Künsten bereitet habe.« Wir heulten alle wie die Schlosshunde. Diesen Teil der Abmachung hatten wir also erfüllt. Oder steckte vielleicht doch noch einer von uns mit ihm unter einer Decke, ohne dass die anderen etwas wussten? Eine posthume Inszenierung vielleicht, die letzte, die der Meistermagier ausgeheckt hatte? Wir hofften es inständig, ein Marvelli konnte doch nicht ohne Knall von der Bühne gehen. Er hatte nichts inszeniert. Stattdessen übernahm das Schicksal die Regie besser, als jeder Bühnenprofi es hätte choreografieren können.

Einer von uns Zauberern hatte einen Korb mit kleinen Blumengestecken vorbereitet. Jeder von uns ging abwechselnd an den Kunstrasenteppich mit dem kleinen Loch in der Mitte, in das die Urne bereits versenkt war. Als die Reihe an die drei Kohlmaiers kam, an meine Frau, unsere eineinhalbjährige Tochter Amélie und mich, warf jeder von uns das Schönste, was er gerade in der Hand hielt, als letzten Gruß zu Marvelli ins Grab. Ich warf die Blümchen, Bine warf die Blümchen, Amélie warf … ihren Schnuller mitsamt der Kette. Mit einem blechernen »Klonk« muss der Schnuller wohl auf die Urne geprallt sein. Die Szene war surreal. Alle starrten regungslos auf das Loch. Doch es wurde noch merkwürdiger. Nämlich als meine Frau auf die Knie ging und ihr rechter Arm bis zur Schulter im Grab verschwand.

»Bine, was machst du da???«
»Das ist unser einziger Schnuller!!«

Und dann brach es los. Von einem Moment auf den anderen, wie ein Tsunami. Wildes Gelächter, die Tränen in den Augen hatten wir ja schon. Es war genau so, wie Meister Marvelli es sich gewünscht hatte. Erst heulten alle wie die Schlosshunde, dann lachten sich alle halb tot. Erst die Trauer, dann das Zurückfinden ins Leben. Das ist die wirkliche Magie.

Warum ich Ihnen diese Geschichte erzähle? Weil mir meine kleine Tochter die größten kosmischen Geheimnisse mit ihrer kleinen Geste begreifbar gemacht hat, schneller und eindrucksvoller, als es jede Esoterik könnte. Die wirklichen Wahrheiten liegen vor uns, wir müssen sie nur mit dem Herzen sehen. Wenn Sie mal in Dresden den Alten Katholischen Friedhof besuchen und das Grab von Marvelli suchen: Grüßen Sie ihn herzlich von mir. Und denken Sie daran: In diesem Grab liegen bis heute, dicht beieinander, die Urne eines alten Mannes und der Schnuller eines kleinen Mädchens.

Ende und Anfang, Vergehen und Entstehen.

Omega und Alpha.

Literaturverzeichnis

Assmann, Jan: *Die Zauberflöte. Oper und Mysterium*. Frankfurt a. M. 2008.

Baur, Eva Gesine: *Emanuel Schikaneder. Der Mann für Mozart*. München 2012.

Berger, Peter: *Erlösendes Lachen*. Berlin 2014.

Bridoux, Franz: *Liberté Chérie*. Leipzig 2015.

Dietzfelbinger, Konrad: *Mysterienschulen*. Königsdorf 2010.

Eder, Johanna Gundula: *Homo Crean*. Bielefeld 2016.

Eming, Jutta und Volkhard Wels (Hrsg.): *Der Begriff der Magie in Mittelalter und früher Neuzeit*. Wiesbaden 2020.

Firla, Monika: *Angelo Soliman – Ein Wiener Afrikaner im 18. Jahrhundert*. Baden bei Wien 2004.

Fischer, Hans Adam: *Reflexionen über Kirche und Freimaurerei*. Rödermark 2010.

Fischer, Hans: *Die Alchemie. Ihre Bedeutung für die Freimaurerei*. Leipzig 2018.

Frick, Karl R. H.: *Licht und Finsternis. Okkulte Geheimgesellschaften bis zur Wende des 20. Jahrhunderts*. Wiesbaden 2005.

Goodman-Thau, Eveline et al. (Hrsg.): *Kabbala und Romantik*. Tübingen 1994.

Grözinger, Karl Erich: *Kafka und die Kabbala*. Frankfurt a. M. 2014.

Gruhl, Reinhard: *Die kabbalistische Lehrtafel der Antonia von Württemberg*. Berlin 2016.

Grüter, Thomas: *Freimaurer, Illuminaten und andere Verschwörer. Wie Verschwörungstheorien funktionieren*. Frankfurt a. M. 2006.

Hauf, Monika: *Der Mythos der Rosenkreuzer*. Stuttgart 2000.

Hund, Wulf D. (Hrsg.): *Entfremdete Körper. Rassismus als Leichenschändung*. Bielefeld 2009.

Kischke, Horst: *Die Freimaurer*. München 1999.

Labowitz, Rabbi Shoni: *Zehn Tore zum Glück*. München 1998.

Lamprecht, Harald: *Neue Rosenkreuzer*. Göttingen 2004.

Lennhoff, Eugen, Oskar Posner und Dieter A. Binder: *Internationales Freimaurer-Lexikon*. München 2006.

Mathieu, Richard: *Freimaurerei und katholische Kirche*. Leipzig 2015.

Meier, C. A.: *Der Traum als Medizin*. Zürich 1985.

Meyer, Jens-Uwe: *Das Edison-Prinzip*. Frankfurt a. M. 2008.

Müller, Ernst: *Der Sohar*. München 2011.

Oberheide, Jens: *Freimaurerische Aspekte der Zauberflöte*. Berlin 2008.

Patka, Marcus G.: *Österreichische Freimaurer im Nationalsozialismus*. Wien 2010.

Pöhlmann, Matthias (Hrsg.): *Hexenverfolgung. Beiträge zu einem historischen und aktuellen Phänomen*, Evangelische Zentralstelle für Weltanschauungsfragen. Berlin 2015.

Pöhlmann, Matthias: *Verschwiegene Männer. Freimaurer in Deutschland*. Berlin 2011, 5. Aufl.

Rapp, Christian und Nadia Rapp-Wimberger (Hrsg.): *300 Jahre Freimaurer, das wahre Geheimnis*. Wien 2017.

Rivic, Ivana: *Die (Selbst-)Inszenierung des Wiener Urbanmythos Angelo Soliman (1721–1796)*. Wien 2015.

Schauberg, Dr. Josef: *Vergleichendes Handbuch der Symbolik der Freimaurerei, mit besonderer Rücksicht auf die Mythologieen und Mysterien des Altertums*. Schaffhausen 1861.

Schnabel, Ulrich: *Die Vermessung des Glaubens*. München 2008.

Scholem, Gershom, im Gespräch mit Jörg Drews: *… und alles ist Kabbala*. München 1998.

Schuh, Claudia und Heidi Werder: *Die Muse küsst – und dann?* Basel 2015.

Weizsäcker, Carl Friedrich von und Gopi Krishna: *Yoga und die Evolution des Bewusstseins*. Amerang 2010.

Wichmann, Jörg: *Die Renaissance der Esoterik*. Stuttgart 1990.

Wohlleben, Peter: *Das geheime Band zwischen Mensch und Natur*. München 2019.